C形包围 II

Q形绞索

——21世纪美国征服世界路线图及对华战略围堵新态势

戴旭 著

長江出版傳媒 | 长江文艺出版社

北京长江新世纪文化传媒有限公司
www.cjxinshiji.com
出品

目录

CONTENTS

前
PREFACE
言

从C形包围到Q形绞索

我以同样沉重的笔，写下《C形包围》一书的续篇。

黑格尔说，一个民族要有仰望星空的人。

我说，一个民族更要有俯瞰大地的人。

俯瞰大地，就是注目世界，就是回望历史，凝望现实，思谋未来。

从我选择军人作为终身职业时起，我就以一个国家和民族的战士要求自己。从技术、战术的实操到军事、政治、哲学层面的思考，会当凌绝顶，世界和历史就在眼前如微小起伏的“众山”一样浓缩成一幕幕的场景。在我的眼中和心中，中国，永远是这个场景的焦点。

一、美国将中国作为下一个苏联，“已经将一根绳子放在中国的脖子上”

太模糊的远方……不说了。近代以来，中国如一只肥硕的老牛，被19世纪世界帝国主义时代的欧、俄、美、日等凶猛兽群竞相撕扯吞噬，几近亡国灭种。新中国横空出世，又遭美苏二霸南北挤压、东西威胁，被迫全民皆兵、枕戈待旦地挺到20世纪末冷战结束。算起来，中华民族被欺凌、掠夺和压迫的时间近一个半世纪。改革开放至今近40年，中国人以近乎狂喜的心态拥抱世界，追逐财富，同时，几乎整体性地不愿意再想起战争、危险等黑色字眼，到处是举国狂欢、娱乐至死的景象。而就在此时，战争和危险又悄悄地逼近门前——这就是美国对中国的围堵、遏制和绞杀。

很多中国人天真地认为冷战结束了，世界和平到来了，而且世界永久和平了。美国战略家想的是：苏联完蛋了，下一个是中国。美国建立世界统治的时候到来了。战胜苏联，只不过是冷战的第一个目标。证据累累，这里撷取一二：

2016年5月25日，卡特在海军战争学院发表演说时，把美国对中国的战略态势比喻成“宛如与苏联持续近50年的冷战对峙”。他说：“这将是坚决、温和但强有力的长期对抗，很可能会持续好些年。”“我们的亚太再平衡不会浅尝辄止，而会长期进行。”卡特还说，中美在南海的行动与反应不过是时代大格局中的一部分，他认为，中国的“内部逻辑”与社会终将改变，那时一切将会画上句号。

稍早卡特还曾说，美国军机与军舰在南海巡航只是更宏大计划的冰山一角，“亚太再平衡”远不只是执行自由航行权，而是外交、经济与军事齐头并进。

美国国防部长不经意间亮出的是一张百年战略底牌：运用冷战搞垮苏联的模式解决中国！

苏联被美国肢解的原因并不是双方意识形态不同，对此，美国的战略导师布热津斯基在《竞赛方案》中说得清清楚楚：美苏是在争夺全球领导权。同理，美国与中国之争，本质也不在意识形态，虽然意识形态总是被当作双方博弈的战场和由头。有些美国学者忍不住说出了“修昔底德陷阱”。但是，这依然是一个学术烟幕弹。霸权本不需要理由，理由只是处决对方的罪名。

多年来美国有很多人，也有部分中国籍的某些人说戴旭是鹰派，宣扬“美国阴谋论”。美国国防部长卡特的话，对我多年前的战略判断，做了最好的注释。

如果说卡特的话还有点抽象，2016 年 3 月 29 日，西班牙《起义报》发表的约翰·皮尔格在澳大利亚悉尼大学发表的“一场世界战争开始了”的演说摘要，则足够一目了然——

皮尔格说：有多少人意识到一场世界的战争已经开始了？如今这是一场宣传上的世界战争，一场充斥着谎言和放荡不羁的战争，但是这在任何时候都可能由于第一道错误的命令或发射第一枚导弹而改变。2009 年奥巴马总统在欧洲心脏布拉格中心当着一群人表明他“崇敬”（和平）的态度。他承诺将建设“一个没有核武器的世界”。人们为他欢呼，一些人哭了。媒体大量报道此事。此后奥巴马被授予诺贝尔和平奖。这全都是谎话，奥巴马在撒谎。他的政府制造了更多的核武器、核弹头和核武器发射系统，建设了更多的核武器工厂。在奥巴马政府期间仅在制造核弹头上的支出比美国任何一届政府都多。在 30 年里美国花费了一万多亿美元制造核武器。在美国制造微型核炸弹的计划，被称为 B61 型号 12，从来没有过任何与它类似的炸弹。

皮尔格说：“最近 18 个月美国指挥的军队更多集中部署在俄罗斯的西部边界，这是第二次世界大战以来美军在那里部署军队最多的时期。自从德国希特勒的军队侵略苏联以来，还没有任何外国的军事力量如此针对俄罗斯和表明类似的威胁。”“在拉脱维亚和爱沙尼亚（俄罗斯的邻国），美国的军事权力正在部署战斗部队、坦克和重型武器装备。这是针对世界上第二个核大国俄罗斯极端严重的挑衅。在西方不让人们听到俄罗斯的声音，此事或将成为核战争的前景。”“更为严重的是西方同时开展反对中国的运动。没有一天西方不将中国放在‘威胁’别国的地位。”“正在为一场反对俄罗斯或中国的战争进行准备的宣传原则上并没有很大区别。西方‘统治潮流’的媒体没有任何一名记者问过，中国为什么在南中国海建设机场跑道。回答是显而易见的。美国正在用一个军事基地、弹道导弹、战斗部队、携带核炸弹的轰炸机的网络包围中国。这个致命的‘弧’包括澳大利亚、太平洋的群岛、马里亚纳群岛、菲律宾、泰国、冲绳、韩国，在欧亚地区还包括阿富汗和印度。美国已经将一根绳子放在中国的脖子上。”

2016年12月6日晚，约翰·皮尔格拍摄的纪录片在英国电视台ITV播出。纪录片认为，美国当选总统特朗普正在动员一场大规模的毁灭性战争，美国试图挑起与中国的战争，两个超级大国之间的核战争已“不再不可想象”。美国是攻击和试图推翻50多个国家的国家，其中许多政府是民主选举产生的，从亚洲到中东都遭到美国的轰炸，造成数百万人的死亡和贫困。没有任何一个国家能够达到这种系统暴力的纪录。美国进行的大部分战争（几乎所有的战争都针对没有自卫能力的国家）不是由共和党人的总统开始的，而是由自由派的民主党人总统开始的：杜鲁门、肯尼迪、约翰逊、卡特、克林顿和奥巴马……1947年美国国家安全委员会的领导机构指出，美国对外政策的主要目标是建设一个在本质上“按我们自己的形象”塑造的世界。美国的意识形态以“救世主”自居。“我们是美国人。异教徒可能被颠覆、收买、诋毁或被镇压。”……2015年美国和澳大利亚非常秘密地进行最近几年来最大规模的海空演习，被称为“马刀护身符”。军事演习的目的是改善海空战争的计划和封锁海上走廊——比如马六甲海峡和隆波克海峡——以便切断中国得到中东和非洲的石油、天然气和其他原料的通道。

如果我继续引述皮尔格的话，那将是一本书的篇幅。

约翰·皮尔格既是一位战地记者，又是作家和电影人，曾两度荣获英国新闻界最高荣誉“年度记者”“联合国媒体和平奖”，他的纪录片曾经获得法国“无国界记者”大奖、艾美奖，以及英国电影电视艺术学院颁发的“理查德·丁布尔比奖”。2003年皮尔格以30年来揭露真相的成绩而获得“苏菲奖”。显然，他完全依据客观事实的演说和纪录片不能被轻易扣上“美国阴谋论”的帽子。这在相当程度上证明了我8年前关于美国征服世界和围堵中国的战略判断是正确的。而且事实也是这样证明的。

今天，只要还是思维健全的中国人，似乎已经很少怀疑美国针对中国的战略包围是否存在了。在很多的地方，我看到的都是对于国家处境焦虑的眼神。

这是与100年前第一次世界大战、70多年前第二次世界大战、50多年前美苏对峙、美国对新中国进行核讹诈时几乎同样严峻的战略态势。

我从1991年海湾战争爆发时开始跟踪美国的全球战略，最初只是研究美军的军事变革，但1999年南联盟之战中国大使馆被轰炸事件让我警醒。我发现克劳塞维茨还活着，我听到他再次说“战争是政治通过另一种手段的继续”。我研究美国军事和政治的交互推进关系，研究美国的全球大战略和对华战略。随后，美国的战略套路就越来越清晰：本·拉登突然出现了。美国以反恐为名大举挺进世界战略要地，抢夺原苏联势力范围，编造谎言占领伊拉克，在中国周边编织战略网——2008年我完成《C形包围》一书的初稿，并在2009年年底以一篇演讲，意外地震动当时的世界，这就是至今仍然在网络世界沸沸扬扬的《2030肢解中国——美国全球战略和对华战略》。时至2017年，微信中还在反复流传那篇演讲中的片段。八年过去了，世事如烟，但风烟散去，世界还是真实的世界，严峻的形势不仅没有改观，反而更趋紧迫。八年前尚有人说我是“危言耸听”，今日，这种言论已销声匿迹。“C形包围”，在相当广大的层面，已成共识。如果将来有人记录21世纪中国政治学术史，他们大概不会忽略这样一个由中西文字共同构成的名词：C形包围。

这个观点公诸于世后，我受到“莫须有”般的“待遇”。我唯一没有停下的就是思考和观察。

在推行美国征服世界的大战略上，美国历任总统都是前赴后继，接力前行的。在全力围堵中国的希拉里竞选失败后，商人出身的特朗普以最短的时间，就打破了中国人希望他更好一点的幻想。

2017 年 3 月，几乎整个中国都在议论“萨德”入韩问题，而美韩同时宣布开始进行代号为“关键决断”的历史上最大规模的军事演习，兵种包括陆海空军和联合特种部队，兵器包括“灰鹰”无人机和最先进的 F-35 隐形战机。

把这个场面和现实国际政治及东亚现代历史联系起来看，问题的本质一清二楚：美国正在挑起终极目标针对中国的大型战争！

曾经有些中国人认为自己有了核武器就可以高枕无忧了。但是，赢得冷战胜利的美国，为了保住自己帝王般的唯一超级大国地位，正在以部署全球反导系统、完善太空武器系统、发展网络战争样式、研发新概念武器，来抵消中、俄的传统核力量和信息化的努力，以所谓“第三次抵消战略”为名，建立新的不对称战略优势。一批美国的战略家和冒险性的政治家，有一种强烈的扼杀中国的冲动，以降低被中国超越的恐惧。为此，在中国集中力量发展经济的时候，他们进行精心的布局，利用其政治、经济和军事实力，在中国周边编织了一道综合战略包围网。

美国固然有卡特那样希望对中国不战而胜的人，但也有如麦克阿瑟那样对血火拼杀式战争感到兴奋的人。

新中国成立已近 70 年。在同样的时间里，美国不停地对周边发动扩张战争，领土扩展了数倍，但中国没有吞并任何一个国家；新中国成立以来没有推翻、颠覆过一个国家，但美国至少推翻、颠覆、干涉了近 50 个国家。中国更没有进行过任何包围美国的战略举动，没有在美国周边进行任何军事部署，没有进行任何军事性行动。但是，美国却对中国进行一边倒的战略压制和挑衅。在中国改革开放融入全球的近 30 年，美国更是变本加厉。

在中国人渐渐忘却和忽略血腥战争的时候，战争却已经来到中国门前。中国再也不能故作镇定地认为一切正常，晚清正是因为对虎狼眈视的情景缺乏基本的警觉才落到万劫不复的境地。

中国坚持和平发展的国策，奉行与人为善的处世原则，但正如习主席指出的：绝不放弃中国自己的正当权益。任何外国不要指望中国拿自己的核心利益做交易，不要指望中国会吞下损害中国主权安全发展利益的苦果。

历史不能重演，中国必须备战！

如果说 19 世纪中期到 20 世纪上半叶的百余年中，中国都在被以日本为主的帝国主义压迫、挣扎于死亡线上的话；21 世纪的今天，直至中国梦实现的、无人能够准确说清具体时间长度的区间内，中国都将一直面对美国的围杀。中国改革开放、民族复兴的历史进程，面对的一个基本外部环境和时代问题即在于此。战略是互动的。新中国诞生前后，对于围剿反围剿、绞杀反绞杀就已经经历过。只不过眼下的情形时空更广阔而已。

我不相信，已经有着五千年文明史的中国会被一个才诞生两百多年的国家所肢解和统治。但中原政权亡于周边落后游牧部落的历史也警醒我们绝不可掉以轻心。作为一个伟大国家、伟大军队之微不足道的一名哨兵，我能做的，只是不停地瞭望并报告敌情。

我希望我的同胞们不要在物欲世界中沉迷太久，以至于忘却新中国是怎么从民族危亡的血泊中冲出来的，更不能忽视今日中国依然处于被心怀不善之意的外部大国重重包围，劫难随时可以降临的事实。习主席用“三个前所未有地接近”和“三大危险”概括中国当前的时局：即前所未有地接近世界舞台中心、实现中华民族伟大复兴的目标、具有实现这个目标的信心和能力；但同时也存在国家被侵略、被颠覆、被分裂，改革发展大局被破坏，中国特色社会主义发展进程被打断的危险。谁会侵略、谁能侵略中国？什么时候，以什么方式侵略中国？谁颠覆中国？以什么方式？在什么时候颠覆中国？被谁分裂？以什么方式？在什么时候？为什么会被“打断”？怎样才能不被打断？我们现在应该怎么办？

在我另外一部书中，我建议有关部门设立甲午战争研究院、苏联解体研究院，为中国的改革开放和民族复兴进程，高悬两面历史明镜。

美国作为一个国家出现，本是霸权的产物。所以，从它一出生就带有霸权的先天基因。优越的生长条件和持之以恒、巧妙、果断的帝国战略，让美国在短短的两百多年内，就从一个狭小的殖民地变成一个横行世界的大帝国，并在向着创造人类政治史——建立前所未有的世界帝国的方向，急剧地前进着。

在《C形包围》一书中简单揭开美国全球战略和对华战略序幕的基础上，本书再探一层，从更深的地方，剖析美国的帝国基因和称霸足迹。目的一如既往：知己知彼。

二、战略东移——美国百年来第六次捕猎式全球战略转移——每一次战略转移必以肢解对手为目的

美国建国之初，由于意识到自己是一个偏居一隅的弱小国家，华盛顿在告别演说中留下了著名的“孤立主义”战略。其目的在于避开和欧洲列强的正面冲突，同时避开欧洲错综复杂的权力斗争。韬光养晦的同时向阻力最小的方向扩张。有意思的是，后来美国人把“孤立主义”解释为一种放弃对外扩张的和平主义，却从来不去问一个基本问题：当时的美国靠什么去扩张？不是美国高尚得不去打人，而是美国精明地避免了被人打。

随着国家的不断扩张，美国人开始不动声色地调整“孤立主义”传统，尤其是到了近百年来，为了实现世界帝国的梦想，美国已经针对性地进行了五次战略转移。每一次转移都是要肢解掉一个敌手，而且都成功了。

第一次战略转移是从西半球转向两洋。目标在于争夺大西洋制海权，肢解西班牙帝国体系，进而挺进太平洋，准备取代英国全球性的海军力量。

整个 19 世纪，美国都是以门罗主义为外交和内政信念，牢牢控制美洲和西半球，实行不干预外部事务的政策。

1898 年，以美西战争为发端，美国开始崛起。《制海权》一书诞生于这个时代。西奥多·罗斯福认为太平洋是世界强权的枢纽，不遗余力开通巴拿马运河，立誓成为世界强权。

结果，美国海军力量巡弋全球，取得菲律宾，立足远东、虎视天下。获得了参与欧洲列强俱乐部的资格。

第二次战略转移是利用第一次世界大战从两洋巡弋到登陆欧洲。

19 世纪以前的历史，是欧洲征服美洲、亚洲、非洲和澳洲的历史。第一次世界大战终结了这个历史。欧洲列强相互消耗，打得精疲力竭，显示了欧洲霸权衰落的迹象。在追随老欧洲征服中国的过程中，美国已经尝到通过战争快速富强的甜头。于是，国父华盛顿的教诲被放到了一边。1917 年，就在欧洲老列强双方打得筋疲力尽的时候，美国人带着最多、最好的军用飞机到来了，以一种与生俱来的商人式精明，以最小的人员伤亡，收拾了残局。

结果，美国轻而易举地借着欧洲人的力量敲碎了欧洲。称雄世界 300 年的英法彻底衰落了。

第二次世界大战的爆发，迫使美国进行第三次全球战略重点转移，从欧洲一个立足点又扩大到日本和整个太平洋地区。

在欧洲出现德国这个新生帝国的时候，美国利用第一次世界大战获得的世界第一工业大国的优势，已经壮大到无与伦比的程度。这使得美国在第二次世界大战中，可以同时在欧亚两个大战场担当主力角色。利用这一实力，美国轻易地拿走“二战”胜利的大部分果实：英国的殖民地、日本全国和欧洲大部分。美国成为世界最大债权国，从此奠定全球金融霸权。

这次战略转移的结果，是完成了彻底肢解、征服老欧洲的任务。美国双腿站在欧亚两个点上。

“二战”一结束，美国把战略对手锁定苏联，随即进行了第四次全球战略的转移。

经过漫长的冷战，美国再次获胜。华约解体，苏联也解体。相对于第二次世界大战前的形态，欧亚大陆已经基本破碎。

冷战结束后，美国立即进行新的、第五次战略转移，重点锁定中东伊斯兰世界。

从1991年海湾战争开始，美国战略重点转移到中东。美国战略重点的这次转移，目标是夺取苏联势力范围，同时将可能成为未来对手的伊斯兰教地区进一步碎片化，以终结自十字军东征以来基督教地区和伊斯兰教地区的千年博弈。这就是本·拉登出现的战略背景。和反恐一样，大规模杀伤性武器和伊朗核问题，都是美国扫荡中东的借口和烟幕。

如果说，之前的美国已经迈出了坚实的五个步伐：冲出西半球——控制欧洲——控制亚太——肢解苏联——肢解伊斯兰世界。那么，接下来的第六步就是：包围并准备肢解中国。

事实上，这个第六步已经迈出多年了。

十余年的反恐战争，虽然让美国在中亚战场斩获颇丰，却也同时给了中国、印度十年的发展机遇期，同时也给了俄罗斯十年的休养生息期。在布什执政后期，美国战略界已认识到反恐战争的负面效应，转而要求重新评估反恐战争的成效，尽早结束反恐战争，并将注意力重新转到来自其他大国的挑战。

奥巴马上台后，美国政府开始加速调整全球战略布局。这一轮调整的基本特点，是美国在全球层面有所退出，而在亚洲等局部大力加强。2011年年底以来，美国一方面计划从伊拉克和阿富汗撤军，另一方面却加大与中国的摩擦，频频挑起周围国家与中国的争端。

美国的意图很明显，是通过挑动亚洲内部矛盾达到以亚制亚。具体表现为通过发展与中国周围国家的关系，加强在亚洲的军事存在，从而形成对中国的包围圈。这也就是所谓的美国战略东移，即传统上美国将战略重点放在欧洲，而到现在则转移到亚洲。

伴随着这个调整，美国以中国为战略竞争对手的态势愈加明显。中国眼下虽然积累起了太多的财富，但还没有发展起来真正的现代工业体系，更没有像苏联那样转化为强大的军事实力。加强遏制中国，不仅可以压制中国成为美国霸权挑战者的可能性，还可以凭借美国目前拥有的政治、军事、技术和对太空、海洋、网络的控制优势，逼迫中国向美国出让大量的财富，以滋养美国，从而把中国永远锁定在财富制造——而却不能享用——的地位上。

十八大后，中国新领导人提出中华民族复兴梦，这就难免和控制、肢解中国的美国梦发生直接的战略碰撞。究竟是美国第六次获胜，中国惨遭肢解；还是中国变危为机，实现真正的国家崛起，无疑取决于今后十年乃至更长时间内双方的选择和行动。

也可以说，今后的十年将是决定中国乃至整个欧亚大陆命运的十年，也是美国征服世界的计划尘埃落定的十年。这是一部时间跨度很长、变量极多的 3D 电影。要看清其中的关键，首先要有耐心，其次要有大战略思维与大历史视野的镜片，不仅要看清美国这个世界帝国追求者的全息影像，还要能够透视我们所处的时代。

美国征服世界和对中国的绞杀，是人类有史以来最惊心动魄的巨作，而拥有最悠久历史的中国，其反绞杀的成败，不仅决定着一个延续了五千年的古老民族的生死存亡，也决定着人类历史上第一个全球帝国的成败。中国，至今还有相当多的人没有意识到他们对世界、对人类肩负着的巨大历史责任。

我一直想努力淡定，装作若无其事地对我的同胞们说：今天的世界是一个和平与发展占主流的世界，是一个已经远离了国家间冲突的世界。但我是军人，是国家和民族的哨兵，我不能对基本的事实视而不见，更不能附和那些见识愚陋偏狭的书生学者一厢情愿的和平幻想。因此，在C形包围提出并被美国政府全面印证之后，我又铺开了键盘。

每一个帝国的建立，都是以弱者的尸骨做奠基的。伊拉克、南联盟、阿富汗、利比亚、本·拉登等国家和个人的尸体已经躺在美帝国大厦的墙角。接着是叙利亚和伊朗。然后是中国和俄罗斯。然后是……

我反对这个帝国。在帝制已被各国普遍埋葬的今天，世界不需要帝国。我相信很多的中国人和外国人也反对。我因此不仅公开揭露，还将尽我毕生之力，在有生之年破坏它、打击它！

三、美国21世纪的主要战略精力是策划“亚洲战争”

100年前的欧洲战争——20世纪初的第一次世界大战，让老列强同归于尽，美国最后参战坐收渔利，基本上不劳而获地成为世界老大。这个美梦诱惑着美国的战略家在21世纪初，在亚洲复制这一模式。但规模要大得多。因为中国不仅已被核武器完全包围，还被恐怖主义和常规军事基地团团包围。

当今中国门前已无宁日。上兵伐谋层面已无须赘言，伐交、伐兵层面的招数更是屡见不鲜。归纳一下，不难看出，当下美国的战略行动，是一个两步走的声东击西：

2008年美国在中国内部（西藏和新疆）挑起民族冲突，2010年美国在中国周边组织反华联盟，挑起海洋争端，同时，美国以不停加码的演习在朝鲜半岛加剧地区紧张态势，巧妙刺激朝鲜发展核武器以干扰中国，这都有双重“声东击西”的意义。

第一个声东击西是牵制中国精力，以便于美国集中力量解决利比亚、叙利亚和伊朗。

第二个声东击西是在南部和东部牵制中国，进而在西南和西北做大文章；在西南，主要是秘密联合日本和印度等各种势力，支持缅甸军政府，持续不断地发动所谓的统一战争，大杀中国跨境民族，扰乱中国西南方向“一带一路”倡议；在西北方向则是破坏中国和俄罗斯、中亚国家的合作，对中国的战略西移进行阻滞。

在双重声东击西的掩护下，美国继续放大整个亚洲地区的潜在不稳定因素，从而将中国置于一个随时可能爆发的火山口上。形势已经十分清楚——我再次引用皮尔格先生的话：美国有 4000 个军事基地，每个州大概有 1000 个基地。这些基地一般有 200—300 军队，没有家庭，很少有便利设施，具有隐秘性，一般都是在国外。为了对抗中国的全球性经济势力，很多基地被建设起来。在这些基地，美国在 147 个国家运行一个秘密的军团。今天，有 400 多个美军基地包围着中国，这些基地里部署着炸弹、导弹，最为关键的是，还有核弹。这些基地分布在澳大利亚向北至日本和韩国，穿越亚欧大陆至阿富汗和印度，一位美国战略家表示，这些基地构成了一个“完美的锁链”。英国《卫报》评论称，皮尔格提醒我们，正是诺贝尔和平奖得主奥巴马主导了核开支的大规模增长和一个新的“亚太再平衡”战略，它意味着在中国的鼻子下建立军事基地，打击中国任何试图把商业繁荣转换为力量的举动，用压倒性武力来回应中国的南海诉求。“这一情况丝毫没有减弱的迹象，新的总统正在让美国人相信中国是他们新的敌人。纪录片强烈纠正了人们对太平洋战争场景的漠不关心。”

事情已经很清楚，在今后无尽的岁月里，只要中国还在按自己的节奏发展，美国就会让中国的周边越来越乱——

朝鲜半岛存在着朝鲜突然与美国和解，以及美韩突然袭击朝鲜两种可能；而台湾地区存在“台独”势力引狼入室，把美军引入南海太平岛和购买美国最新战机，从而制造新危机及以其他方式折腾大陆的可能；在南海，小国依然存在重新翻脸、起跳的可能；而日本大力卷入南海争端，已是跃跃欲试。

中国既要做好在世界范围内与霸权大国进行全方位战略博弈，

同时，也需要认真筹谋迎接、破解美国导演策划、日本大力参与、众多仆从参演的亚洲战争大剧。

21 世纪，世界上几大新兴强国都在亚洲，20 世纪的潜在战争隐患也几乎都在亚洲：

日本经历60年韬光养晦已经重新崛起为世界强国，只要背上枪，就是仅次于美国的世界第二军事大国；俄罗斯有一半国土属于亚洲，近年也进入复兴轨道。日本和俄罗斯历史上的战争并未结束，未来依然存在战争爆发点——北方四岛；同时，东亚的两个核心国家——中国和日本在 20 世纪打了一场决战，同样没有真正分出胜负，留下了诸多隐患；印度正在崛起，并以中国为目标进行军国主义式的狂热追赶；东南亚十国结盟，其中越南欲成为地区霸主，并准备引美国入室，且以挑战中国为能。

亚洲的边缘是中东和里海——世界两大石油中心。各大国列强都围在油田的旁边，如猛兽围着肉盆虎视眈眈。

亚洲是全世界人口最密集的地方，是西方眼里垃圾人口最多，并密谋清除的地方。

亚洲是世界宗教聚集地：伊斯兰教、犹太教、佛教、基督教、东正教、神道教；宗教与战争的关系，就是火柴和磷片的关系。

亚洲还是最后一个社会主义大国所在地，因此也是世界资本主义意识形态最后围攻的地方。

世界六个核国家，三个在亚洲，一个把核武器部署在亚洲；三个准核国家——以色列、朝鲜和伊朗，都在亚洲。

美国的战略重点在亚洲。美国率领欧洲、以色列、日本，在亚洲布局、织网，对中国进行 C 形包围。

亚洲还是世界财富最集中的地方：先是日本的复兴，然后是“亚洲四小龙”，接着是中国，持续 60 年的发展，积累了令世界垂涎的财富。

势均力敌的力量极易导致战争；人口众多，适合战争；财富众多招引战争；核武器在手，不愿意屈服；大国挑唆，容易引起战争。总之，亚洲具备了一切发生大规模战争的条件。

而种种迹象表明，中国正被有计划地推进大规模战争的核心。

等到一个合适的时机，美国就会图穷匕见，一面长期围困中国，一面挑起军备竞赛，等待机会，迅速制造危机，完成对中国的肢解。从而把中国变成阿拉伯世界那样的碎片状态。

所以，叙利亚、伊朗危机之后，美国有可能支持“东突”，搞乱新疆。一旦伊朗倒下，中国就将面临陆海两域东西两面战略夹击。而且美国在这两个战场上都能得到中国内部的呼应者，西部主要是“疆独”“藏独”，东部则是“台独”。还有思想上已被美国和西方同化的中国知识精英中的一些人。

在这场混战中，俄罗斯仍处于观望状态。

中国的国家安全业已面临极其严峻的挑战。有包围，就有突围和反包围，这是中国最急迫的时代课题。展望未来，究竟是在亚洲的废墟上开始新文明的蛮荒时代，还是在三大战场全面沉沦中迎来一个前所未有的世界帝国？抑或迎来新的七雄争霸式的持久对抗？……

答案有很多种，而选择权却散布在世界的各个角落。“9·11”的撞击是对时代的回应，也是对历史的塑造。美国的万里远征、日本的韬光养晦、俄罗斯的休养生息……同样是在回应时代、塑造历史。自我欺骗、无所作为的国家注定只能被时代颠覆、被别人塑造，乃至被历史抛弃。棋局已经渐入搏杀大龙的中盘。

于是，我再度认真起来，找出这部初成于2013年的随感文稿，修改于此。

老骥伏枥，老兵扶旗。

如果1000年后还有历史，我希望它这样记载：在人类第二个千年纪元开始的时候，中国曾经有那么一批反世界帝国的战士，以他们对祖国的信仰，竭尽心力。我希望中国的后人们，能够记住他们自己的“斯巴达勇士”，一代人有一代人的使命和担当。中华民族心灵史上最瑰丽的一页，是每当国难当头的时候，总有那么一些人默默地站出来，迎上去，倒下去，又站出来。他们不死，则民族永生。

第一章

200 年，从殖民地到世界帝王，美国为什么能？

历史大问号：这 200 来年的时间，中国正处于一个长寿王朝的中后期，此时，基本都会呈现出“生意尽矣”的老态龙钟的死相。而美国这样连一个“王朝”还没有过完的国家，却在这样的时间点上呈现出从本土帝国向世界帝国的状态转型的态势。这是为什么？虽然我内心希望它像暴秦一样猝死，但结果也可能不尽然。无论如何，认识美国，是非常重要的。因为在中美两国的战略家看来，双方早已超越地理阻隔，互为政治、经济、文化和军事层面的第一邻国。

美国迅速发展之谜一：扩张扩张再扩张

一、美国扩张背后的“独特的理想和理念”

独立前的“美国人”是英国移民来美洲的盎格鲁-撒克逊人。在掠夺世界的地理大发现中，他们是美洲的后来者。但后来者居上，竟然弄出来一个国家。法国人和西班牙人都比英国人来得早，却都没有在美洲这个丰腴的地方“繁殖”出一个“子国家”，不能不承认盎格鲁-撒克逊人的“民族生育力”——其实就是国际政治术语中的扩张性——强。

这种内在的冲动力，随后一次又一次地体现在世界各地的争霸中。美国先是赶走了“生父”英国人，接着又在美洲自己想要占领的地盘上赶走了所有欧洲的叔伯们，让他们被迫远走东方，欺负日本和中国。后来，美国已经长成青年，夺得足够大的地盘，然后又赶到它的父辈那里，复制在美洲取而代之的一幕。经过两次世界大战，美国一统江湖，欧洲称霸世界几百年的历史，彻底寿终正寝。这期间，无论西班牙还是英国和法国的表现，都无法和美国相比。它们被自己身边的德国打得鼻青脸肿。而美国却轻而易举地拿下德国。当然，它是在德国筋疲力尽的时候下手的。

改革开放的中国，知识精英界弥漫着向美国学习的热情。知己知彼，学习美国的什么呢？我认为首先要明白美国是怎么强大起来的。

美国学者罗伯特·卡根有一个观点：他认为美国历史上就是一个危险的国家，扩张成性。而正是永不停歇却又总是成功的扩张，成就了美国的强大。这扩张，在中国的历史上叫开疆拓土。但这一中国概念，根本就无法容纳“美国精神”。美国的扩张绝不仅仅是领土扩张。罗伯特·卡根说：“在南美大陆、西半球和欧洲的人民和国家出于多种原因认为美国是危险的。首先是美国人侵略成性，对领土和占统治地位的追求欲壑难填。19 世纪 20 年代，一个墨西哥的委员会得出的结论是，美国人是一个‘最野心勃勃的民族，总是准备蚕食邻居的领土，毫无一丝诚信’。”

“占统治地位的追求”，才是美国扩张的本质。蚕食领土，只是这种追求的一种方式。而且和后来的随意入侵别国，抓捕或更换别国领导人，强行肢解别国，用技术控制全球，控制全球海峡，用统一的纸币掠夺世界财富比起来，侵占别国领土简直不值一提了。

相比之下，一些幼稚的中国学者，口头上本能地谴责侵略，内心真诚地追求着浪漫、理想的和平主义，却又想学习美国的强大，怎能摸到帝国的真谛？东施效颦、邯郸学步在所难免。

罗伯特·卡根说：“自 17 世纪初期，不断在这个大陆遭到驱赶的印第安部落毫无疑问持相同的看法。西班牙人、法国人、俄国人和英国人也持此观点。他们都曾被‘人数众多’‘好战’‘不安分’的美国人从陆地和水域赶走。这些野心勃勃的美国人是‘令人恐惧的敌人’。”

在叙述了众所周知的历史事实之后，卡根认为，在美国野心勃勃的扩张后面是美国关于世界和人性一整套独特的理想和理念。

“独特的理想和理念”，是打开美国政治密室的钥匙。

卡根说，“美利坚合众国的外交不仅反映美国的立国理念，而且也为美式民族主义所左右”。当美国人与外界接触时，他们很难对所遇到的“恶魔”视而不见；在与外部世界交往时，美国人所信奉的理念作为一种潜意识总是若隐若现。美国另一位保守主义著名评论家乔治·威尔将美国这种与众不同的国家特性归纳为“救世主的冲动”。

这种“救世主的冲动”存在于大多数美国人的头脑里，由于美国采取选举制度，民众的意志可以直接转化为领导人意志，接着又直接转化为美国意志。这种正反馈式的循环，是美国成为世界帝国的内在动力。在这种“救世主的冲动”推动下，美国的文化充满帝国的霸气，美国的经济像八爪章鱼一样攫取全世界的资源，美国军队把世界当作白头鹰爪子下的一块礁石。

这种“救世主的冲动”，是近代欧洲人才有的。由于工业革命和资产阶级民主、自由的启蒙，自古就有的扩张意识，被涂上了一层“解放者”和工业文明普及者的好看的油彩。由于在地理大发现中看到别的地区和民族，都处在落后的位置上，于是，欧洲人在屠杀和抢劫之后，还油然生出对自己的尊敬。

英国人罗伯特·库珀说：美国是一个人为的国家，立国之基是启蒙运动的理想，这使美国变得自由、民主和危险。在美国人看来，美国的制度只有变成“世界的制度”，才能生存下去。库珀由此断言：美国从来不是一个维持现状的国家，而是希望按照自己的意念改造世界，以便让全世界“采纳美国的制度”；而且美国人认为，因为它的事业是正义的，因此不会限制自己的权力，而是追求绝对的权力，美国人只有在其他国家被远远地甩在它后面时才会感到安全。正是这种对绝对权力毫无节制的追逐，以及按照自己的意念改造世界的想法，使美国变得“危险”了。

罗伯特·库珀的观点，不仅是理解冷战结束后美国外交、军事政策的放大镜，更是观察美国民族性格及其国家心理的内窥镜。在别的国家眼里，美国是追求霸权，但在美国人的感觉中，他是在追求自由，是在自然而然地实践着以美式民族主义为内核的“国际主义”。

卡根在《危险国家》一书中说，从美国立国理念派生出来的“理想主义”“干涉主义”其影响要远远大于“现实主义”“孤立主义”，前者是美国外交政策的主流和大方向，而后者从来就不是美国外交政策传统，在历史上，后者可能对前者起到拉拉扯扯的作用，但不会影响美国外交的总体方向。

我完全同意卡根对他自己国家的分析。这也是我对美国持续观察后得出的结论，更是我认为美国正在建立世界帝国的逻辑起点。一切行动的背后，都有思想的支配，而思想首先发端于理念。卡根认为，美国的立国理念与众不同，它不是基于共同的祖先、共同的历史或共同的土地——这是中国和其他众多国家的理念，而是全体民众对《独立宣言》中人人平等原则以及美国宪法中自由与共和理想的效忠。在这种独特环境下，美式民族主义是一种具有普世意义的新民族主义，笃信全人类不可分割的权利是超越地理界限和血缘关系的。卡根因此认为，国际主义是美式民族主义的核心。这个美国人心目中的“国际主义”，与中国人在抗美援朝时期喊响的中国式国际主义有天壤之别。中国式的“国际主义”实际上是帮助别国主持国际正义；而美式“国际主义”的真实含义是国际主持。

在《流氓国家——谁在与世界作对》一书中，美国学者克莱德·普雷斯托维茨说：美国虽诞生于对帝国的反抗之中，但它从一开始即埋有自身成为帝国的种子。17 世纪初，冒险到新大陆来建立殖民地的有两种人，他们都是为了寻找自己的命运而来。与约翰 · 史密斯船长一同奔赴弗吉尼亚的冒险家和手艺人寻求的是财富，与约翰·温思罗普总督去马萨诸塞的清教徒寻求的是天堂。

这个所谓的“帝国的种子”，就是欧洲人的扩张基因。欧洲的政治“强暴”了美洲的躯体，生出具有欧洲基因和美洲体魄的“美国”，这个“杂种”国家，随即成长为举世无双的帝国怪物，威胁全世界。

二、独立前，“美国”已经在扩张

还是殖民地的时候，“美国人”就已经在扩张。哥伦布“发现”美洲之后，在黄金、白银的诱惑下，欧洲列强立即开始了对美洲大陆的争夺。西班牙捷足先登，1496 年，哥伦布之弟在海地南岸修建圣多明各城，以此为基地，西班牙人进而征服牙买加、波多黎各、古巴和整个西印度群岛，在塞维利亚设印度事务部进行统治。历史学家描述他们“像穷凶极恶的豺狼闯进驯服的羔羊中”。

1521 年 8 月，科尔蒂斯再度率兵攻入墨西哥城，变墨西哥为西班牙的殖民地，称“新西班牙”。之后，西班牙人又侵入危地马拉、洪都拉斯、尼加拉瓜、萨尔瓦多和秘鲁，接着，西班牙又征服厄瓜多尔、哥伦比亚、玻利维亚、智利等南美国家。到 16 世纪中叶，西班牙已在除巴西以外的中南美洲建立起庞大的殖民帝国。

西班牙将大量美洲土地和印第安人分给西班牙贵族、宠臣、冒险家和天主教会世袭占有，让印第安人做奴隶。随着印第安人大量灭绝，西班牙又伙同葡萄牙人，把大批非洲黑人运往美洲，迫使他们在矿井里和种植园里从事极其艰苦的劳动。16 世纪运到美洲的黑人有 90 万人，17 世纪为 275 万人，18 世纪达到 700 万人。到 19 世纪 70 年代，共有 1500 万黑人被运往美洲。每贩运一个黑人到美洲，就有 5 人死在非洲大陆和贩运途中——近 6000 万到一亿非洲青壮年成为欧洲殖民者的牺牲品。

西班牙最初平均每年从美洲运走黄金近 3000 公斤、白银三万多公斤；1545 年到 1560 年的十几年内，平均每年运走的黄金达到 5000 多公斤，白银近 25 万公斤。16 世纪末，西班牙在美洲开采的贵金属占世界总产量的 83%。这让其他欧洲国家垂涎欲滴，先是荷兰，后是英国，开始从西班牙那里虎口夺食。

1579 年 2 月 13 日，由超级海盗英国人弗朗西斯·德雷克指挥的“戈尔登”号大型帆船为旗舰的舰队，掠夺了 12 艘西班牙金银船。

3 月 1 日德雷克如法炮制，对装载了 80 磅黄金和大量白银的 13 艘西班牙舰队进行掠夺。这次行动勾起了英国女王的欲望，德雷克被任命为英国海军上将并统领英国舰队，接着发生了世界历史上著名的大海战，西班牙被打败，英国取得制海权。

于是，英国开始了向美洲移民的行动。这批人中，就有许多“美国革命”的祖先。

几乎与英国同时，法国也开始了在北美拓展新大陆的行动。被称为“新法兰西”的北美殖民地从加拿大延伸到五大湖区，然后顺着密西西比河一直延伸到入海口，占据着现在美国中部的大部分地方。“新法兰西”的南边都是西班牙殖民地，只有东边与新英格兰那一片英属殖民地接壤。

但是，贪图本土安逸的法国人不愿意在北美寒冷的土地上扎根。这和精力旺盛、目光长远的英国人正好相反。法国国王路易十四曾经选送一些妓女去北美，试图安抚法国移民者，但收效不大。不到一个世纪，英国殖民者在美洲已达 120 多万人，而法裔的殖民者却还只有最初的 8 万多人。人口的巨大差异决定了后来英法在北美大陆殖民战争的最终结局。

英国支持自己的移民组织起来，这就是后来美国独立运动的主力——“美国民兵”，向南和西班牙开战，向北和法国开战，逐渐扩大自己的殖民地。到 18 世纪中叶，英裔已拥有 13 个州的地盘。这 13 个州就是美国独立时的全部领土根基，用中国人熟悉的话说，这就是“革命根据地”。了解这一段历史，可以让中国人对此后美国生生不息的战争和扩张，有一个基本的认识。

美国独立之前，法国曾经准备扩大向北美殖民地移民。原英属 13 个州的移民感到威胁，马上组织起来，逼迫总督与法国打了一场战争。在英国军队支持下，美国民兵把法国人打得节节败退。

赶走法国人后，英属殖民地的人开始向西部进军，驱赶印第安人。英国作为殖民地的宗主国，这个时候已经看出殖民地上的这些英国人有自立门户的趋势，于是在1774年颁布了魁北克法令，把俄亥俄河以北直到魁北克边境的土地全部宣布为英国所有，禁止分给原13个州的殖民者，企图以此限制英属殖民地向西移民，以免以后坐大失控。一些英国人为了让美洲殖民地继续对祖国（英国）依赖，甚至声称应该把加拿大还给法国人。美洲殖民地上的英裔对他们祖国的禁令充满愤怒，这其中就有美国革命的先驱托马斯·杰弗逊，他毫不客气地说“伦敦政府无权支配美洲西部的土地”。一般史学家认为是英国对殖民地的掠夺，促使了殖民地的独立革命，其实是因为英国对其殖民者扩张冲动的遏止，是老狮子想控制小狮子扩大地盘，结果小狮子扑向了老狮子，而最后老狮子被打败。看过动物世界的人都明白，这其实就是动物界的自然法则。老猴王也是这样被强壮的公猴打败并取代的。

三、抓住欧洲列强混战的机遇，自立门户

一般的教科书把美国独立战争，归因于英国对于殖民地的横征暴敛。这只是外因之一。殖民地上的盎格鲁-撒克逊人，和本土上的同族一样，都有着强悍和狡黠的本性。他们早就受着宗主国的盘剥，为什么没有及早独立？这是因为领导着殖民地的那些头面人物，都是一些有战略头脑的人，他们不是不想自立门户，而是要等待时机。

1756—1763年英法七年战争后，法国在海上败于英国，不得不将其在北美和印度的大片殖民地割让给英国，英国自此成为日不落帝国。英国虽然打赢了这场殖民战争，但元气大伤，于是加大对殖民地的征税。

早已潜伏着的独立的心理准备；山高皇帝远的天然优势；宗主国的虚弱、税负骤然加重激起的民愤，这一切综合在一起，成为美国革命的成因。

1775年4月19日清晨，列克星敦上空枪声响起，美国独立战争开始了。

美国独立是英国作为全球帝国衰落的开始。从世界民族史的角度看，美国和英国是直系血缘关系，其殖民地和宗主国的战争，本质上是盎格鲁 - 撒克逊人的内战。最后的结果是海外的打败了本土的，美国独立于英国，儿子独立于老子，仅此而已。这个历史也解释了今天英国和美国的关系：英国老了，它要靠着美国儿子来养老，否则它会被欧洲“街坊”们群殴，就像以往的拿破仑和希特勒对英国做的那样。

看到北美殖民和英国大打出手，欲报一箭之仇的法国，立即介入，支持美国反对英国。但是，在帮助美国独立后，法国也很快表现出不支持美国在美洲扩大势力范围的做法，这又激怒了刚独立的美国人。于是，本来对法国特别友好的美国革命领导人之一的本杰明·富兰克林，毫不犹豫地抛弃了法国盟友，转而寻求英国支持。英国立即表明支持美国的态度。双方于是重归于好。刚刚独立，美国就天然地具备熟练的左右逢源、以夷制夷的能力。正是这一能力，和另一种天生的扩张意识、野蛮性格的结合，日后孕育了一个世界帝国的诞生。

1776 年 7 月 4 日美国宣布独立时，组成其版图的 13 个州总面积只有 80 万平方公里。到 1783 年，英国被迫承认美国独立，在巴黎签订《巴黎和约》时，密西西比河东岸的大片土地已经属于美国，美国的总面积已经达到 230 万平方公里。

美国人以鹰为图腾，美国人的雄心也的确像鹰一样。这只鹰还在幼雏阶段，就心在天际。独立之初，杰弗逊就想象着有一天“我们要大到即便不能覆盖南美，也要覆盖整个北美”。亚当斯对他的想法表示赞成。他说，“神圣的上天似乎注定要让北美由一个国家的人居住。”

美国最初的精英阶层，认为美国的独立是“整个人类从此开始了新的历史”，战略家则提出“美国人必须创立一个两边都是海的大陆国家”。

再小的狮子也是狮子。美洲大陆、西半球和随后的全世界，都在这只小雄狮的觊觎之下。

四、抓住拿破仑征服欧洲力不从心的时机，买下“另一个美国”

在扩充版图的渴望下，美国人又抓住了一个千载难逢的机遇：在杰弗逊任上，美国人以平均每英亩不足 3 美分的价格，买到了路易斯安那。

路易斯安那最初的意思是“献给路易的土地”，这是路易十四时期法国在美洲的殖民地杰作。后来，法国在七年战争中战败，此地先后归属英国和西班牙。1800 年，拿破仑呼啸欧洲，又把它从西班牙人手里夺回来。

路易斯安那在当时对于美国差不多具有生死攸关的意义。美国向欧洲出口的货物要通过密西西比河运到新奥尔良港，中间必须经过法国殖民地路易斯安那。杰弗逊认为美国的贸易交通干线掌握在法国人手里，是致命威胁。于是，1802 年杰弗逊派门罗前去欧洲，与拿破仑谈判买下新奥尔良港。让门罗和杰弗逊喜出望外的是，拿破仑建议让美国把整个路易斯安那都买下来。

这是一笔对于双方都特别划算的买卖，美国买下路易斯安那 214 万多平方公里土地，使当时美国的面积增加一倍。更加重要的是，靠着这两百多万平方公里土地上的资源，及其所处的战略地位，美国事实上奠定了在短时间内称霸西半球的基础。门罗总统后来之所以使自己的主张成为“主义”，靠的就是这一笔买卖。

对于拿破仑，出售路易斯安那纯属赚一笔意外之财。拿破仑的着眼点始终是征服欧洲，而他的对手结成联盟屡败屡战。拿破仑虽然取得一个又一个战役的胜利，但也打光了法国的财政，使整个战争面临失败的危险。一方面他需要钱，另一方面他此时也没有军力照管北美的殖民地。如果不趁早把这块土地变成钱，早晚还是英国的，甚至也可能被美国夺去，因为英国的舰队对于他来说就是一堵海上的铜墙铁壁，而美国从陆地进军易如反掌，他则鞭长莫及。事实证明了拿破仑的高瞻远瞩，如果不是这笔钱，他可能很早就失败了，而即使有了这笔钱，他最后还是败在以英国为首的反法联盟手里了。

美国总共交给拿破仑 2700 多万美元，这相当于美国政府好几年的财政预算。美国政府当时拿不出这么多钱，于是便到伦敦市场上去发高息国债，英国人纷纷抢购。美国筹到了英国人的钱后交付法国，而法国人则用这些钱购置武器，再去打英国人。今天看来，路易斯安那的国土买卖，不仅是国际战略上的一个重要历史事件，也是国际金融史上的一个典型案例。它说明：金融的跨国界流动，遮盖了许多地缘政治秘密。在盲目追逐金钱利益的同时，也可能会为敌人送上杀死自己的枪炮。

买下路易斯安那，杰弗逊踌躇满志地说："我们的乘积效应很快要占领整个北美大陆，甚至南美。"

美国不在乎形式，如果可能，它们可以使用金钱；如果需要，它们也毫不犹豫地准备使用暴力。在买下路易斯安那之后，美国人又立即拿起了武器，准备伺机对欧洲在北美的殖民地下手。

五、19 世纪前 50 年：抓住欧洲混战的时机推出"门罗主义"，让欧洲人滚出美洲，实现美洲独霸

我们可以把美国想象成一部越野车，驾驶员就是美国总统；它不停地向前开——向外扩张，总统——那些精力充沛的美国驾驶员们，像接力赛一样前赴后继。

继杰弗逊之后，门罗是美国扩张史上第二个里程碑式的人物。1816 年，门罗当选为第五任美国总统。门罗是参加过独立战争的老资格的第一代"革命者"。1794 年，被华盛顿总统任命为驻法国公使。1802 年，杰弗逊当总统时，委任他去与法国谈判购买路易斯安那。门罗出色完成任务，同时也奠定了他自己的政治基础。1811 年，

麦迪逊总统任命他为国务卿，次年又任命他为战争部长。这一年，美国以维护航海自由为名，对英舰在公海拦截美国船只的行为诉诸武力。此战，英军虽曾一度攻占美国首都，焚烧总统府及国会，但最后的胜利却是美国的。

这时候，欧洲还在混战。拿破仑屡仆屡起，反法联盟则散而复聚。门罗，这个充满激情而又志向远大的美国总统意识到，欧洲狗咬狗的战争持续多年，彼此已筋疲力尽，现在是结束欧洲对美洲掠夺和统治的时候了——因为美洲有了新的主人。已经独立的美国，决不能重复印第安人的命运。

1822年10月，战胜了拿破仑的俄、普、奥、英、法、意的君主们，在意大利维罗纳举行神圣同盟第四次会议。会上，俄、普、奥三国不顾英国反对，授权法国以神圣同盟的名义对西班牙和西属美洲殖民地实行武装干涉。早就觊觎西属美洲殖民地的美国，立即反对。美国此时对欧洲说“不”，远比独立战争时对英国说“不”的胆气要大得多。

1823年12月2日，门罗在国情咨文中提出，美国“对于欧洲列强现存的殖民地和保护国不予干涉，将来也不会干涉”，但声称“美洲是美洲人的美洲”。这一宣言后来被称为“门罗主义”。这群来自欧洲的人已经毫不见外地把自己当成了美洲人。杰弗逊后来说：“（门罗宣言）是独立宣言以来最重要的宣言，它使我们成为一个民族，给我们定了位并指明了道路。”这实际上是美国对欧洲列强在美洲发出的逐客令：滚蛋！

其实，每一个美国人都知道，门罗的意思是“美洲是美国人的美洲”。门罗在发布这个宣言的时候，没有同任何拉美国家商量，却以拉丁美洲保护者的身份出现。

“门罗主义”把美国的利益与当时美洲的利益结合起来，以资产阶级民主共和制度反对欧洲君主专制制度；以民族独立反对欧洲殖民统治，既排斥了欧洲，又拉住了美洲，从而以最小的阻力实现本洲独霸。这是日后美国向欧洲反攻和称霸世界的基础。

六、抓住英国发动鸦片战争、殖民注意力转移到东方的机会，美国肢解墨西哥，完成本土的最后扩张

1840 年，英国对中国发动鸦片战争。在中国看起来，这是西方对东方的全面入侵，但是，对于已经在世界上扩张了两百多年的英国来说，英国的商船和舰队，却是被美国从美洲赶过来的。从这一点也可以理解近代中国和美国的历史轨迹：当美国开始崛起的时候，中国正好开始衰落。这种衰落，一直持续到 1949 年中华人民共和国成立才彻底终止。

因为已经无法在美洲立足，所以，英国人只能另寻别路。虎门一仗，东方天朝的不堪一击，让尝够了征服美洲甜头的英国人大喜过望，于是把殖民注意力转到东方。

趁欧洲列强被迫离开美洲，美国举着“门罗主义”的大旗，在美洲大陆开始进行疯狂的领土扩张。

并购路易斯安那之后，西班牙殖民地佛罗里达成为美国下一个目标。美国也曾向西班牙提出购买佛罗里达，但遭到严词拒绝。正当美国考虑是否要使用武力解决时，西班牙本土被拿破仑吞并。美国人立即趁火打劫，大举进军佛罗里达。1819 年 2 月 22 日，美国迫使西班牙签订“出售”佛罗里达的条约，一举获得 150 万平方公里的领土。

1812 年第二次美英战争之后，按照条约规定，广大的俄勒冈地区为英美两国共有。但美国一直不停地向这一地区进行大规模武装移民。到 1846 年，英国经不住美国势力的渗透，被迫将俄勒冈交给美国。美国人还曾想向北扩展兼并加拿大，但被英军打了回来，于是把枪口对准了庞大而弱小的墨西哥。

1846 年 5 月，美国再次与墨西哥开战。在美国版图扩张史上，这一仗是胜果最大的——

得克萨斯原是西班牙在墨西哥殖民地的一部分，但美国像在俄勒冈一样，一直向这个地区不停地移民。在西班牙势力衰落、墨西哥趁机独立后，得克萨斯成为墨西哥领土，但这片土地上已经拥有了太多武装的美国人。由于墨西哥政府禁止蓄奴，1835 年，墨西哥得克萨斯和加利福尼亚的美国移民奴隶主发动武装叛乱，并于 1836 年宣布建立得克萨斯共和国。墨西哥政府出兵镇压，但被叛军击败，美国立即承认得克萨斯共和国。1845 年 7 月，以疯狂扩张著称的美国总统詹姆斯・波尔克——这是美国扩张史上的第三个里程碑式的人物，正式宣布把得克萨斯并入版图，成为美国第 28 个州，这使美国面积又增加了近 70 万平方公里。

与此同时，波尔克以墨西哥应归还美国 300 万美元债务为要挟，要求“购买”新墨西哥和加利福尼亚地区，遭到墨西哥政府断然拒绝。1846 年 5 月 13 日，美国政府向墨西哥宣战。

这是美国历史上第一次赤裸裸地肢解、吞并一个庞大的邻国。以往它要么是从欧洲列强手中买，要么从印第安人手中夺。但墨西哥是一个正式的国家。对领土的渴望，让美国忽略了作为一个国家的一切政治准则。

战争一开始，美国就制定了以分割墨西哥领土、占领其首都为目的的战略。三路大军分进合击，重炮攻城，海军迂回。几乎还处在原始状态的墨西哥军队装备低劣，在现代化美军的攻击下节节败退。

1847 年 8 月，美军兵临墨西哥城城下。1848 年 2 月 2 日，墨西哥被迫签订城下之盟。此战，美国攫取墨西哥近一半领土，合计约 230 万平方公里。这就是今天美国的加利福尼亚州、内华达州、犹他州、亚利桑那州和新墨西哥州的大部，以及科罗拉多州和怀俄明州的一部分，美国仅仅付给墨西哥 1500 万美元作为“补偿”。

美国至此成为地跨大西洋和太平洋的大国。曾参加了这次战争的美国名将格兰特后来说：“这场战争乃是强大民族对弱小民族所进行的最不正义的战争之一。”

从 1776 年到 1850 年，从独立时的 13 块殖民地，到拥有连接两大洋的美洲第一大国，从独立时的 80 多万平方公里国土到拥有 700 多万平方公里版图，美国只用了 74 年。

1850 年，参议员西沃德在参议院就加利福尼亚加入美国的问题说："世界上没有比这个更好的帝国基础了，它可以给大西洋彼岸人口过多的欧洲提供货物，又可以在太平洋截取印度的贸易。处在这种地位的国家应该控制海洋，只有海洋帝国才是真正的帝国。”很快，美国的手脚就开始跨越浩瀚的大洋，伸向新的大陆。

美国迅速发展之谜二：抓住战略机遇期，不断对外扩张

一、19 世纪后 50 年：抓住俄国在克里米亚战败的机会购买阿拉斯加

因为本土扩张大业已基本完成，从 19 世纪中叶起，美国开始瞄准太平洋。

当美国在美洲高歌猛进的时候，英国刚刚在东方大国的中国站住脚。靠着第一次鸦片战争的胜利，英国获得了在这个白银之国的特殊地位。和当年西班牙掠夺美洲的黄金白银让其他人眼红一样，现在其他欧洲列强也跟随英国到第二个被发现的新大陆来。年轻的美国，急不可耐地想加入到老列强的这一猎杀世界的行动中。被殖民者摇身一变成为殖民者。

曾在 1861—1869 年任国务卿的威廉·西沃德，是建立美国太平洋帝国的鼓吹者和最早设计者及实施者。西沃德认为："美国应该是而且会是地球上伟大的强国。”要做到这一点，美国必须控制世界贸易。而要控制世界贸易，就必须控制太平洋，因为只有“太平洋上的贸易才是世界性贸易”。

西沃德向太平洋扩张的最重要的成果，是利用俄国在克里米亚

战败的机会购买了阿拉斯加和利用中国清政府对美国人的信任签订了《蒲安臣条约》。

阿拉斯加位于北美大陆西北部，面积151.9万平方公里。土著民族为印第安人、爱斯基摩人和阿留申人。17世纪，阿拉斯加被俄国的“土地开拓者”发现，18世纪80年代起，沙俄在此建造居民点。1798年俄罗斯成立了俄美公司，经营渔猎场并开采矿物。到19世纪中叶，俄美公司由于管理不善，已无力支付管理阿拉斯加的巨额费用。

1853年，为争夺巴尔干半岛控制权，土耳其、英国、法国、撒丁王国等先后向俄国宣战，这就是著名的克里米亚战争。战争一直持续到1856年，以沙皇俄国的彻底失败而告终。此战，使俄国丧失欧洲霸主的地位。于是，转而加紧在远东地区的扩张。正如马克思所说：俄国由于在克里米亚战争中的失败要向英法复仇，当英法发动了侵略中国的鸦片战争的时候，俄国趁火打劫，从中国割占了大片领土，攫取了很多特权。

克里米亚战争失败前，俄国就已经从康乾盛世的中国拿走了兴安岭及额尔古纳河以西约25万平方公里国土；贝加尔湖之南及西南约10万平方公里国土；约10万平方公里的库叶岛及百万平方公里的属邦哈萨克。克里米亚战争失败后，1858年5月28日（咸丰八年），俄罗斯通过《瑷珲条约》将混同江以西，黑龙江以北，外兴安岭以南约46万平方公里土地攫走。

1860年11月，俄罗斯又将混同江及乌苏里江以东兴凯湖附近的约43万平方公里的中国国土侵占，逼清廷在《北京条约》上予以承认。1864年（同治三年）后，自沙渍达巴哈起至葱岭止，约43万平方公里的中国国土，俄国逼清廷订立塔城界约等多次界约加以承认；1868年（同治七年），面积约百万平方公里的中国属邦布哈尔汗国，被俄侵并。1876年（光绪二年），原为中国属邦的浩罕国约35万平方公里面积土地，又被俄国吞并。

在疯狂掠夺中国领土的同时，俄罗斯却将阿拉斯加卖给了美国人。这一事实，从一个侧面反映了中国和美国在 19 世纪中叶地位的天壤之别：一个在加速衰落，一个在急剧崛起。中国与美国在今天的差距，就是那个时候拉开的。一方面，作为人类历史上最后一个封建时代的帝国，中国在全面崩溃，版图在肢解；而另一方面，作为人类历史上最大的资本主义国家，美国却在全面扩张。一个如夕阳，一个如朝阳；一个如老人，一个如少年。

克里米亚战争的失败，让俄国意识到英国力量的强大。而俄国对中国领土的掠夺，即将遭遇英国的打击——因为英国早已在中国扩张。双方存在着在东方开战的可能，如果俄国战败，阿拉斯加毫无疑问将成为英国的猎物。俄国于是想到了拿破仑当年出卖路易斯安那：为什么不把那片可能失去的土地换成钱呢?

1867 年 3 月 29 日晚，俄国驻美公使斯陶克尔去拜访西沃德，告诉他沙皇正式同意出卖阿拉斯加。如果西沃德愿意，翌日可以签约。西沃德回答："为什么要等到明天呢，斯陶克尔先生? 我们今晚就准备签约吧！"

像杰弗逊一样，西沃德立即看到了一个史无前例的机会：获得阿拉斯加，就能"控制太平洋"。美国以区区 720 万美元购下 170 多万平方公里——比中国新疆还大的——阿拉斯加！

二、抓住欧洲人在中国抢劫的机会，控制中国的教育，百年树人——培养亲美国的中国人

得到阿拉斯加只是西沃德的太平洋扩张政策的一部分，他的目的是要通向亚洲，特别是通向中国。鸦片战争后，以英法为首的欧洲列强已经开始像在美洲一样"瓜分"中国，不仅在上海、天津等城市开办了"租界"，还把中国市场分成几块由它们支配。美国是后来者，且因为受到国内战争等因素的困扰，一时无力与列强争夺在中国的势力范围，只能奉行所谓"合伙政策"。

1861年，清政府设总理各国事务衙门，让美国人蒲安臣任中国使臣代表中国去办理外交。蒲安臣原是美国驻清朝政府的公使，也是各国驻北京外交使团团长。由于他主张通过外交解决纠纷而不诉诸武力，颇得恭亲王奕䜣和总理衙门其他大臣的信任。

但这个担任中国外交部长的美国人，心里想得最多的还是美国。1865年美国内战结束，由于大量的青壮年在战争中伤亡，更多的人在从事与战争相关的事业，在接着展开的西部大铁路建设中，美国便严重缺乏劳动力。清朝对这些情况当然一无所知，但蒲安臣心知肚明。于是，1867年他被清政府任命为“办理各国中外交涉事务大臣”，第二年就代表清政府偕海关道志刚、礼部郎中孙家谷及随员三十余人组成“中国使团”，出访美、英、法、普、俄等国。表面上看起来是在给中国办差，其实，根本目的还在于为美国困难解套。1868年，他违背清政府关于重大事情必须“咨明中国总理衙门候议，再定准否”的训令，擅自代表清政府在华盛顿与美国国务卿西沃德签订了《中美续增条约》，即《蒲安臣条约》，规定了最惠国条款。该条约除了开辟中国劳工到美国出卖苦力的通道之外，还特别强调中国“自定章程”的权利、“内政自主”的权利等。看起来是美国在帮中国说话，其实质目的乃在于防止欧洲列强垄断中国市场，以求实现对华“贸易机会均等之门必须对所有国家的自由竞争开放”。这是30年后美国公开要求中国实行“门户开放”政策的前奏。

这个《蒲安臣条约》还有一条非常有远见的规定，其影响直达21世纪的今天。其第七款写道：两国人民往来游学，照最优之国优待，并指定外国所居之地，互设学堂。由于清朝在美国的人数少之又少，中国不可能到美国去办学，因此，所谓互设学堂只能是美国在中国开办学堂。早在1862年，蒲安臣就上书西沃德，要求美国在华兴学。蒲安臣认为这样做可以扩大美国在中国的影响和对华贸易，从而有利于美国对华经济扩张。西沃德对这一建议非常热心，在他为约翰逊总统起草的第一个总统咨文中，就建议拨款建立一所主要培养中国人的学院，“这样培养出来的人可望拥有巨大的优势来为美国政府服务，促进美国对华商业和贸易的利益”。

20 世纪初，因义和团运动，西方八国列强再度打入北京，逼清政府赔款。美国人装得宽宏大量，只要清朝赔美国在战争中所用的军费，而不额外勒索。然而，时任中国驻美公使的梁成发现，美国要求的赔款比以前美国政府声明的军费开支多了两倍半。于是，梁成便找到美国国务卿海约翰交涉。最后，梁成与海约翰达成协议，把军费以外的余款作为兴学之用。美国将这笔“庚子赔款”分两次退还给在中国开办的美国的学校（清华大学的前身）。拿中国人自己的钱办美国人的学校，还要中国人说美国人慷慨大方。中国一些糊涂虫至今还在感谢美国人的仁慈。李敖 2005 年 9 月在清华大学讲演时说，办清华大学的钱的来源是美国人故意冒领钱被我们逮到，被我们追回，讲的就是历史上的这一幕。

一百多年前美国人已经认识到培养代理人的重要性，仅此一点，就足以证明美国人的远见远远在欧洲所有列强之上，这实际上也是中国兵法中所说“得人心者得天下”的做法。

到 20 世纪后期，美国对中国代理人的培养，主要通过本国学校招收留学生和给以绿卡的方式进行。而被美国洗脑，因此亲美的中国人，也比清朝末年多了成百上千倍。历经百年，留学美国在中国已成时尚，高官、巨贾、士子名流，无不以子女留学美国为荣。这背后，反映的就是一种对本国教育的不信任，或者极而言之是一种民族的自卑感。美国在这方面，对于中国是一种战略上的成功。这种成功，无形中界定了双方在世界现实中的地位。

三、20 世纪初：向老帝国西班牙开刀，夺取在亚洲的立足之地，40 年后赢得日本和太平洋

当美国还是殖民地的时候，西班牙是欧洲最大的帝国。仅仅过了一百多年，美国竟然要和西班牙争夺殖民地了。美国崛起的速度

是人类历史上闻所未闻的。

自15世纪地理大发现之后，世界就已经进入海洋时代。西班牙也好，荷兰也好，或者英法等国，在世界上到处攫取殖民地，靠的就是海上力量。但直到19世纪80年代，美国的海军还很弱小，甚至不如瑞典海军强大，美国虽然通过陆地扩张拥有两洋，但海军不济，反而会使自己面临更大的威胁。

当一个国家和民族的思维都充满前进的欲望时，它的伟大人物便会层出不穷。1890年，美国海军理论家马汉出版了《海权对历史的影响：1660—1783》一书。在这本书中，马汉认为，谁能控制海洋，谁就能成为世界强国；而控制海洋的关键在于对世界重要海道和海峡的控制。著名的“制海权”一词从此风靡天下。这一战略著作的出现，既是美国多年来梦想的体现，也为美国国家目标的确立，指明了方向。

“海权论”使美国由称霸美洲，拓展为建立“太平洋帝国”的海洋战略——以后更发展为全球战略。美国开始大造军舰，扩充海军。

美国作为后发资本主义国家，迫切需要开辟新的市场、投资场所和原料产地，但19世纪末，欧洲列强已经瓜分了世界上大部分殖民地。美国各种宣传机器大造对外扩张的舆论，而政治家和战略家则盘算着从谁的虎口中夺下肉来——

英国是不行的，因为它的海军依旧是世界第一；法国的实力也足够强大，暂时难以撼动。最后，美国瞄准了日薄西山的老朽帝国西班牙。正好，西班牙在亚洲的菲律宾和加勒比海的古巴殖民地先后爆发了武装起义，菲律宾起义军已解放全国大部分地区，包围了马尼拉；西班牙派驻当地的军队无法镇压这些规模越来越大的反抗活动。一贯喜欢趁火打劫的美国立即敏捷、熟练地抓住了这一天赐良机，于1898年4月25日正式向西班牙开战。

欲加之罪，何患无辞。就像“二战”是因为珍珠港被袭，阿富汗战争是因为“9·11”恐怖袭击一样，美西战争的导火索也是由于一个突然事件——“缅因”号军舰的突然沉没。尽管战前美国政治家做了充分的表演，以证明自己的无辜和被迫，但看看美国就这一事件对西班牙发出的最后通牒是“全部撤出古巴！”就可明白美国的真实意图。

战争在美洲和亚洲同时展开，美国强大的海军在此时初露峥嵘。

美国远东舰队迅速进入马尼拉湾，和西班牙舰队展开决战。在源源不断的援军支持下，一个月后，美军开始登陆并占领马尼拉城，与西班牙驻菲律宾总督密谈逼其交出菲律宾。在菲律宾人的内部反抗和美军的外部夹击下，西班牙同意放弃菲律宾。

在古巴进行的美西战争，也以海战为主角。西班牙从大西洋的佛得角群岛调来舰队进入圣地亚哥湾，美国舰队则把西班牙舰队困在港内，用远程重炮猛烈轰击。另一支美军强行登陆。和在菲律宾一样，在海、陆决战中损失惨重的西班牙军队向美军投降。

战斗胜利后，麦金利总统激动地喊道，他在苦难中看见了上帝之手的援助。随后得意地宣布：“我们的问题不再是扩不扩张，我们已经扩张了，这显然是命运。”

在对西班牙一战中，美国的“渔翁”意识就已经表露无遗。无论是在菲律宾还是在古巴，当地人都已经把西班牙人折腾得筋疲力尽，而西班牙人也大大消耗了当地人的力量。美国此时下手，既轻松打败西班牙，同时又牢固地控制了菲律宾和古巴。美国人这种鹬蚌相争渔翁得利的做法，后来又屡次体现在“一战”、“二战”和两伊战争中。

控制古巴，是为了践行“门罗主义”，占领菲律宾，则是着眼更大亚洲布局。

起初，美国是以解放者的口号踏上菲律宾的。但当美国赶走西班牙表示要长期占领菲律宾时，愤怒的菲律宾人把矛头重新指向了新的压迫者。麦金利这时又像对西班牙宣战一样表现出无奈：“我们没什么别的办法，只能镇压这些起义。这块土地是我们的。我们要给他们带去文明。”

美国人对菲律宾人使用了极其残酷的手段，他们让菲律宾俘虏自己挖坑，然后把他们枪杀后就埋在那些坑里。麦金利说：“我们在菲律宾的旗帜既不是帝国主义的大旗，也不是压迫的象征，而是自由的旗帜，是希望和文明的旗帜。”

古巴战役中涌现出一位美国人至今引为自豪的英雄西奥多·罗斯福。这是美国扩张史上第四个里程碑式的人物。在以后的章节，我会专门写到他。

1898年12月10日，美西两国签订了《巴黎和约》，西班牙承认古巴独立，将夏威夷、波多黎各、关岛和菲律宾转让给美国。“二战”后，菲律宾独立，关岛和波多黎各继续是美国的领土，但是它们都没有州权地位，而夏威夷在1959年成为美国的第50个州。

这样，算上1867年占领的中途岛，1878年和1887年，美国在萨摩亚和夏威夷珍珠港建立的海军基地，美国在亚洲牢牢地站稳了脚跟。日后正是因为珍珠港和中途岛，美国彻底打败了亚洲唯一一个敢于挑战美国霸权的国家日本，从此牢牢地控制了亚洲。这是后话。

在100年左右的时间里，美国一口气把版图扩充了10倍多，从一个美洲内陆国家，扩展为一个美洲和亚洲的跨洲际大国。

1902年，英德以拉美国家欠债不还、经常攻击欧洲商船为由，派海军包围委内瑞拉。美国总统西奥多·罗斯福立即威胁要从波多黎各派54艘美国军舰干涉，英德只得接受“国际”调停。这个时候，美国凭借自己的海军舰炮，在世界上已经可以大声说话了。

1903年美国霸占巴拿马，1907年时，美国海军已成为仅次于英国海军的世界第二大海军。1914年美国将沟通南北美洲大陆、沟通太平洋和大西洋的巴拿马运河开通，同年美国从丹麦手中“购买”维尔京群岛。

20 世纪初，英国承认：美国海军已成为需要认真对付的对手，有时不得不对它使用绥靖政策。美国的政治家认为，美国在完成大陆扩张后应转向亚太地区扩张。扩张的方式是从领土扩张转为商业扩张，但不排除用武力获得某些重要的贸易据点。

从一开始，美国的缔造者就认为，由追求自由的人组成的国家，在这个世界上是可自由扩张的，只要它有这个能力和机会。当年他们在美洲自由扩张，以后他们在亚洲，后来就在全世界，谁阻挡他们谁就是印第安人的下场。这种思维方式延续至今。

四、20 世纪中叶：抓住两次世界大战的机会大发战争财，在战争后期悠然参战，拿走半个世界

美国成为世界帝国，绝不是偶然的，而是它一直抓住战略机遇的结果——它每时每刻都准备着抓住“战”略机遇。

在打败西班牙不久，美国等到并抓住了更大的机遇：两次世界大战，它两次都成为渔翁。强大的实力和超级精明，让美国同时打倒欧亚帝国挑战者，仅用四年，就控制了欧洲和亚洲。

美国真正成为全球性大国是在第一次世界大战之后。从那时起，它的力量逐步超过了大英帝国。第二次世界大战后，美国的实力已经一骑绝尘，无人能望其项背了。

美国是世界上最热爱战争的国家。但是，美国进行战争，就像精明的商人进行投资一样，是从来都不莽撞、不冲动但也是毫不犹豫的。它要观察，要判断收益，然后看准时机，以适当的借口，坚定地投入。如果是单独进行战争，它要以最低的成本获取胜利；如果参加的是混战“打群架”，它的原则是等待双方胜负已分，毫不犹豫地站在胜利者一边，凭借自己的实力拿走全部或大部战利品。这种战术很像狮子夺走猎豹辛苦搏杀的猎物。

第一次世界大战爆发时，欧洲在几天内就冲上去混战起来，而美国则清醒地保持中立。其实，从一开始，美国就没有打算袖手旁观。

美国不担心英法，他们已经在衰落，但美国担心新兴的德国在欧洲大陆上称霸。如果德国能占领欧洲大陆，就会动用全欧洲的力量与美国抗衡，美国就难以保证自己在西半球的地位。于是，在欧洲大战如火如荼的时候，美国政府散布消息，说从德国外交部得到的情报证明，德国正在与日本及墨西哥商谈，德国给墨西哥的允诺是，如果战争胜利，墨西哥就可以夺回被美国吞并的得克萨斯、新墨西哥及亚利桑那等地。美国舆论一片哗然，民众的心理被诱导到与其被动地防御不如深入欧洲进攻。国父关于绝不参与欧洲事务的教导，被彻底地忘记了。

一年以后，美国看到双方打成平手，如鹬蚌相争一样难解难分，认为参战机会已到。于是，借口德国的潜艇炸沉英国轮船导致美国人遇难，参加了协约国阵营。到 1917 年，德国败局已定，美国以重兵长驱欧洲，特别是集中 1500 多架飞机——这是当时最新的战略突击力量，一举结束战争，雄立欧洲。

当年那个在欧洲列强面前总是谨小慎微的美国一去不复返了。从 1776 年从欧洲人手中独立，到 1917 年反攻并初步“占领”欧洲，美国只用了一百多年！

第二次世界大战之初，美国也保持中立。当纳粹德国向苏联发起进攻一个星期后，美国副总统杜鲁门对《纽约时报》发表谈话说：“如果我们看到德国正在胜利，我们就该帮助俄国。无论谁占上风，我们都该让他们互相杀戮，杀得越多越好！”

美国在“二战”中为交战双方提供物资，鼓励他们长期作战。美国《纽约时报》记者查尔斯·海厄姆在美国国家档案馆等地做了长期的调查，写出了《与敌人达成交易》一书，揭露了美国企业在“二战”中帮助纳粹德国助纣为虐的行径。美国的新泽西标准石油公司、福特公司等都与纳粹德国有合作关系，而且美国的贸易部、财政部及国务院的高级官员都知情，却对此听之任之。可见，美国企业支持德国进行战争不仅是企业获利的行为，而且是得到美国政府默许的。战争使石油供应紧张，新泽西标准石油公司却通过中立国瑞士把石油卖给德国军队；德国战斗机的发动机竟是福特公司在被占的欧洲领土上的连锁企业生产的；纳粹德国盖世太保的反间谍机关头目瓦尔特·舍伦贝格是美国国际电话电报公司的负责人之一，而该公司老板贝恩在战争期间还多次前往欧洲，研究德军通信系统问题……

至于日本，尽管日本在中国的暴行震惊世界，美国依旧源源不断地向日本出售钢铁、石油和橡胶等战略物资。

到 1941 年的时候，美国看到日本和德国已成强弩之末，于是，开始对日本实行战略禁运，迫使日本向美国开枪，为美国提供了参战的借口。日本别无选择地落入美国陷阱，接着德国也必须依据和日本的同盟条约向美国宣战。美国名正言顺地又站在胜利者一边了。

想想看吧！日本从 1871 年觊觎中国琉球，一直到 1945 年，祸害中国罄竹难书。但是，“二战”胜利后，占领日本的却是美国！中国付出领土割让、财富转移、国破家亡、3500 万人死伤的代价，却没有从日本拿回任何足以弥补民族损失的东西；而美国在战争开始时损失的不过就是几条军舰，它占领日本 70 多年，从日本拿走的直接经济利益是多少，几乎没有一个经济学家能够计算清楚。这就是美国的国家利益意识，不断扩张，不断获利，这就是美国强大的全部秘密！

两次世界大战摧毁了欧洲老列强（英、法、德、意、俄等）和亚洲新强国日本的国家实力。第一次世界大战使欧洲 850 万人在战斗中丧生，千百万人因从事与战争有关的工作，而忽略了与人民生计有关的工业生产，几百年发展工业、掠夺世界积累下来的财富被战争消耗殆尽。战争还瓦解了欧洲列强的财政、商业与工业体系，战后欧洲通货膨胀横行，各国政府受债务的困扰而无法摆脱经济困境。

美国在战争中只损失了区区 5.3 万人，与欧洲相比九牛之一

“腿”。凭借军事经济和战争中发展起来的军事实力，美国一跃而成为西方世界的领袖。

最为重要的是，战争使美国成为资本大国。1914 年战争刚开始时，美国在国外的投资为 35 亿美元，而外国在美国的投资为 72 亿美元。战争一开始，美国便把过剩的资本拿到世界其他地方投资生利。1918 年第一次世界大战结束时，欧洲各国欠美国的债务达 100 亿美元。美国政府贷款除外，仅在国外的私人投资 1919 年已达 69.5 亿美元，1929 年增加为 170 亿美元。战后，国际金融中心从伦敦转移到了纽约。

第二次世界大战对美国产生的影响更大，它加速了已经开始发生的变化，使美国在战争结束后成为西方世界的霸主。20 世纪 30 年代全球大萧条，1932 年富兰克林·罗斯福当选总统后启动“新政”，政府控制了经济的大部分部门，经济管理机构控制着配给制度、物价与工资，可以分配劳动力，决定谁优先使用何种资源，等等。第二次世界大战的爆发使罗斯福政府得到了一次史无前例的机会，可以进一步加强新政时开始的国家干预模式。美国政府在行使战时职能时将它的权力与工农业、劳工与金融活动紧密地结合起来，一反美国自由主义的传统，创造出一种有计划管理的经济与有限制的社会模式。由于大规模战时生产，美国的国民生产总值从 1940 年的 2272 亿美元增长到 1945 年的 3552 亿美元。同时，人均可支配收入从 1259 美元增加到 1642 美元。战争急剧地提振了美国经济。

第二次世界大战爆发后，罗斯福总统请国会召开特别会议，修改了中立法，允许交战国在“现购自运”的条件下从美国购买武器。1940 年法国战败，罗斯福决定用参战以外的一切方式援助英国。美国为英国提供了 50 艘驱逐舰以换取英国在西半球的 8 个基地。1941 年，日本偷袭了美国夏威夷的珍珠港，美国国会四小时内通过了对日宣战的决议。随后，轴心国的德国与意大利向美国宣战，美国正式参加第二次世界大战。此时，美国的军工生产能力是德日的总和，1944 年则达到了轴心国的两倍。

第二次世界大战结束后，美国的经济实力更无人能比。1945 年年底，华盛顿拥有 200 亿美元的黄金储备，差不多等于全世界黄金储备的三分之二，因此布雷顿森林会议后建立的国际货币体系是以美元为基础的。此外，美国的工业生产能力差不多占世界全部工业生产能力的一半，美国制造的各种商品占世界的三分之一。

和美国抓住战略机遇期所做的事情相比，中国一些学者所谓的抓住战略机遇期，其实就是趁没有发生战争，多做几年、多做几单、生意，搞经济，把 GDP 数字搞上来而已，颇有点小摊贩的精明投机。美国在战略机遇期中获得的土地、资源，在两次世界大战中直接获得的战争贸易暴利，以及无法用经济数值估量的美元霸权地位、国家霸权地位等，哪里能用中国学者的 GDP 来衡量？即使折合成 GDP 数字，与中国付出环境代价、人力血本所获得的几万亿美元的纸上收益相比，也多到无法相提并论。别的不说，单是美国当初买下的两百多万平方公里的路易斯安那，今天值多少钱？中国区区三万多亿美元的储备，在美国只能买国债，不要说连一寸土地都买不了，就是连一份像样的资产都买不了。但美国连买带打，像路易斯安那这样的巨大到无法计算的国家利益，美国 100 年中，攫取了不下几百桩！“二战”中它控制了日本，一个日本的经济价值是多大？它控制了欧洲，一个欧洲的经济价值是多大？2003 年它打掉并控制了伊拉克并进而间接地基本控制了中东，它的经济价值又是多大？2011 年它又控制了利比亚。我们只从经济的角度，就已经无法计算美国的收益了！

但一些中国学者却把不发生战争可以多做几年生意当作战略机遇，这是小商小贩的眼界。

链接：美国抓住的这些战略机遇换算成中国学者精英们痴迷的GDP是多少？请看中国社会科学院的这篇报告：

2011年美国霸权红利逾7万亿美元

中国科学院国家健康研究组日前对外发布《国家健康报告》第1号称，国际资本按“利润最大化”原则，优化配置全球资源，分类定位国家角色，形成以美国等为代表的“寄生消费型”国家、以中国等为代表的“劳动生产型”国家、以沙特阿拉伯等为代表的“资源供给型”国家。

作为全球“劳动生产型”国家，仿佛“拉丁美洲被切开的血管”正在当下中国上演，国家财富流失触目惊心，国家由此付出巨大“健康代价”，主要表现为“肌体过量失血”“根基营养缺乏”“成长动力失调”“生存本钱耗竭”四大病灶。

肌体过量失血。虽然创造出30多年经济高增长的“中国奇迹”，但“高速度、高外储、低利润”的经济增长导向，“高投资、高出口、低消费”的经济增长模式，“高通胀、高代价、低福利”的经济增长属性，使得中国成为经济全球化、资本一体化浪潮之下名副其实的“打工仔”，是全球的“奉献者”“输血者”和“牺牲者”，而非一些西方学者指责的中国是全球最大的“幸运者”“搭车者”和“受益者”。

根基营养缺乏。由于联合起来的资本对劳动的无情掠夺，使得广大普通劳动者“相对贫困”“资富劳穷”和“中产塌陷”，导致国家成长的根基极度缺乏营养。过去近30年，中国资本回报率上升迅速，而劳动力回报率增长缓慢，资本与劳动力回报率严重失衡。

成长动力失调。中国经济发展呈现“高投资、高出口、低消费”病态特征，拉动经济增长的“三驾马车”长期失调、失衡。

生存本钱耗竭。过度劳动、过度生产的生存方式，让我国的生态环境“赤字”不断攀升，自然资本“透支”持续恶化，人类生命服务支持系统“负债”累累。美欧等跨国资本为追逐利润，将资源能源高消耗、污染高排放和劳动密集型的产业转移到中国等发展中国家，使发展中国家变成“生产车间”或“世界工厂”。

> 另外，值得注意的是，《国家健康报告》还披露了一组令人触目惊心的数据。2011 年，美国从全球攫取的霸权红利达 73960.9 亿美元，占全球总量的 96.8%，是攫取霸权红利最多的国家；中国损失的霸权红利高达 36634 亿美元，占全球霸权红利损失的 47.9%，是霸权红利损失最多的国家。我国每年被剥夺抽走的“血汗财富”大致相当于国内生产总值 (GDP) 的 60%。

该报告称，霸权红利是指霸权国家通过在全球建立的霸权体系，直接或间接获取的超额垄断利润，其本质上具有掠夺性、寄生性、腐朽性等特征。美国从全球攫取霸权红利的途径五花八门，主要包括铸币税收益、国际通货膨胀税收益、债务收益、海外投资收益、流动性收益、不公平贸易收益、汇率操控收益、金融衍生品收益、大宗商品期货收益、知识产权收益 10 个渠道。中科院最新出炉的这份国家健康报告指出，2011 年中国损失的霸权红利，相当于中国军费开支的 33 倍、科技投入的 44 倍、教育投入的 16 倍和医疗卫生投入的 37 倍。若按劳动时间计算，中国劳动者有 60% 左右的工作时间是在无偿为国际垄断资本服务，创造“剩余价值”。

这份报告不知道是否能够警醒中国那些 GDP 痴迷者。美国一年的霸权红利就有 7 万亿，它二十多年攫取的霸权红利是多少？这不是一个数学问题，只要看看双方国家在全球的政治、军事、经济、外交影响力，看看双方国家的生态环境和民众生活状态就可以一目了然。

战争，当然是主动获利的战争或可以利用趁火打劫的战争，是最好的经济发展方式，这在美国是立国经验。但“战争”二字在当下中国却让大多数没有战略思维、没有军事常识的学者和精英吓得屁滚尿流。尽管世界历史上从来没有提供一个凭借公平的贸易可以强国的先例，他们依然相信 GDP 数字庞大了国家就强大了。这样的智慧是无法理解美国强大的。换言之，真要理解美国、认识美国，并且有效地学习美国，非有古人那种“推倒一世之智勇，开拓万古之心胸”不可，但在智勇已经大幅度退化的今日中国，此类人有否？

美国人从来不说抓住战略机遇期的话，但永远都在准备，并且不会放过任何一个机遇期——比如2011年中东的“茉莉花革命”。美国只用几个小时，就发现这是实现美国大中东民主计划和全球大战略的机会，于是立即派战机参战。此举的战略意义被反复谈及，如果按照中国人的经济思维，谁能计算一下此举美国获得多少经济好处？这固然可以用两个民族思维方式不同来解释，但中国一些唯和平主义学者的肤浅、短视，随便放在历史和现实面前来观照，也都是显而易见的。

五、抓住冷战结束机遇，迅速展开战争，夺取苏联势力范围，占领世界战略要地，奠定世界帝国基础

1991年苏联解体，冷战结束了。像以往一样，美国再次抓住这一机会，先是在苏联呈现动荡征兆的时候，美国就开始着手两德统一，把苏联势力“请”出欧洲腹地，然后是策反东欧，再后来，则是支持叶利钦切割苏联。

苏联一解体，美国立即发动海湾战争。在海湾战争之前，美国已经鼓动愚蠢的萨达姆向伊朗开战，让伊斯兰世界的两大强者互相火并。然后，美国又暗示萨达姆是中东之王，诱使萨达姆进攻科威特。接着，美国有了出兵中东、抢占苏联中东遗产的借口。这种战略设计对于美国的战略家简直是小菜一碟，就像建筑师设计一座简易的小平房。

萨达姆到死都不会明白美国的意图。连续12年的制裁，伊拉克已经弱不禁风，于是，2003年美国只用二十几天就彻底占领伊拉克。加上事实上对世界最大产油国沙特的控制，拿下伊拉克之后，美国已经基本上控制了欧佩克。当年阿拉伯国家联合对西方搞石油禁运的事情，再也不可能发生了。可以说，伊拉克战争，正是美国趁苏联衰落之机，报阿拉伯当年石油禁运的一箭之仇，并从此彻底

消除阿拉伯阻碍西方工业发展的后顾之忧。除了当今中国的所谓经济学家和某些精英，谁能说这不是战略机遇?

在没有机遇的情况下，美国还善于“创造”机遇。像“缅因”号战舰、珍珠港事件一样，美国还发生了蹊跷的、永远也不会有人知道真相的“9·11”事件。美国立即以此为借口，进军阿富汗，并随即进入巴基斯坦和中亚，一石三鸟：一是可以进一步肢解独联体，鼓励北约东扩挤压未来对手俄罗斯的生存空间；二是兵临中国门前；三是割断中国与伊斯兰世界的联系，从战略上做出切断中国海外能源供应的釜底抽薪的态势。

从 1991 年开始，美国在中东开始大举进入；然后是 1999 年打掉南联盟，彻底清除苏联和共产党在欧洲的势力；接下来是 2003 年收拾掉伊拉克，立即包围伊朗，以核问题为由头，准备扫荡中东。

在围困伊朗的同时，美国又对中国进行战略包围——战略东移!

2010 年，美国在东北亚连续进行 10 次明着针对朝鲜其实针对中国的大演习，2011 年又利用“茉莉花革命”的内部混乱形势，向利比亚开战。

20 年中，美国在全球疯狂扩张，直观就是一个好莱坞大片中的变形金刚在三维地球挥舞钢铁拳脚横冲直撞。在中东、中亚，它取得了巨大的战果。但是，它也累得够呛，金融危机就是这个帝国沉重的喘息。

比较而言，中国几乎未从这次重大的世界变故中获得任何领土上和“势力范围”上的好处。中国没有抓住时机收复任何失地的念头。中国这次展现的和平诚意，就和当年的郑和下西洋一样，是完全无意识的、真实的。它证明当代中国，已经完全失去了向外的扩张冲动，而近乎彻底地“进化”为真正和平主义的国家了。汉唐时代的尚武雄性或许真的历史性地消失，一如西凉寂静而辽阔的荒漠；而南北宋时代追逐经济繁荣和文化繁荣的热情却汹涌澎湃。到处文恬武嬉，歌舞升平。对英雄主义的嘲弄，则从文化层面折射出这一可悲的景象。穿越时空设身处地地比照一下，如果中国真如某些美国人认为的正在出现汉武帝时代的扩张倾向，那社会上还不到处都是卫青、霍去病的崇拜者？但现实恰恰相反：有的烈士陵园正在被推平成为别墅用地；有的烈士被任意羞辱，而有关部门竟然听之任之。一个英雄不被敬重的时代，谁愿意为国赴难、舍生忘死？军队高官腐败，可算时代堕落的另一精神写照。

可是，美国和日本及西方居然大肆鼓吹“中国威胁论”，说中国正在强大崛起，会对周边和世界带来动荡，云云。其实，中国早已失去在世界上“制造动荡”的机会和意志，我不知道美国是故意贼喊捉贼还是真的认为中国会威胁它。作为一个中国人，我只能对自己的祖国发出一声长长的叹息，并深深地希望中国真有威胁那些新老帝国主义的意志和能力！为了人类和平，中国为什么不能威胁那些战争狂？问题不在于理由，而在于中国有无这样的意愿和能力。这只需看看每个中国人心里都在想什么、做什么就可以得出答案。一个个的中国人构成中国的主体和整体，无数的个人意志叠加为国家意志。

也许美国的政治家和战略家把中国当成美国了。那这个世界上就有两个痴人说梦的版本了。韬光养晦不仅已失去 30 年前的含义，甚至已经异化到完全没有了本意，而只作为无所作为的借口。我认为中国已进入整体上的安于现状的状态，在追求物质享受的同时一天天安逸地堕落。如果没有外敌大规模入侵，它 100 年甚至一万年也不会向外开一枪的。至于你信不信，反正我在写着这本书的 2012 年，是深信不疑的。但是，我也幻想，以后的中国，也许会有新的起色。中国处在地球的中心区域，不应该有永远的黑夜。

第二章 穿军装的美帝国

美国人生来就具有战斗性，而这一战斗性又伴随着军事—工商业复合体结构的推动，而得到更充分的发挥，并同时形成了超强的动员能力、超强的高精尖武器制造能力和超强的军工特殊利益集团。有意思的是，这样一个尚武好斗的国家，却完全没有引起世人的警觉。然而，在历史事实面前，这些化妆品无论如何也遮盖不住美帝国与生俱来的“丑陋”。

从西奥多·罗斯福总统看美国：冒险意识、尚武精神与大国外交思维

领导人的性格，就是一个国家的性格，这一点在美国第26任总统西奥多·罗斯福（1858—1919）的身上有着深刻的体现。通过解析这位美国总统的性格、眼光和思维，可以最清晰地看懂美国人的性格。

作为荷兰移民的后代，西奥多·罗斯福从小就生活在一个充满活力的家庭中。在回忆录中，他曾如此形容自己的父亲：他集力量、勇气、绅士、温柔和无私于一身。他无法忍受我们小孩子身上的自私、粗鲁、懒惰、怯懦、虚伪……父亲完全是公正的，因此我们小孩子也都崇拜他。

在父亲的影响下，尽管罗斯福自幼体弱多病，却形成了好学、勇于探险、敢于挑战的性格。到14岁的冬天，罗斯福就已经有了两次游历欧洲的体验，并且开始苦练拳击、马术、射击和远足。从15岁这年开始，罗斯福开始备考哈佛大学，并于1876年秋天（18岁）成功入学。就是在哈佛的校园内，罗斯福开始对海军问题产生浓厚的兴趣，开始尝试撰写《1812年海军战争》这本书。

这个特殊的早期经历让罗斯福摆脱了先天的孱弱，逐渐成为了一个娴熟的猎手，并养成了“冷静第一、勇气第二”“身体强壮、灵魂随之强大”的人生信条。

大学毕业后，罗斯福虽然产生过经商、做科学家等多种人生构想，但最终还是曲折地走上帝国总统的道路。这是因为他和美国互相需要。

一、踏上世界帝国征途：挑起美西战争，击败老帝国

在罗斯福总统生涯中，做了六件有利于奠定美国全球战略地位的大事：美西战争、驾驭“扒粪运动”拯救美国、海军军备扩张、对中国进行文化渗透、调停日俄战争、开通并控制巴拿马运河。其中第一件发生在他出任总统之前，其余均为其总统任期内的业绩。这六件大事中的任何一件都具有改变全球的意义，而罗斯福居然一人在短短十来年的时间里完成，差不多算是美国的“汉武大帝”或“成吉思汗”了。

让我们看看罗斯福是如何完成这六件大事的。看懂了这一点，就基本上可以看懂美国在短短的百年间是怎样完成世界帝国伟业的了。

1897 年——中国甲午战败的第三年，威廉·麦金莱总统任命罗斯福为海军部副部长。罗斯福一上任就开始海军改革，目标是在美洲确立美国霸主地位。当时，欧洲列强在美洲的影响力已经摇摇欲坠，最早登上美洲大陆的西班牙虽然已垂垂老矣，却始终不肯放弃其庞大的海外殖民资产。罗斯福决定拿它祭旗。

当时，美国高层并没有和西班牙开战的眼光和魄力，自然也没有相应的周密准备。当时的海军部长约翰·隆长期称病、不理政事，总统麦金莱对海军也不感兴趣，这使胸怀大志的罗斯福得以实际操控美国海军以开启帝国进程。

1898 年 2 月 15 日，美国海军“缅因”号战舰在哈瓦那港沉没，

真实原因不明。罗斯福抓住这天赐良机，毫不犹豫地扣动扳机。事件发生后的第十天，利用海军部长临时不在办公室的机会，罗斯福向海军加勒比海舰队司令和停泊于香港的舰队发出战备命令。等到4月25日美国国会向西班牙宣战时，美国海军的两支主力舰队早已整装待发。最终，美国海军在马尼拉湾和古巴圣地亚哥同时取得决定性胜利，彻底摧毁了西班牙远洋舰队。

二、发表演讲《赞奋斗不息》

1898年美国—西班牙战争爆发，罗斯福辞去海军内的职务，率领美国第一义勇骑兵团作战。他在古巴的英勇行为使他当上了纽约州长。

罗斯福宣誓就任纽约州长几个月后，于1899年4月10日在芝加哥发表了演讲《赞奋斗不息》：

诸位，你们是西方最伟大的城市之子，是诞生了林肯和格兰特的国家之子，是美国性格中最具美国特色的杰出象征，我想谈的不是苟且偷安的人生哲学，而是艰苦生活的道理——艰苦奋斗，力争上游，不甘居人下；我想谈那种最崇高的成就，即贪图安逸之辈与之无缘，而不畏艰险、不避劳苦、夺取辉煌胜利之士才能取得的那种成就。

苟且偷安的人生，源于缺乏追寻崇高的欲望或能力；大到国家，小到个人，苟且偷安都是不名一文的作为。仅仅是每一位自尊自爱的美国人对自己、对儿子都会有所期许，我向诸位提出的要求，就是把这种期许提升到整个美利坚民族。在座的诸位，有谁会教导儿子把苟且偷安当作人生目标？你们芝加哥人铸就了这座伟大城市，你们伊利诺伊州人竭尽所能，付出百分之两百的努力，为美国做出巨大贡献，因为你们的言传身教都不是那种苟且偷安。你们不仅自己努力，还教育下一代再接再厉。如果你是富人，挣的是血汗钱，你会教育自己的儿子们，虽然他们有了安逸的生活条件，但不应该蹉跎青春；因为真正睿智的“安逸”，仅仅只那些有闲暇的人，摆脱了谋生的羁绊，全身心投入某种不计回报的事业，科学、文学、艺术、探险、历史等我们国家急需的工作，这些事业反映了祖国的荣耀。

我们丝毫不羡慕谨小慎微的人。我们崇敬那些能够攻克一个个难关的人。从不责备队友，随时拉朋友一把。但是，他也会有缺点，在真刀真枪的现实生活中夺取胜利所必需的缺点。这样的人生，不挥洒汗水，你将一无所得。现在你可以不努力，仅仅是因为过去有人帮你努力过了。一个人如果拥有不工作的自由，之所以还能好好活着，完全仰赖他的父辈、祖父辈为了崇高事业而付出的心血。如果这种自由使用得当，无论是去当作家还是将军，无论从政或探险，他都可以证明自己的人生价值。但如果他把衣食无忧的生活条件当作纯粹的享乐，而非奋斗基础，那么，他就是地球的累赘，在社会上没有立足之地。安逸的生活，终究不等于悠然自得的人生，一旦习惯了这样的生活，以后很难再去脚踏实地地工作。

个人如此，一个国家亦是如此。说什么“一个没有历史的国家是快乐的”，这是歹毒的谎言。一个拥有辉煌历史的国家会倍加幸福。一个敢于攀登高峰、夺取胜利、不畏艰险的国家，远远胜过那些不痛不痒的灵魂，后者被困在灰暗的幕帷之下，浑然不知何谓胜败。假设 1861 年北部的联邦军队以苟且偷安为荣、骁勇善战为耻，那我们本可以拯救数十万生命，节约数亿美元。免于挥洒热血、抛弃个人财富，不会弄得妻离子散，我们本可以回避那亲眼目睹军队屡败屡战的心酸岁月。要是我们在冲突面前畏缩不前，我们可以避免这些痛苦；要是我们回避了这些痛苦，我们就成了不配屹立于世界伟大民族之林的懦夫。感谢上帝给了我们先辈钢铁般的意志，他们支持了林肯总统的英明抉择，拿起刀枪加入格兰特将军的队伍。我们是不愧于伟大时代的英雄们的儿女，是把伟大内战进行到底直至取得最后胜利的英雄们的后代，让我们赞美上帝，我们的先辈拒绝了可耻的媾和意见，让我们的先辈毫不畏缩地去面对痛苦、失败、悲伤、失望的磨炼，历经数年内战；让我们赞美上帝，最终奴隶们获得了解放，联邦得到了保存，强大的美利坚合众国再一次像巨人般屹立于世界民族之林。

我们这一代人不必完成先辈所面临的那种任务，但是，我们也有自己的任务，要是我们没能完成我们的任务，我们就要遭到不幸。我们决不能扮演中国的角色，要是我们重蹈中国的覆辙，自满自足，贪图自己疆域内的安宁享乐，渐渐地腐败堕落，对国外的事情毫无兴趣，沉溺于纸醉金迷之中，忘掉了奋发向上、苦干冒险的高尚生活，整天忙于满足我们肉体暂时的欲望，那么，毫无疑问，总有一天我们会突然发现我们已经像中国今天已经呈现的那样：畏惧战争、闭关锁国、贪图安宁享乐的民族在其他好战、爱冒险的民族的进攻面前是肯定要衰败的。如果我们要成为真正伟大的民族，我们必须竭尽全力在国际事务中起巨大的作用。我们无法回避大问题，我们能决定的仅是处理问题的效果良莠。去年我们被卷入与西班牙的战争，那也是不可避免的。我们所能考虑的仅是我们该像懦夫那样退缩呢，还是该勇敢、斗志昂扬地开赴战场，以及一旦进入了战场，我们是否能打胜。现在的情况也是如此，我们无法回避在夏威夷、古巴、波多黎各和菲律宾所面临的责任。我们所能考虑的仅是，能否妥善处理这些问题，增强我国的威望，以及我们对这些新问题的处理不当，会不会成为我们历史上黑暗耻辱的一页。拒绝处理这些问题与处理得一败涂地没什么两样。问题就在眼前，无法回避。要是我们着手去解决，必然存在着处理不当的危险，但是拒不处理就等于承认我们根本无法处理。

懦夫，懒汉，对政府持怀疑态度的人，丧失了斗争精神和支配能力的、文质彬彬的人，愚昧无知的人，还有那些无法感受到坚定不移的人们所受到的巨大鼓舞的麻木不仁的人——所有这些人当然害怕看到他们的国家承担了新的职责，害怕看到我们建立能满足我们国家需要的海军和陆军，害怕看到我们承担国际义务，害怕看到我们勇敢的士兵和水手们把西班牙的军队赶出去，让伟大美丽的热带岛屿从大乱中达到大治。这些人害怕艰苦奋斗，害怕过这种唯一值得过的生活。他们相信隐居，吮吸民族的吃苦耐劳精神，就像他们吮吸个人一样；或者，他们接受了贪婪索取的灵魂，以为商业主义就是一个民族生活的宗旨；但实际上，商业主义只是民族伟业的必要组成部分之一。国家的长久繁荣，必然是要靠灵巧的头脑、经商头脑、辛勤奋斗；但没有哪个国家是纯粹靠物质繁荣而真正强大的。荣誉属于物质繁荣发展背后的建筑师，兴办工厂、建造铁路的产业领袖，用头脑和双手不断耕耘的铁人们；所谓一个国家的伟大，就是这个国家对这些人欠下的债。但我们亏欠更多的是以林肯总统为代表的国父们，以及格兰特将军等战士们。他们用生命证明了何谓工作、何谓奋斗；他们为了自己、为了信赖他们的人而力争胜利；但他们知道，自己还有另一个、更加高贵的使命——为了国家、为了民族的使命。

我们不能自我满足、鼠目寸光。这会自食其果，因为国家利益会逐渐扩大，各国交往将愈加紧密，如果我们要保持目前的海军和商业优势，必须建造无疆界的力量。我们必须建造巴拿马海峡，必须在决定东西方大洋命运的时候，拥有自己的话语权。

商业方面暂且不谈。从国际形象的角度来看，上述立场更为有力。响彻马尼拉和圣地亚哥的炮火赋予了我们极大荣誉，但同时赋予了我们责任。如果我们赶走中世纪暴君，却换来野蛮的无政府状态，那一切都徒劳无功。如果说我们没有什么责任，可以随时从岛上撤退，那就更荒唐了。这是为人所不齿的行为。很快，岛上就会发出自己的混乱声音。某些马尼拉势力会进行干预，然后我们就出丑了，让世人看到我们无法履行伟大国家的职责。

必须完成任务，我们责无旁贷；如果我们还有点儿志气，那就应该为此感到欣喜，感谢有这么一个证明现代文明大国的机会。但千万不要低估此次任务的重要性。不要自吹自擂，误以为能够轻而易举地解决问题。我们要对自己有清醒认识，用严肃、冷静、坚定的态度理解责任。我们必须派出最正直、最能干的人才。我们必须问责那些践踏国家利益、无法履行职责、浪费精力财力的人。

当然，我们必须记住，不要以一时一事的成败来评判我们的公务员，尤其应该注意不要把抨击的矛头对准我们的同志，他们即便未取得善果，也不是灾祸的始作俑者。让我用陆海双军的例子来阐明这一点。如果20年前我们加入了战争，我们的海军将和陆军一样毫无准备。如果当年我们的军舰遭遇西班牙舰队，我军既缺乏训练又仍在使用黑火药武器的战士们即使再勇敢，也不可能敌得过训练有素的、以现代化连发步枪武装起来的西班牙人。但在19世纪80年代早期，我国开始转而关注海上利益。国会无比明智地拨出一系列款项，建立新海军。历任海军部长既有才能又富有爱国热情，在他们的领导下，在两党共同的推动下，海军逐步建立起来，硬件水平终于配得上我们杰出的人才，多年的努力所取得的结果是，去年夏天我们的海军赢得了它应有的地位——全世界最辉煌、最强大的海上战斗力量。我们理应向海军的负责人们致敬，他们获得了伟大的胜利；荣誉属于海军部长约翰·戴维斯·隆和海军特级上将乔治·杜威；属于操纵战舰的舰长；属于在小船中冒死执行任务的上尉们；也属于华盛顿各部的负责人们，从指挥作战，到战舰装备，到工程作业，是他们在后方有力地监督执行确保了前线取得最好的战果。我们不应忘记，所有那些在过去15年里为我国海军事业奉献心力的人，没有他们，便不会有今天的胜利。让我们铭记过去历任海军部长；铭记那些投票支持向海军事业拨款的两院议员们，有了他们的投票我们才能兴建船只、武装战舰、铸造大炮、训练海军；让我们铭记那些为兴建船只、武装战舰、铸造大炮付出辛勤劳动的工人们；让我们铭记那些曾驾驭战列舰、巡洋舰、鱼雷艇，在远海执行任务的海军官兵，多亏他们长年累月磨炼航海、射击技术，积累战术配合经验，他们的继承者们才能在马尼拉和圣地亚哥城外大显神通。

此外，先生们，你们也要记住国内那股逆流。记住正义是双面的。为了祖国的未来，不光我们海军缔造者们需要得到公正的对待，那些反对建立海军的人，你们也须牢牢记住。看看国会的记录，看究竟是哪些议员反对给战舰拨款；是哪些人明知缺少军备的战舰只是摆设，还反对我们添置军备；是哪些人反对我们拨款维持海军部运作；是哪些人千方百计地裁减海军队伍。这些人的所作所为，无一例外是在给这个国家带来灾难。我们在马尼拉和圣地亚哥取得的荣光，他们无权染指！我们海军官兵的英勇、我们旗帜的荣威，他们无权感到骄傲！他们的动机或善或恶，已难以明辨，但他们的行为可以说罪孽深重。虽有这帮给国家荣誉抹黑的反对派阻挠，我们还是克服困难取得了胜利。

上面的道理适用于全体公务人员。我军的规模，从来都赶不上这个国家的需要。我国十万军人，四分之三要被抽调到远洋海岛、沿海要塞，和印第安保留区。所谓"军队将使这个由 7000 万自由人组成的国家失去自由"的幼稚言论，我今天就不在诸位面前细说。一个心智健全、胆气雄壮的人绝不会把这种呓语当真。如果我们真如其所言，是那样的弱者，那么我们便不配在任何情况下享有自由。我们海陆两军指战员们为国家立下的汗马功劳，不是美利坚合众国中任何人可比的。军队是这个国家最忠诚的屏障，最令人骄傲的后盾，也是最亟待扩充的力量。

我们的军队需要彻底改建，而不仅是扩大建制规模——只有通过立法才能完成改建。我们应当组建正规的参谋部、军械所、军需社，详细的供给需求应该听从前线一线军需官。更重要的是，军队必须有机会进行大型演习。在西班牙战争中，我们的少将师长们居然从未有过指挥三个连的实战经验。这一幕决不能再现。然而，难以置信的是，国会最近似乎好了疮疤忘了痛。在两党中各有一大批人反对宣战；反对批准和平条约；反对扩充军力；甚至反对以合理的价格为战列舰和巡洋舰采购装甲，从而让海军建造新战舰的进程彻底停滞。如果在未来的岁月里，我们的军队在海上或陆地上折戟沉沙，让美国蒙受耻辱，请记住那些在国会表决大会上专门唱反调的罪人。届时我们的战士和水手们所遭受的所有减损，我们国旗所蒙受的一切玷污，都将由这些人全责承担。如果你们以及全体国民与这帮反动派不划清界限，不坚决反对他们的作为，那么你们也将成为历史的罪人。承担历史罪名的，不会是缺乏锻炼的指挥官和经验不足的部队；不会是人手、资源都捉襟见肘的公务部门职员；也不会是麾下寥寥几艘战舰可供调遣海军将领；而将是那些缺乏先见之明、姑息奸恶、未能及早纠错的官员，以及一个支持这样官员的国家。

所以，此时此刻，那些长期推延和平条约的人，那些愚不可及的故意将一个野蛮民族诱入战争圈套的人，必须对发生在菲律宾的流血牺牲——既有美军弟兄们的血，也包括野蛮无知的敌人的血——负相当大的责任。这场战争对敌人来说必定是一场灾难，而那些跟随我们旗帜的勇士们，也不得不为空谈家们的愚蠢及其虚伪的人道主义付出了鲜血的代价。

如果我们的国家要在世界民族之林中尽职尽责，如果我们不甘愿沦为像东半球的中国那样的国家，就必须把陆军和海军像剑与盾一样攥在手中。从西班牙手中正当地夺取热带岛屿，只是我们职责当下的一种形式。当然，我们一定会妥善处理国内事务。我们必须看到，我们全国各州各市的政府机关及公务员队伍，是诚信、廉洁、清醒的。我们必须努力做到精诚为公；诚信待人，尤其是对待国家和个人的债权人；努力保证个人最大限度的自由；也须在个人自由伤害多数人利益时，努力进行最具智慧的管控。但是，做好国内事务不是我们不参与全球大事的借口。一个男人的首要责任是撑起自己的家，但他的家事并不能免除他应为国家履行的职责；因为如果他无法为国家尽义务，便将受到失去自由人身份的惩罚。同样，一个国家的首要责任所在固然在其内部，但它在世界各处的责任却不会因此而免除；如果它拒绝承担这些职责，这个国家将退出竞争，丧失塑造人类命运的权利。

在西印度群岛和菲律宾，我们都遭遇到最棘手的问题。不敢迎难而上、解决问题，是懦夫的行为。这些难题必须得到解决，如果我们解决不了，便有更强大、更刚毅的民族来代替我们解决。如果我们太软弱、太自私、太愚蠢，解决不了这些问题，那么更有胆识、有能力的人便必须承担起解决难题的责任。就个人而言，我对美国的伟大和同胞们的实力坚信不疑，在任何时候我都绝不愿承认我们理应甘于卑微的一角。

不同的岛屿带来了不同的问题。波多黎各太小，不足以独立自治。为了波多黎各人民的利益，我们必须明智、妥善地统治它。根据我的判断，古巴最终将享有自治权，它可能作为一个独立的国家，也可能成为这个强大共和国的一个组成部分。但是，在实现秩序和稳定的自由之前，我们必须留守在古巴。我们的军事和民间代表，必须在维护稳定、打击抢劫、保护大众、论功行赏等方面展现出无限的机智、判断、节制和勇气。菲律宾向我们提出的问题更为棘手。他们的人口构成复杂，包括混血儿、土生土长的基督徒、好战的穆斯林和野蛮的异教徒，许多当地人目前完全不适合自治，未来也不大可能自治；另一部分人虽可能随着时间的推移变得适于自治，但目前只能在明智、坚定、仁慈的监督之下参与自治政府的工作。我们好不容易才把西班牙暴君赶出菲律宾，如果我们现在任由它走向野蛮的无政府状态，那么对菲律宾来说，我们所付出的一切便都是祸不是福。对于那些害怕挑起统治菲律宾重担的庸人，那些公开声称不敢接受挑战的懦夫，那些一遇代价和麻烦便退缩的逃兵，我的耐心是极其有限的。至于那些扯起人道主义大旗掩藏自身胆怯的伪君子，以及伪善地用“自由”“被统治者的许可”装门面，骨子里没有半点男子汉精神的人，我的耐心几乎为零。他们教条的理论，如果要付诸实践，我们便得将阿帕奇部落留在亚利桑那州，让他们自己救赎自己；也得拒绝对任何一个印第安保护区进行干涉。他们的教条理论是在谴责你我共同的祖先，谴责他们定居在美国这片土地上。

统治印度和埃及对英国大有裨益，这训练了数代英国人，让他们放眼关注更为高尚的公共生活。印度和埃及则收获了更大好处。最后，同时也是最重要的一点，此番事业促进了文明进程。因此，如果我们能在菲律宾履行正当职责，这将增添民族荣耀，而一个民族的荣耀乃是国民生活最高等、最卓越的部分；同时，这也将惠及菲律宾人民；最重要的是，我们将为提升人性的伟大事业做出自己的一份贡献。但我们要始终牢记，展现高度自信、诚挚意愿和明智决策。叛乱必须平定。首要任务是树立美国旗帜至高无上的地位。我们必须首先平定武装叛乱，面对敌人时不妥协、不退缩。至于国内那些长敌人士气的人，我们大可唾弃他们；但记住，对他们的鄙视不可代替通敌罪的惩罚。

一旦平定武装叛乱，一旦我们的统治得到承认，更繁重的任务还摆在前头，我们必须牢记，要用绝对的忠诚和良好的决策来管理这些岛屿。如果我们让菲律宾事务落在腐败的政客手中，我们会重蹈西班牙人的覆辙。我们必须派遣贤能之士，摒弃党派门户之见，这些人不但要公正地治理当地人，全心全意履行公职，还要秉持坚定信念，认清治理对象；要知道，最大的罪恶是软弱，其次是管理不周和歧视。

我想告诉诸位，我的同胞，我们国家呼唤的不是苟且偷安，而是艰苦奋斗。20世纪即将来临，列强命运风雨飘摇。如果我们袖手旁观，如果好吃懒做、苟且偷安，如果在命运的关键时刻临阵退缩、放弃自己所珍视的事物，那么，其他更勇猛、更强大的民族就会超越我们，赢得世界的统治权。因此，让我们直面人生苦难，坚定而有尊严地履行职责；言行举止不偏不倚；诚恳而勇敢，为了实现更高理想而埋头苦干。最重要的一点，不论精神上或肉体上的挫折，让我们不畏艰辛，纵横四海，通过艰苦卓绝的奋斗，最终真正实现民族伟业。

毫无疑问，这是一个国家和民族的总动员令。当时的中国被当作反面的例子引以为戒。作为当代的中国人，我以为除了记住西奥多·罗斯福的那番告诫之外，还要好好领悟一下这句话："没有哪个国家是纯粹靠物质繁荣而真正强大的"。

三、驾驭"扒粪运动"，拯救美国

1901 年 9 月 6 日，麦金莱总统被无政府主义者刺杀，9 月 14 日不治身亡。时任副总统的罗斯福随之依法替补，成为美国历史上最年轻的总统。

一般而言，年轻的帝国总是由年轻的统帅创造。中国的秦始皇、汉武帝、唐太宗；西方的亚历山大、拿破仑，等等。年轻意味着有活力，想创业，敢奋战。

1901 年的美国类似 2012 年的中国——貌似繁荣却暗藏危机。表面上美国经历了经济大发展。钢铁产量、GDP 总量均有大幅度提升。至 1884 年时，美国工业产值超过农业产值，成为工业国。到 1894 年，美国工业总产值超过英国，跃居世界之冠。美国国民财富总值从 1850 年的 70 亿美元增加到 1900 年的 880 亿美元，增长了 12 倍多。

但是，严重的危机也已潜伏其中：从内部讲，虽然饼在越做越大，分饼的工作却没有做好，区域差距、城乡差距、收入差距过大，族群歧视愈演愈烈，基层腐败也随着物质的丰富而水涨船高。1899 年，185 个垄断组织资本总额达 30 亿美元，占全国制造业资本的 1/3，全国铁路网在 1901 年已被六大垄断公司控制，而石油行业上下游行业，则完全被洛克菲勒财团一家垄断。据统计，1% 的美国人占有近一半的国家财富，12% 的美国人拥有近 90% 的国家财富。1873 年马克·吐温发表了他的第一部长篇小说《镀金时代》，通过对一位资本家兼政客的描写，揭露了西部投机家、东部企业家和政府官吏三位一体掠夺国家和人民财富的黑幕，堪称是对这个时代的鲜明写照。

与此同时，占人口绝大多数的工人、农民及黑人等有色人种则始终处于贫困状态。社会的不公激起空前的反抗浪潮。19 世纪八九十年代，美国工人运动进入高潮，如 1886 年“五一”运动及秣市惨案、1892 年荷姆斯特德钢铁工人大罢工、1894 年普尔门城工人大罢工等。社会主义、无政府主义等各种试图颠覆资本主义制度的思潮汹涌澎湃。

美国埋头经济建设，对外部事务基本不关心。而德国、俄国、日本等国家却在悄然崛起，并表现出强烈的向外扩张意向。罗斯福敏锐地看到帝国主义时代全面来临的大趋势，担心有一天当海洋无法阻止新的强国像当年的欧洲登陆美洲那样，美国的好日子就会到头，而只注重 GDP 的美国将会像一头肥猪，任人宰割。

“扒粪运动”起始于 1903 年 1 月《麦克卢尔》杂志刊登的三篇文章，分别是林肯·斯蒂芬斯的《明尼阿波利斯的耻辱》、艾达·塔贝尔的《美孚石油公司史》和雷·斯坦纳德·贝克的《工作权》。在这期的《麦克卢尔》社论中，重点介绍了这三篇文章：塔贝尔的《美孚石油公司史》“提示了我们的资本家如何通过法律途径实施阴谋尔虞我诈的：只要法律妨碍了他们，他们就违反法律；并且他们滥用法律来压制那些挡道者”。贝克的《工作权》“表现了劳方——资方由来已久的敌人和托拉斯不法行为的主要原告——其自身所犯罪行及其开脱之词”。在斯蒂芬斯的《明尼阿波利斯的耻辱》里，“我们看到一个城市的政府部门为了其当选官员的利益利用罪犯实施罪行——而市民们……袖手旁观毫不觉醒”。《麦克卢尔》社论进一步评论道："资本家、工人、政客、市民——都在违反法律，或者听任法律被践踏。谁来捍卫律师的尊严呢？靠律师吗？这个国家里一些最好的律师已经被豢养了，他们不出庭辩护，而是为公司和商行当顾问，教他们如何规避法律且无遭受严惩之虞。靠法官吗？他们中的许多人是如此地尊敬法律以至于因为某一'错误'或遁词他们便回到法庭释放那些足以被判定有罪的人。"

《麦克卢尔》杂志随后发行量大增，另外很多杂志也迅速跟进，形成了一股猛烈的揭黑风潮。

罗斯福看到了危险但也抓住了机遇。他巧妙地从反抗声浪中，借力大众来对抗特权阶层，从而戏剧性地改写了美国的历史。

1906 年 4 月 14 日，罗斯福总统在美国众议院办公大楼奠基典礼上发表了演讲，他用班扬小说《天路历程》里的扒粪者，来比喻那些揭黑的媒体和记者："那人手拿着粪耙，目不斜视，只知朝下看。他被赠予天国王冠以替换他的粪耙，但他既不抬眼望天，也无视王冠，却仍继续耙那地上的秽物。"在罗斯福看来，扒粪者是"那种一生中总是拒绝正视美好的事物，只是神情严肃地将目光集中在那些卑鄙可耻的事物上的典型人物"，而这种人"会迅速成为对社会无益、于行善无助的潜伏最深的罪恶势力之一"。

毫无疑问，罗斯福十分担心媒体上的揭黑浪潮无法控制，最终会对现存秩序造成根本性的颠覆。他一再地强调，美国社会有"很多美妙的事情"，而那些带粪耙的人必须"认识到何时该停止扒粪"，并"对王冠表示敬意"时，扒粪者才能对"社会的良性运行"起正面作用。罗斯福实际上是在强调，单纯的扒粪没有意义，必须赋予其建设功能，这样才能解决问题、凝聚人心，一致对外。

正如罗斯福后来总结的："我所奋斗的核心是希望从毁灭中拯救这个国家的富人及其追随者。……我希望为我们的子孙后代保留我们曾经拥有过的同样的机会、自由、和平、正义和秩序。""我但愿资本家未来能明白，我正在倡导的一切，……实际上都是为了有产者的根本利益。因为这将使他们免受革命的威胁。”

正是靠了这种巧妙的引导，扒粪运动既没有挖倒美国这个大厦，又推动了社会改良，大规模清理了美国各个领域的污泥浊水。比如食品安全问题的解决就是一个很好的例子。当时的美国奉行政府不干预经济的自由市场经济制度，资本家在自己的企业和工厂里至高无上。由于媒体的揭露，那些为了短期利润而生产有毒食品的资本家很快成了全国公敌。1905 年《柯里尔》杂志发表了厄普顿·辛克莱的《屠场》一文，这是美国“扒粪运动”中很重要的一篇文章。此文揭露了芝加哥肉类工厂令人震惊的肮脏黑暗。据说罗斯福总统从此不敢吃香肠。整个社会也掀起了强大的舆论风暴谴责那些食品行业资本家的无耻。很快，美国国会于 1906 年 6 月通过了两部联邦法律，即《纯净食品和药物管理法》和《肉食检查法》，政府权力开始大规模监督和约束食品业的资本权力。

安内为了向外。内部治理走上正轨之后，罗斯福的目光立即开始投向国外。

四、控制中国

中国有清华大学、复旦大学、同济大学。听着这些名字，就知道它们与基督教——西方的渊源。而最直接的联系，还是美国。

1900 年八国联军侵华后，西方列强以赔偿损失为名，要求清政府进行本息合计九亿八千多万两白银的巨额赔款。在各国都狮子大开口的情况下，美国政府也乘机勒索。中国驻美公使梁诚于 1905 年向美国提出交涉。最终，在罗斯福总统倡议下，美国国会于 1908 年 5 月 25 日通过议案，将庚子赔款中超出美国实际损失的部分退还中国用于培养中国留学生赴美国留学。

罗斯福总统为什么痛快地将已经吞到嘴里的猎物又吐出来？原来，当时中国的留学生大多留学日本和欧洲，美国的统治精英对此十分着急。1906 年美国伊利诺伊大学校长詹姆士曾致信美国总统罗斯福，而这封信曾深深地改变了罗斯福的思维：“中国正临近一次革命……在教育现在这一代中国的青年人方面获得成功的国家，将是花费一定气力而能在精神、智育和商业影响方面获取最大限度报酬的国家。如果在 35 年前美国能成功地使中国学生涌入的话，并且在保持这个学生流量始终庞大不减方面已取得成功的话，我们今天就有了最合意的和最巧妙的方法——通过在智育和精神上控制它的领袖人物——来控制中国的发展。……如果派一个委员偕同两个助手到中国去，在教育方面正式代表美国政府，并通过北京政府和各省政府向中国人民发出美国高等学术机构的亲切邀请，向他们提供就像是在他们自己学校一样的各种便利条件，这显然对中国人民可能产生很大的影响。……这种道德影响的扩大，甚至从纯物质的观念来说，意味着对已花的费用比任何其他方式所能获得的报酬都要大。……为了扩展精神上的影响而花一些钱，即使从物质意义上说，也能够比用别的方法获得更多。商业追随精神上的支配，比追随军旗更为可靠。”

罗斯福恍然大悟。此时用中国人的钱，收买中国知识分子的人心，落美国的好，并最终控制中国领袖人物的精神，对志在百年的帝国来说是何等划算的买卖。通过退还多收的庚子赔款（近 3000 万美金），美国资助了大批中国青年赴美留学，并对他们进行十分深入的洗脑，变相地在中国培养了经久不息的亲美人群。到中华民国时期，美国已经达成了控制中国的目标。在日本投降之后，为了安抚并拉住拢中国，当时美国几次提出要把琉球还给中国，被蒋介石愚蠢而短见地拒绝了。1949 年之后，几乎整个美国都在检讨“谁失去了中国”。21 世纪的今天，重新赢得中国，仍然是美国“坚定不移”的战略目标。

五、打造巨型白色舰队

罗斯福非常喜欢引用的一句名言是：“大棒在手，温言在口。”

在他看来，在国际社会，没有大棒的温言是没有意义的。只有大棒在手，才能让别人注重你说什么，才能让温言更有影响力：我能打你，但不打你；但是，你捣蛋，我随时还能真打你。这就是大国风度。

自1500年地理大发现以来，海洋就成为世界霸权的角斗场。

从经济和工业技术上讲，美国早在南北战争之前就有了打造超强海军的能力。可是，由于内部问题的掣肘和战略眼光的缺乏，美国并没有建立一支和自己身份相称的世界性海军。南北战争期间由于内战的需要曾经建了不少军舰，但内战一结束，美国立即进行大裁军。对此，海权先知马汉痛心疾首，著书立说，为美国海权摇旗呐喊。

罗斯福早在马汉的代表作刊行十年前的1880年，就结识了这位海军思想巨星。在海军部的任职经历，让罗斯福进一步了解了美国海军的问题和现状。等到他出任总统后，终于决定打造一支和美国国力相称、能够为美国赢得国际地位的海军。

毛泽东在1938年写成的《论持久战》中就说道："力量对比不但是军力和经济力的对比，而且是人力和人心的对比。军力和经济力是要人去掌握的。"这最后的一句话，不经意间把美国强大的根本原因带出来了。世界上有很多具有强大军力和经济力的国家，只是因为没有强大的人物出现，所以与强国无缘，甚至沦为弱国，任人宰割——当年的晚清不是吗？晚清中国无论人力、物力都远在当时的美国之上，但康乾之后，晚清没有一个统治者能与罗斯福相比。在罗斯福大力推动下，美国海军进入高速扩张阶段，通过建设巨型白色舰队，美国海军翻开了转守为攻、走向两洋、登陆欧亚的历史。罗斯福的远大目标和坚定意志、马汉的战略思想和美国的超强国力，共同造就了今天的美国海军。

六、调停日俄战争，再次面子、里子一起赢

1874 年日本派军入侵琉球 ,1875 年强行将琉球变成日本的殖民地。作为藩属国，琉球向宗主国大清国求救。李鸿章畏惧日本，于是求美国退役总统格兰特调停。

为什么求格兰特呢？因为格兰特是美国内战的著名英雄，凭借战功 1868 年当选美国第 18 任总统，并于 1872 年获得连任。卸任后，格兰特选择环球旅行，足迹遍布 15 个国家，其中就有中国。李鸿章认为以格兰特个人的名望以及美国的地位，可能会让曾经被美国黑船敲开过国门的日本敬畏。但是，格兰特却对中日之间的争端没多大兴趣，因为他以军事家的眼光从中没有看到美国的利益在哪里。最后只留下一句“我甚盼中国自强”，敷衍交差。

但到了罗斯福这里就不一样了。

1904 年，日俄战争在中国的领土上爆发。这场战争的实质是一场大英帝国的代理人战争。作为英国马前卒的日本和英国最大的海外殖民对手俄国进行对决。

伴随着美国力量的扩张，亚太日趋成为美国锁定的重大利益聚集区。罗斯福意识到了这一点，也看到了日本的潜在威胁性。于是，他抓住日本军事获胜、经济疲软，俄国外打败仗、内有革命的机会，在对马海战后对日俄战争进行调停。双方都已无力再战，自然顺势下台。两国接受美国调停，既是美国国际影响力上升的标志，也标志着美国在亚太的利益身份被列强认同。

在调停过程中，罗斯福巧妙地让双方均同意支持美国的门户开放政策，实质就是承认美国在远东的商贸利益。同时在日俄间玩平衡，不动声色地支持俄国，有效防止了日本的急速膨胀。而中国和朝鲜则成了盘中之餐，任凭三个大国摆弄。有意思的是，揭开美国历史上跨洲际远征历史的罗斯福，依靠调停日俄战争还获得了诺贝尔和平奖。在回忆录中，罗斯福毫不掩饰地承认，他的心中只有美

国的利益。罗斯福把和平奖的奖杯放在书房里合影。他给他自己，也给美国赢足了面子和里子。

七、美国式外交：巴拿马运河的开通

西奥多·罗斯福最值得中国人关注的地方，是他的美国式外交思维：一个大国的前进道路，决不能被一个小国和所谓的国际法所束缚。

作为一个两洋国家，大西洋和太平洋既是保障美国国家安全的巨大壕沟，又是美国对外扩张的坦途。然而，狭长的美洲却让这两洋高度分割，从而使得美国的货物由于运费高昂而失去竞争力，这是影响太平洋商业帝国的致命因素。

罗斯福再次拿出一往无前的勇气，决定打通两洋。

80多公里宽的巴拿马地峡是打通两洋的捷径。400多年来，很多前人都梦想着建造一条连接两大海洋的运河，可是，80公里间茂密的原始森林和湍急的河流、沼泽地，以及由此而生的毒蛇、蚊虫和当时很难抵御的疟疾和黄热病，一次又一次地粉碎了前人的美好想象。

1880年，法国人用了八年半的时间，花了2.7亿美元——在当时这是一笔天文数字，牺牲了两万条劳工性命，却未能成功开通运河。

到罗斯福的时代，美国已经在财力和技术上具备了重启运河计划的实力，唯一缺的就是国际魄力。罗斯福意识到，谁拥有两大海洋，并控制连接两大海洋的通道，谁就是世界强权。他举起拳头告诉美国人：“如果要想成为世界强权，我们必须建造巴拿马运河！”

然而，巴拿马地峡在哥伦比亚的国土上，而哥伦比亚的宪法规定涉及主权的问题是不容谈判的。美国与哥伦比亚的谈判进行了9个月毫无进展。西奥多·罗斯福说“我认为哥伦比亚不能永远被隔绝于文明社会的康庄大道之外”，果断决定抛开之前文质彬彬的外交礼仪，暗中派人和巴拿马的反政府势力接触，示意将保证他们的成功。

一名美国律师给了巴拿马当地起义首领大量金钱，并为其起草了独立宣言和宪法草案。而巴拿马起义者却利用这些金钱顺利收买了哥伦比亚驻巴拿马城的指挥官和巴拿马州州长，让他们同意在起义当天就束手就擒。

1903 年 11 月 3 日，巴拿马宣布独立。由于一切都事先安排好，一切顺利。11 月 4 日，独立领袖阿马多尔发表讲话，他说："昨天，我们是哥伦比亚的奴隶，今天，我们自由了。西奥多·罗斯福总统兑现了他的诺言。巴拿马共和国万岁！罗斯福总统万岁！"

哥伦比亚表示将出动军队镇压。而美国早就派出军舰在巴拿马海域进行实弹演习，此时立即警告：如果哥伦比亚出兵镇压巴拿马独立，美国将予以干涉。

哥伦比亚退缩了。11 月 6 日，美国表示承认巴拿马的独立地位。11 月 18 日，美国国务卿海约翰与在巴拿马进行运河开凿的法国公司签署了一份条约，确立美国修建并掌管一条经过巴拿马的运河的权力，同时享有在运河区 10 英里宽的区域内行使"名义上的主权"。

1904 年 5 月 4 日，巴拿马运河工程正式启动。在运河建造最困难的时候，罗斯福亲赴巴拿马视察 12 天，并爬上巨大的挖土机亲自挖土。这也是美国在任总统有史以来第一次离开美国本土。

最后，美国以历时 10 年，投入 3.5 亿美元，和超过 5000 条生命的代价（大部分是西印度群岛的黑人），于 1914 年 8 月 15 日正式开通了巴拿马运河。

罗斯福对他"获得了运河"一事津津乐道，认为这项外交与工程成就，足以"与购买路易斯安那和获得得克萨斯相提并论"。

如果中国想要成为大国，首先要有大国外交思维。除了大英帝国在鸦片战争中的炮舰外交之外，第二个案例便是美利坚合众国在巴拿马独立中的有效做法。道义上可以抨击，学术上还是要虚心研读、领悟。对于一个奋进中的大国，真正的大事是自己的安全与发展，除此以外都是“小事”。

八、塑造美国精神的第二类成功

回顾自己的一生，罗斯福总结了两种成功模式：

“世界上有两种成功，而在这两种成功中展现出的是取得成功的两种不同的能力。第一种成功——无论是大事还是小事上的成功，都是和某种天生就有达成此种成功的人相聚合的结果。普通人无论经过多少训练都做不来。这和坚持不懈、意志力都无关。某个人生来具有的某种素质可以让他蒙上眼睛同时玩 10 盘象棋，或者不费吹灰之力就能把五组数字的总和求出来，或者写下希腊之壶的颂歌，或者发表葛底斯堡演说。对任何表现尚可的普通人进行多少身体或思维上的训练，都无法让其完成上述这些任务。上述的成功无不属于具有特殊禀赋的人，他们身上拥有某种常人所不具备的额外的东西。”

“但是，更为常见的一类成功则是在生活的每一个方面，都是通过各种努力取得的。取得这类成功的人与周围的人的不同之处不在于与生俱来的特质，而在于为了培养这种特质所付出的努力程度。只要人们认真地做出决定要实现这种成功，这类成功就会向数量众多的普通人敞开大门。这些人不具备超常的脑力或体力，但是，他们却能够为充分利用他们所拥有的才能而付出尽可能多的努力。这是对我们大多数人敞开大门的唯一一种成功。然而，历史上的一些最伟大的成功都是属于第二种成功。”

可以想象，罗斯福把自己也放进了这后一个行列之中：“我曾取得的所有成功都属于第二种成功。”这个定义既是对此前的美国精神的发挥，也深刻影响了日后的美国人的性格和成功观。

罗斯福时代已经成为美国历史上的一个重要时期，罗斯福也被其国人评价为“伟大的总统”。

内柔外刚——美国的文官政治和军人总统

一、战争国家与军人总统

与中国外示儒术内用黄老不一样，美国的国家形象是内示柔弱而外示刚强。美国的民选制度和美国人天生的扩张本性决定了这一点：一个不能顺应民意的政党和候选人是不可能拿到选票的；一个对国外唯唯诺诺的政府和领导人也不可能得到自由舆论的垂爱。美国的政治从外观上看似一副天鹅绒手套，而里面却是一副沉重的铁掌。从克林顿到奥巴马，三任总统用的国务卿都是女人，但是，三个女人展现的风格都是一样的母老虎本色。这一点世界多有体会，无须赘言。但最能体现美国政治特色的，还是美国总统。

美国号称是文官政府，但总统却多是军人出身。参加过独立战争的美国总统有 3 人：第 1 任总统乔治 · 华盛顿（陆军上将）；第 5 任总统詹姆斯 · 门罗（陆军中校）；第 7 任总统安德鲁 · 杰克逊（陆军少将）。在美国领土急剧扩张的时代，产生了 5 位总统：第 9 任总统威廉姆 · 亨利 · 哈里森（陆军准将）；第 12 任总统扎卡里 · 泰勒（陆军少将）；第 14 任总统富兰克林 · 皮尔斯（陆军准将）；第 16 任总统亚伯拉罕 · 林肯（民兵上尉）；第 26 任总统西奥多 · 罗斯福（陆军上校）。

有 5 位美国总统曾参加过南北战争：第 18 任总统尤里西斯 · 格兰特（陆军上将）；第 19 任总统拉什福德 · 海斯（陆军少将）；第 20 任总统詹姆斯 · 加菲尔德（陆军少将）；第 23 任总统本杰明 · 哈里森（陆军准将）；第 25 任总统威廉姆 · 麦金利（陆军少校）。

在美国向海外扩张并称霸全球的过程中，又有 8 位美国军人成为总统，分别是第 33 任总统哈里 · 杜鲁门（陆军少校）；第 34 任总统德怀特 · 艾森豪威尔（陆军五星上将）；第 35 任总统约翰 · 肯尼迪（海军上尉）；第 36 任总统林登 · 约翰逊（海军中尉）；第 37 任总统里查德 · 尼克松（海军少校）；第 38 任总统杰拉尔德 · 福特（海军上尉）；第 39 任总统吉米·卡特（海军上尉）；第 41 任总统乔治·布什（海军少尉）。

没有军人身份的总统，也要努力打一仗，以给自己留下光荣的记录。这是因为美国从独立以来一直处于战争中，那些在战争中赢得了荣誉的人自然就会在民选政治中获得选票；另外，没有从军经历的总统，也是在两百多年的尚武文化中成长起来的，身体里已经有着战争的基因。有学者将普通美国人对于军人职业的喜好和对于军功的崇拜，称作美国的“社会政治文化心理”，其实就是中国人常说的“尚武精神”。

美国的短暂历史是一部不折不扣的战争史。尤其是自“二战”以来，美国几乎没有和平总统。其历届总统都会发动战争或入侵他国。1950 年杜鲁门发动朝鲜战争；艾森豪威尔于 1958 年 7 月 15 日武装入侵黎巴嫩，1960 年 2 月 5 日武装入侵多米尼加，1960 年 7 月武装入侵刚果；肯尼迪于 1961 年 4 月入侵古巴，1964 年 5 月武装干涉越南；约翰逊 1965 年 3 月 8 日全面武装介入越南内战，1965 年 4 月 24 日武装入侵多米尼加；尼克松继续越南战争，于 1970 年 3 月武装入侵柬埔寨，1971 年 4 月 21 日武装入侵也门；福特继续越南战争；1979 年卡特签署《对台湾关系法》；里根于 1983 年 10 月 25 日武装入侵格林纳达，1986 年 3 月 23 日空袭利比亚，1988 年击沉伊朗多艘舰艇，1988 年 3 月 16 日武装入侵洪都拉斯；老布什于 1989 年 12 月武装入侵巴拿马，1991 年发动海湾战争；克林顿于 1999 年发动科索沃战争；小布什于 2001 年发动阿富汗战争，2003 年发动伊拉克战争。到奥巴马政权，又介入利比亚内战，接着又瞄准了叙利亚和伊朗。2011 年 5 月 1 日，美国在未通知巴基斯坦的情况下，出动特种部队在该国境内击毙了本·拉登。同年 10 月 20 日，卡扎菲间接毙命于美军的干涉。2013 年，美国插手乌克兰危机，空袭伊斯兰国等。

没有人知道美国还有多长的未来，但几乎可以肯定的是，未来的美国史，仍将写满战争记录。

二、成熟的军国主义国家

美国是世界上号称文官制度最发达、最完善的国家。

其实，美国重视军人和军事是深入骨髓的。美国总统的两大助手，一是国务卿，二是国防部长。看上去一文一武，似乎平衡，但如果再细琢磨一下总统本人，就会发现美国政治中铁血的成分占了绝对的大比重。

除了军人之外，美国总统的另一个普遍的出身是律师。45 位总统中有 25 人在从政之前获有律师资格。拿到法律学位或获取律师资格，是美国几乎所有从政官员的必由之路。至于为什么，这要从美国的文化中去找，但军人和律师担当美国的当家人，却常常能解释美国外交和国防政策的选择：军人的性格是对抗性、进攻性的，而律师是攻防兼备型的。

一个国家，领导人是什么性格，国民就是什么性格。美国总统和普通美国人互相塑造，双方又共同塑造了一个奋进不息的美国。可惜的是，相当多的中国人只看到美国文官政治的外衣，而看不到美国国家军人性格的本质。

在一般的军事独裁国家里，国家大权被军队所掌握，文官系统和普通民众都心生畏惧。在这样的国家里，军政府和文官系统等其他社会精英之间一直存在尖锐的矛盾斗争，双方无法达成妥协，结果最终是拿枪杆子的直接执政。然而这样的政府往往不能持久而被新的枪杆子推翻。这样的国家一般被认为是军事独裁国家、军国主义国家、军政府国家。

美国却实现了所谓的“民主、自由与尚武、好战”的无缝对接。正因为如此，它才能够完美地将军国主义的逻辑和文化发挥到极致。在美国，军队系统根本不必要直接干政，因为每一届美国总统，不管是出身于军人、律师还是文人政客，他们都具备浓厚的尚武精神，对国家利益以及扩张国家利益的方式都了如指掌。从这个意义上说，美国是有史以来军国主义最充分、隐蔽最成功的国家，因此也是一个对于全世界最具威胁性的国家。

全民配枪的社会和战争工业经济综合体

一、全民配枪的好战之国

古往今来那么多民族试图建立各种各样的区域帝国，但为什么只有美国几乎建立起世界帝国？我的观点是：美国人生来就具有战斗性，一群这样的战斗人组成的民族，就会走军国主义道路，军国走到尽头，就是帝国。

中国有句古语说，国虽大，好战必亡。但那是对农耕民族的中国人说的，放在美国人身上就说不通了。因为战争、战斗就是美国人的生活方式、思维方式、贸易方式、经济增长方式，一句话，就是美国的生活方式，也是他们从小到大从弱到强的成长之路。

美国社会成年人大都配枪。美国喜欢对抗式的体育运动，如拳击、篮球和橄榄球。窥一斑见全豹，这样的人组成的民族，只要其他自然条件具备，它不建立帝国真是怪事。就如一头老虎，它生性如此，怎么能不称王？比较而言，中国更喜欢有网的运动，如乒乓球和羽毛球。从这一点，可以看出中国与美国两个民族、两个国家的性格和志向，心理与文化多么不同。

美国就是人类中的老虎国。所以当我们今天看到美国打这个国家，明天打那个国家，今天杀人家的领导人，明天入侵人家的国家，不要有任何奇怪，那就是老虎在捕食。中国人总是用自己羊式的和平和谐思维大惊小怪，其实，欧洲和日本甚至俄罗斯人都觉得很正常。中国人希望美国也像自己一样热爱和平，其实就是希望老虎和羊一样也去吃草。

二、美国的尚武传统已经固化为军事工业商业复合体

上述尚武传统在经历了漫长的历史演变后，又固化为著名的军事—工业—商业复合体。

近代欧洲的崛起背后隐藏着什么？这个问题困惑了国人一百多年。就在人们尝试着从意识形态、生产力、政治制度，乃至人种差异、文化差异的角度寻找答案时，一位重量级的西方学者——杰弗里·帕克，却在《剑桥战争史》中给出了一个石破天惊的答案："武力扩张在西方的崛起中扮演了中心角色，在过去的2500年中的绝大部分时期，不是更为丰富的资源，或更为崇高的道德价值观，也不是无可匹敌的军事天才，或直到19世纪才出现的发达的经济结构，不是这一切，而是陆海军的绝对军事优势，为西方的扩张奠定了根基。"

之所以如此，原因在于"发展新的作战技巧和策略，不仅需要作战技术的改变。其中的一个重要问题是，为了维系以技术优势为基础的军事体制，必须承担高昂的财政开支。而对于那些主要依靠大量人力动员获取力量的劳动力密集型体制而言，则只要动员起大量以传统兵器武装的成年男子就足够了……而资金密集型的军事体制则要求为士兵准备全副的武备——这些武器不仅花费巨大，而且很容易落伍。但后者却更有吸引力，因为虽然该体制构建时期花费较大，但后期保养费用却很低廉"。"在这种情况下，军事技术的发展持久而带有开放性，军事力量直接决定一国的国际地位，于是国家通过有计划、有目的地发展工商业，为军事力量的发展提供强有力的技术与财政支持，而军事力量的提升又反过来为国家在更大的空间内发展工商业提供了强权保障。于是军事技术在西方得到一种高速度的累进性发展，军事上的需求又促进了科学与技术的飞速发展……久而久之，这就在欧洲列强的国内形成了一种独特的军事—商业—工业复合体型社会。时日久长，虽说欧洲国家之间军事

水平相当，但却不免与非欧洲国家之间产生了质的差别。工业革命的产生，算是将这差距定格下来，从而为欧洲的扩张提供最强有力的基础。”

最终结果就是：“战争要求从中央筹备军资和军需品，并稳固地转向更广大的范围，因为它同时也促成了更高的税收，更庞大的借贷以及更强的集权化。西方国家的军事活动和政府形式因此而变得密不可分：国家发动战争，同时战争又缔造国家。”

这就意味着，一个国家的内部结构受到应对战争需求的塑造，从而形成一种利于动员、战斗的结构。对外则要能够在战争扩张中获得正反馈效应。在这两点上，美国做得尤其出色。

美国是个比较特殊的商业国家，其超常规发展长期以来得益于两种“正反馈”机制：一是对内，经济与军工技术、产品的生产互相拉动；二是对外，国力强盛与发动战争互生“共振”。军工体制与军国政略两种“正反馈”体系在资本主义高效的、贪婪的、内在的驱动下又互相循环增益，终于成为唯一超级大国的引擎，推动“美利坚战车”在不到百年的历史里，从小到大独步世界。

回顾近现代美国历史可以看出，每当它国力发展——即战争能量的积累——达到一定程度，它就要通过发动战争，直接掠夺资源、开辟殖民地或“势力范围”、占领贸易通道或原料及商品市场，从而为国内不断膨胀的资本主义生产体系，提供进一步的支持。这既是以往战争能量的释放，同时又是下一次更大军事能量积累的开始。出现在世界政治和军事视野里，美国的行为就是一轮接着一轮的军事扩张。靠着立国之后西部大扩张奠定的商业基础，历经百年发展，美国在19世纪末、20世纪初成为世界首屈一指的强国，从而有实力有资格参与欧洲逐鹿，这也是当时美国不顾国父华盛顿“教导”，投身“一战”的原因。怀着瓜分胜利者一杯羹的“商业”目的，在“一战”结束前几个月参战，轻松地当了一次“渔翁”，触角开始伸向欧洲和世界。靠着这些“战利品”，美国在“二战”前又一次进行了大规模的国力发展和战争能量积累，然后重演“一战”故事再当“渔翁”，凭借着发战争财和抢夺胜利者的果实，不仅控制了大部欧洲、全部日本，还事实上控制了所有大洋，拥有全球制海权，为称霸世界奠定基础。正是这一基础，使美国得以在50年的冷战对峙中，拖垮苏联。

美国人生来就具有战斗性，而这一战斗性又伴随着军事—工商业复合体结构的推动，而得到更充分的发挥，并同时形成了超强的动员能力、超强的高精尖武器制造能力和超强的军工特殊利益集团。有意思的是，这样一个如此尚武好斗的国家，却完全没有引起世人的警觉。日本人摆弄几下武士刀，成了国人心目中好战分子的标准形象，全民配枪的美国却反而被遗忘了。这固然和日本侵华的历史记忆有关，但也不能不联系到另一个事实，即我们对美国历史的了解和认知早被一些组织和人士所操纵了。他们是帝国形象的化妆师，他们所用的化妆品，通常是“人权、民主、自由、平等”等“普世价值”。

然而，在历史事实面前，这些化妆品无论如何也遮盖不住美帝国与生俱来的“丑陋”。

第三章

美帝国的基因

美国著名学者乔治·弗里德曼在《未来10年》一书中作出了如下预言："美帝国还能持续至少500年"。2011年5月23日，弗里德曼在得克萨斯州奥斯汀办公室面对询问"美国终极目标"的提问时说："帝国不存在终极目标。"因为帝国本身就是终极目标。他说："已建立帝国的美国努力在其他国家之间保持力量均衡，以保护自己。帝国的生存取决于无止境的以夷制夷。"

美国人惯以伟大的共和国与共和制而自豪，美国孩子从小就受到反帝国主义、反军国主义传统教育。他们被告知"自己的祖先之所以来到这片土地，就是为了逃离欧洲君主制与帝国的压迫、腐败和强权政治"，他们衣衫褴褛的先辈，以勇敢和智慧反击欧洲的压迫，以"民兵"武装建立起美利坚合众国。早期的美国长期奉行"民军"传统，有事集合御敌，事过解散归田。谁能想到，美国今日的现状，竟然是沿着与建国理想完全背道而驰的方向，走向它努力想要消灭的帝国！怎么解释这一世界历史上最大的悖论？

深度解析美帝国产生的基因

一、之一：美国是欧洲“强暴”美洲的私生子

当代中国，认为美国是帝国主义的比比皆是，认为美国是世界帝国的并不多。

但在视自己为世界帝国的美国，这是大多数人的共识，特别是在战略界。这是因为美国历史乃是欧洲历史的分支，而欧洲历史，就是一部在全世界扩张、在欧亚大陆上争霸称帝的历史。甚至连美国今日的主要战略对手——中东伊斯兰世界、俄罗斯，当年也是欧洲的传统对手。

无论看待什么问题，没有历史纵深，就不会看到问题的本质，也无法准确地预知未来。

我称呼美国为帝国，与20世纪中国人批评美帝的情绪不一样，并不仅仅是贬义和批判的意思，我只是承认一个基本的事实。而且我认为美国的称帝，是人类社会发展的正常现象。

帝国是民族和国家“强暴”同类的结果。19世纪以前，给这个世界上留下混血儿最多的是欧洲人，这正是欧洲征服和统治世界的社会证明；后来，发生强奸别国女人事件最多的是美国大兵，这正

是美国统治世界的证明。对少数地区民族和国家的强暴，产生地区帝国——比如当年的拿破仑法国，后来的日本、德国；对世界大多数地区的民族和国家强暴，产生世界帝国，比如大英帝国和今日美国。而美国，本质上也是大英帝国强暴美洲民族的产物，只是这个具有杂交优势的私生子，以后借助美洲天然良好的地理优势，拥有了比它的欧洲父亲更强有力的体魄，更凶悍的意志，因此也完成了比大英帝国更伟大的霸业。

相比起来，中国人几乎不懂什么叫帝国。什么是帝国？国内某辞书居然解释为有君主的国家或以君主为国家元首的国家。如果某一个国家没有君主也被称为帝国，则往往被看成是所谓的“帝国主义”国家。而这个“帝国主义”又有特殊定义，往往特指垄断资本主义。通过抢占殖民地或压迫他国民众进行领土扩张的国家。

这就扭曲了帝国的真相，也扭曲了帝国主义的真相。

帝国是一种权力形态，和社会制度、意识形态、经济模式都无关，但和霸权密切相关。在一个没有世界政府的世界里，霸权就是主导权，就是可以让别人按照自己的意愿做事的能力。如果说帝国是狼，非帝国就是羊。羊只知道寻找草地，狼却是在寻找羊，并在打败其他狼的基础上，主宰羊和草地。

在人类的历史上，在各个地区和不同时代，都曾经形成过不同形态的帝国。然而，自 1500 年以来，世界各地的帝国相继衰落，欧洲的霸权却如日中天地兴起。在数百年的厮杀中，欧洲形成了一种群霸争雄的格局，基本游戏规则就是弱肉强食。游戏角色有的只是霸主国和仆从国，以及霸权挑战国和中立国。

同时期的中国却长期处于天朝上国的意识之中，国人已经在骨髓中形成了一种抛之不去的“家天下”意识，就算是做老大，也是温情脉脉做主持正义的家长。作为一种独特的世界观，其本身并无问题；但是，如果从这个角度，一厢情愿地以为所有国家都是这样，那就成了一种危险的幼稚。

正是这种对“帝国”的陌生感，扭曲了国人对美国的清晰认知，也模糊了国人的世界观。直到1840年之后，国人才算是真正认识了什么叫帝国。一次次的挨打，一次次的旧疤之上再添新伤，让国人深刻感受到了一种全新的国家间关系。但是，究竟这种关系是怎么回事，大部分国人的认识依然是模糊的、波动的。

有人说帝国主义不是什么“垄断的资本主义”，它不是一种社会制度，而是一种对外政策。所谓帝国主义政策，就是强国使用武力征服弱国，或是直接并入版图，或将其化为殖民地，或是迫使弱国订立一系列不平等条约，从而获得一系列政治、经济、军事诸方面特权的外交政策。处于不同发展阶段的国家，只要国力比别国强大，都可能采用这种政策而变成帝国主义国家。这与该国的生产力、生产关系乃至社会制度都毫不相干。亚历山大帝国、古罗马帝国、蒙古帝国、拿破仑帝国、俄罗斯帝国（含苏俄）都是帝国主义国家，但都不是资本主义国家，遑论“垄断、没落、腐朽、垂死的资本主义国家”。

这个定义虽然不够言简意赅，但意思我认为是对的，真正经得起推敲的帝国主义概念，应该是超越意识形态的，它不是一种制度，而主要是对外扩张的政策、行动及事实。

帝国主义的共同本质是：都要从别的国家和民族那里不正当地获取利益，无论是土地还是金钱以及其他。至于采取什么手段，我认为他们是无所不用其极的。欧洲殖民者消灭印第安人和近代俄、日杀害中国人，残忍程度不相上下。即使以今日论，美国和英国在中东动辄向主权国家开战，似乎也谈不上文明；而美国对中国进行的战略包围和种种讹诈，也不能用文明来形容，它之所以现在不敢动辄向中国舞枪弄炮，不是因为它文明，而是因为中国有着两弹一星在那里无声地震慑着它们。

不幸的是，中国遭受了历史上各种形式的帝国戕害，却始终没有自强到足以自安的程度，近代更在连续遭受英、俄、日的帝国主义蹂躏之后，现在又面临着美帝国主义的包围和扼制。

美国是新型帝国主义，我给它命名为资本帝国主义。它不会再像英国那样用鸦片换中国的白银，也不会像俄、日那样占有中国的土地屠杀中国的人民，它对中国采取的战略，我在《C形包围》一书中已大致说过，那就是综合采取政治、文化、经济、军事等各种手段，以达到控制中国，纳入其主导的世界体系的目的。如果不能达到这一目的，则将对中国进行肢解。至于肢解手段，则依据现实情况信手拈来。

作为资本帝国主义的美国，不仅准备控制中国，更是以控制全世界为目标。正是通过资本控制世界的财富和资源，通过控制全球的庞大军队，通过主宰全球的太空和网络技术，通过主宰世界的文化理念，美国才敢于建立人类历史上第一个世界帝国！

二、之二：实行种族灭绝最成功的国家

美国刚一独立，就开始扩张，使美国从偏居一隅的前殖民地，变成了一个拥抱两洋的大国。而这个扩张，主要是针对印第安人原住民的扩张，使用的方法就是种族灭绝。

纵观人类历史，推行种族灭绝政策的国家并不鲜见，但他们大都难以将这一政策成功推行到底，最后或自身灭亡、或半途而废，被永远钉在历史的耻辱柱上。唯独美国，不仅成功推行了种族灭绝政策，而且这一惊人暴行不仅没有引起当时世界的愤怒，现在也几乎淡出世人的记忆，避免了历史的审判，以至于今天中国人以及世界其他地方的人一提到种族灭绝政策就想到希特勒这个“小巫”，却不知道在他之前还有一个重量级的“大巫”。

（一）在原住民尸骨上堆建新帝国

尽人皆知，美国是由一批欧洲叛逆者在美洲大陆上建立的，说白了就是中国成语中的鸠占鹊巢。据美国一些诚实、严谨的学者在20世纪80年代末期到90年代初期依据史料重新做出的推算，当哥

伦布1492年“发现”美洲新大陆时，在现在北美的美国、加拿大境内居住的印第安人总人口少则为3000万，多则达1亿。到20世纪70年代，分散聚住在美国各“保留地”里的印第安人总人口已经锐减到不足80万人，成为地球上的“濒危人种”。

事实上，哥伦布“发现新大陆”这种说法带有明显的欧洲中心论和殖民主义色彩。客观地来说，美洲唯一、真正的最早发现者是印第安人的祖先——那些几万年以前从亚洲进入这块大陆的人们。欧洲殖民者对美洲的这次所谓“发现”，其实是对美洲物质财富的大抢劫。

如果不是中国的四大发明经过伊斯兰世界传播到欧洲，欧洲至今可能仍然是野蛮之荒。而在与亚欧大陆基本隔绝的美洲，印第安人几乎独立地发展出独特而悠久的玛雅文化、阿兹特克文化、印加文化等灿烂文明。古代美洲印第安人培育了玉米、马铃薯、番茄、烟草、向日葵、可可等40多种农作物（至今美国人的粮食中大部分还依赖这些作物），玛雅的数学和历法的精确程度远远高于同时代的欧洲，印加的外科医生能用金和银做的刀片施行开颅外科手术。但是印第安人没有强大的国防和工业，于是被拥有强大战争武器的“先进”欧洲人给野蛮地灭绝了。这种悲剧1840年也在中国本土上演过，只是程度没有那么惨烈，但原因都是一样的：落后就要挨打，灭族无须理由。

欧洲侵略者灭绝外地原居民的方法有三种：一是通过征服战争，直接大屠杀；二是将其变成奴隶，间接清除；三是通过生物战的方式大规模灭绝。其中，以第三种做法最令人发指。1763年，英国驻北美总司令杰弗里·阿姆赫斯特下命令，设法把天花病菌引入那些印第安部落中去，“尝试一切办法根除这个该死的种族”。正在同英军作战的两位印第安部落首领突然收到了英军表示“和解”“友好”的“礼物”——毯子和手帕，善良的印第安人将礼物欣然收下，断然没想到这里面沾满了导致其种族灭绝的天花病毒！

其实，英军总司令杰弗里·阿姆赫斯特不过是在执行英国国王陛下的命令而已。国王曾传旨给阿姆赫斯特："给那帮印第安人送去一些天花患者用过的毯子，让他们传染上瘟疫。你要利用一切可利用的手段去根除那个令人讨厌的人种。如果你那个用猎犬追杀他们的方法能够奏效的话，我会倍感欣慰。"所以马萨诸塞殖民当局才会在 1732 年付出 100 英镑，作为取得一个印第安人头皮的奖金，正好和付给打死一只狼的人的奖金数额一样。宾夕法尼亚则对每一块"12 岁以上男性印第安人的头皮"支付 130 西班牙银元的奖励，对每一块女性印第安人头皮支付 54 西班牙银元！

类似的观点也普遍存在于普通殖民者中。除了极少数的贵格派教徒外，没有人"坚持说这块大陆上的土著居民也是人"，甚至有一种观点认为"每一个真正的基督徒都有资格拿起枪来对付他们"。就这样，在英国国王及各殖民政府的鼓励下，在欧洲殖民者的普遍响应下，印第安人成了可以被随意屠杀的"野兽"！这就是 100 年后带着鸦片和坚船利炮到中国来的那些英国人的爷爷们在美洲干的事！

这个毫无人性屠灭印第安人的"传统"直接遗传给了后来的美利坚合众国。当 21 世纪的世界看到具有欧洲血统的美国人在全世界各地杀人、虐俘，应该想到他们"祖传"的因素。

引发殖民地独立、美国诞生的原因之一，就是英国于 1763 年颁布公告，禁止北美殖民地人民向阿巴拉契亚山以西移民，即将山脉以西土地划给印第安人。英国此举的目的，表面上看似乎是在弥补之前屠杀印第安人的罪孽向印第安人示好，其实这是在北美地方白人精英越来越不听话的背景下，一种稳固殖民统治的手段。而美国人独立的目的之一就是要向西夺取更多土地，并将抵抗者杀光，"美国"人甚至在尚未独立时、在独立战争进程中就开始了对印第安人的侵略、攻击和屠杀。因此，在美国独立战争中，印第安人出现分裂，一部分人支持英国，一部分人支持北美的新生白人精英。

和英国只是通过灭绝手段夺取印第安人地盘不一样，“美国人”的目的却是要将印第安人赶尽杀绝。

美国建立之后，大规模的杀戮不仅没有停止，反而以他们曾经打赢独立战争的正规部队和欧洲武器，对印第安人进行更大规模的残酷剿杀。这个杀戮持续了一百多年。美国学者大卫·斯坦纳德感叹道：“被公认为美国有史以来四位最伟大总统的头像被刻在了拉什莫尔山上。但他们却早于希特勒种族灭绝犹太人之前，就对印第安人采取了相似政策……”

现在，让我们看看美国历史上四任最伟大总统与印第安人的血债关系。

华盛顿的“血”债：1783年，美国独立战争结束。1779年，乔治·华盛顿指示苏利文将军攻打北美印第安人易洛魁人时说：“（假如）将丢弃物（指印第安人）放到所有定居点附近……那么整个国家将不仅仅是泛滥成灾……在所有印第安人居留地被有效摧毁前不要听取任何和平的建议”，苏利文答应道：“这些印第安人必须像野兽一样遭到猎杀！”

苏利文将军不负华盛顿的嘱托，他的士兵将40个易洛魁人的城镇夷为平地，食物和住所完全被破坏，易洛魁人的近万人口被消灭掉一半。到1783年，华盛顿胜利在望，对印第安人的屠杀更加疯狂，他称印第安人和狼没啥区别，“两者都是掠食的野兽，仅仅在形状上不同”，于是他的军队从印第安人的死尸上剥皮，“从臀部往下剥皮，这样可以制作出高的或者和腿一样长的长统靴来”。

华盛顿本身就是个奴隶主。当华盛顿1790年11月到费城总统府走马上任时，他从弗吉尼亚州弗农山庄园中随身带了9个奴隶赴任。而宾夕法尼亚州法律规定，任何奴隶在该州生活6个月以上，都将依法成为自由民。为了不让自己的奴隶获得自由，华盛顿钻起了“法律的空子”，他总是不断地更换费城总统府和弗农山庄园的奴隶，每个奴隶在费城总统府生活不到 6 个月，就会被他送回弗农山庄园，然后再换来 9 个新的奴隶，从而不让任何一个奴隶有依法获得自由的机会。为达到目的，他特地在费城总统府地下建造了秘密的奴隶通道，以向外界隐藏他的奴隶以及他不断更换奴隶的事实。当他在 1799 年去世时，其庄园中的奴隶还有 317 人。

杰弗逊笑里藏刀。美国开国元勋、第三任总统、著名思想家、政治家、《独立宣言》的起草人托马斯·杰弗逊，也是个奴隶主。他在临死前的遗嘱里写明，只准许他家里的 900 个奴隶中的 5 个人成为自由人。这位“著名的思想家”认为黑人生来就比白人低劣，说黑人“无论在头脑的天赋或体格方面都不如白人”。不知道今天的奥巴马总统对他的前任这种“思想”如何评价。美国宾夕法尼亚大学人类学教授安东尼•华莱士在《杰弗逊和印第安人：美国原住民的悲惨命运》书中序言写道：“我试图公正地评价杰弗逊对印第安人的行为，但是从 19 世纪晚期他的一些措施来看，是虚伪的，武断的，奸诈的，甚至是残酷的。”

杰弗逊总统之所以被称作虚伪而残酷的奸诈之徒，就在于他有时公开地道貌岸然地称印第安人为兄弟，另一方面却为了获得其土地而下令用武力将其消灭：“如果任何时候有哪个部落莽撞到竟敢拿起战斧，那么，夺取那个部落的全部领土并把他们赶过密西西比河，这是和平的唯一条件，这就会给其他部落一个榜样。”

1807 年杰弗逊对其军队说：“只要我们对 (印第安人) 部落举起斧头，那在其被灭绝或被驱赶到密西西比以外的地方之前就决不放下斧头来”，“一旦打起来，他们 (印第安人) 会打死我们一些人，而我们要把他们全部消灭掉！”

林肯的另一面。1851 年，美国政府以欺骗的方式，与明尼苏达地区苏部落的达科他酋长签订了几项不平等条约，美国政府以 140 万美元购买了明尼苏达地区的 2400 万英亩的土地。1862 年前后达科他族人粮食歉收，而联邦政府答应给的土地年金又迟迟不到，许多人呼吁当时的林肯政府按时支付年金以拯救饥饿中的印第安人，但忙于南北战争的林肯对此置若罔闻。于是印第安人与当地白人产生了冲突。在林肯看来，这是印第安人没有遵守“契约”。他不仅拒绝支付所欠的年金，反而对印第安人发起了一场战争。（注：此时，英国与法国联军正在遥远的东方发起第二次鸦片战争，火烧圆明园。）

林肯指派约翰·蒲伯去镇压“闹事”的印第安人。这位将军作战前宣布“此战的目标是彻底灭绝印第安苏部落，他们将被像野兽一样对待，无论如何人类不能与之签订条约或者妥协”。于是，手持简陋、原始武器的印第安人战士被大量杀死。约翰·蒲伯将军将他所抓获的印第安人——包括妇女、儿童关押起来，然后对他们进行所谓“军事审判”，每个印第安人的审判过程只用10分钟，所有的成年男性都被判处死刑。

明尼苏达州地方政府要求林肯下令，立即执行对303名男性印第安人的死刑。林肯担忧大规模的绞杀会影响与南方的战争及跟所谓“文明”的欧洲的关系，他要求将执行死刑的人数降低到39人（后有一人被免死）。林肯保证杀光或驱逐该州所有的印第安人，并给该州200万美金以作补偿，而他欠达科他人的钱是140万美金！

1862年12月26日，38名印第安人被林肯政府执行绞刑。这些被绞死者大都是印第安人的神职人员或政治领袖。这是美国历史上最大规模也是疑问最大的死刑处决。国家层面上集体屠杀战俘，观诸历史实不多见。

老罗斯福与“西进运动”。在美洲，对印第安人的最大规模的屠杀主要有两个阶段：第一是西班牙在殖民美洲初期所进行的屠杀；第二就是美国独立后伴随着19世纪加利福尼亚淘金热而进行的西进运动。而后一场运动对印第安人的“血”绩，是总统山上的第四个人——诺贝尔和平奖得主西奥多·罗斯福总统创下的。

他认可美国人对印第安人采取种族灭绝并且没收其全部土地的

做法，“这样的征服是不可避免的，尤其是当一个强大的民族，即便是在发展的初期，发现它自己面临着一个虚弱的异类种族的时候，况且这个民族手持令人垂涎的奖品却自己把握不住”。

西奥多·罗斯福说：“我不想走得太远，去说只有死掉的印第安人才是好的，但是我相信10个好印第安人中有9个是死了的，而且我也不愿意去仔细查询第10个死亡的案情。”他甚至认为，像印第安人“这样的堕落分子、犯罪分子及低能分子，应该被禁止生育后代”。

（二）印第安人原住民的“死亡之路”

美国的扩张尤其是“西进运动”，奠定了帝国的基础，但也根本性地摧毁了印第安人的文明和族群。

美国陆军第1团从成立之日起，征剿印第安人就成为其基本任务。美国联邦正规军队和民兵从事的这种残暴屠杀和征剿，从1803年(正规军正式开始投入战斗是1811年)一直持续到1892年，差不多进行了整整一个世纪。

1828年，杰克逊当选美国总统，1830年他说服美国国会通过了《印第安人迁移法案》。由军队押解，密西西比河以东各州的印第安人将被赶到河西。在被押解的14000名切罗基部族人中，有4000人死在路上。这只是“西进运动”中的案例之一，在这百年“血泪之路”中，全美不下百万印第安人遭屠杀，是一场名副其实的“种族清洗”。印第安人称这条路为“死亡之路”。

1848年，原属于墨西哥的加利福尼亚州被美吞并，在随后的美式淘金热中，加州印第安人几乎被杀尽。

此时，美国的先父、被赶出美洲的大英帝国，已经赶到东半球的中国打赢了鸦片战争，并即将开始同样的掠夺和屠杀，只不过它的军队人数太少，而中国又有着相对于印第安人较为先进的文化和军事系统。

19世纪60年代到90年代，在南北战争结束后，美国联邦正规军在当地民兵的配合下，采取分进合击等战术，集中发起了一千多次不同规模的军事行动，基本上完成了消灭印第安人的任务。

1887年，美国国会决定废除印第安人的村社土地，对印第安人实行同化政策。1889年，由于俄克拉何马州石油矿藏的发现，美国政府下令把这一原来已宣布永远归印第安人所有的土地开放，任凭白人开发。至19世纪末，印第安人几乎全部被迁入保留地。

据不完全统计，在美国建国后的一百多年时间里，美国境内有数千万印第安人被屠杀。如果这些人口不被屠杀，到今天已经能够繁衍成几亿人口。如此大规模的种族灭绝，是美国政府必须为之承担、却永远还不清的一笔政治和道德债务，美国国会有义务向世界说明真相，国际法庭也有责任追查这一永不过时的美国反人类的历史暴行。可是，美国不仅始终没有为之负责，反而经常冠冕堂皇地指责别国没有人权！

（三）美国的种族主义传统

美国从建国开始便顽固坚持盎格鲁-撒克逊的白人血统与白人文化。因此，在美国历史上，很少有大规模的白人和印第安人通婚的现象。根据1949年的统计，美国的印第安人和印欧混血人只占人口的1%。直到20世纪20年代，亚利桑那、俄勒冈、北卡罗来纳、南卡罗来纳等州的法律，仍禁止白人与印第安人通婚；弗吉尼亚还制定一种法律，把含有1/16印第安人血统的人，当作有色人种看待，和黑人置于同一类。

美国开国精英继承了盎格鲁-撒克逊人的殖民主义传统，许多主要的开国元勋本身就是奴隶主。美国1776年《独立宣言》以“人人生而平等”开头，但全文只有一处提到印第安人，而且将其称为“那些残酷无情、没有开化的印第安人”。在《独立宣言》的草稿中，曾有谴责奴隶制的条文，但是在奴隶主们的反对下被删除。

事实上，华盛顿、杰弗逊、诺克斯及其继任者，都知道灭绝印第安人是极不道德、极不光彩的事。为了挽回自己的声誉，美国的历届总统和政府都做了大量的“工作”。然而，这些“工作”不是彻底反省罪行，而是拼命地掩盖罪行：第一，他们在宣传中故意缩小他们所屠杀的印第安人的数量，将北美被灭绝的多到无法统计的、数千万近亿的印第安人人数缩小到几百万；第二，他们指责是印第安人先不遵守所谓的条约（其实很多是骗局），因此美国惩罚背信弃义者是正义的；第三，他们极力妖魔化印第安人，把自己实行的种族灭绝政策说成是文明人对野蛮人的战争。

第二次世界大战开始，希特勒出现，美国欣喜若狂，终于找到了一个替罪羊，于是，美国“光荣与梦想”的一部历史中那一幕漫长的丑恶、血腥历史被切换了镜头。

于是，美国自己洗白自己，同时却在播放这段历史时，给全球观众留下了一片模糊和闪动的画面。

今天的美国，是人类世界的食肉动物（日本、德国、俄罗斯和老欧洲的英法都是）中最凶猛者，嗜血成性。从 1776 年建国，美国人杀过：美洲印第安人、墨西哥人、巴拿马人、古巴人……非洲索马里人、利比亚人（掠夺黑奴不算），欧洲的英国人、法国人、德国人、意大利人、塞尔维亚人……亚洲的中国人、菲律宾人、越南人、朝鲜人、日本人；中东阿拉伯人、伊朗人……

美帝国还有 500 年？

在北京奥运会之后，“盛世”风劲吹中国。一些粉饰太平的中国人自吹自擂所谓的政绩，而国外特别是美国，却阴险地高喊“中国威胁论”。当我 2009 年提出美国正在建立世界帝国并对中国进行“C 形包围”时，一时内外舆论大哗。显然，我没有在意当时国内众多人认为美国由于金融危机正在衰落的议论。原因很简单，美国已经经历过此类金融危机，美国不仅没有衰落，反而从此跨上工业、经济和技术、军事同时奔腾的战车，参加并赢得第二次世界大战。

从投资和收益的商业观点上看，美国是“二战”唯一的赢家。靠着“二战”的暴利，美国又战胜了苏联。所以，起始于2007年的这场金融危机也不会打垮美国，它已经是身经百战的非常成熟的资本主义国家，金融危机只不过是它发展周期中的又一次波浪。非但不会垮，我认为此次危机将成为美国又一次战略飞升的机会。如果说1929年的金融危机，孕育了美国争霸世界的基础；由于金融霸权在握——可以席卷、鲸吞全世界的财富，80年后的2008年这场金融危机，则有可能催生人类历史上第一个世界帝国。

在不少人都认为美国正在衰落的当口，我的这个论断在国内被一些人看成是杞人忧天，甚至被说成是“长美帝国主义的威风”。然而，最终决定历史的是事实而不是想象。放眼看一看太平洋的另一岸，我们就会发现，究竟是谁在虚构历史和现实。

一、美国从一诞生就扩张成性有“帝国”野心

1776年7月，独立战争还在进行中，美国的革命者开始讨论制宪问题。一位代表提出要在西部画出一条和西班牙殖民地的分界线，以限定“美国”的领土。没想到这一提议立即遭到群起反对。乔治·华盛顿说，刚刚宣布独立的13个州只是个“初生的帝国”，托马斯·杰弗逊则接着华盛顿的话说,美国开始的13个州只是一个初始的“窝”，从这里出发的力量将占领全部南北美洲！

美国的第二位总统亚当斯说：“北美似乎由上帝的意志决定最终会成为一个国家。”另一位建国大佬亚历山大·汉密尔顿也认为：“在许多方面看来，美国是个最有意思的帝国……”

1801年，杰弗逊当选为美国第三任总统。在就职演说中，他说：“美国简短的历史证明了孟德斯鸠的理论是错误的，共和国不仅能存在于一块狭小的土地上，与他所说相反的才是正确的。”

美国独立了。具有欧洲近代资本主义基因的世界帝国的种子，落在政治和地理环境十分优越的北美，很快就蓬勃发展起来：先是

地区帝国，接着，它就踏过万里波涛，开始了征战世界、建立帝国的进程……

别跟美国说侵略，它听不懂。它的祖先踏上美洲大陆，他们现在踏出美洲大陆，他们征服天空，征服太空，开辟网络空间……他们最反感疆界的束缚。我反复不停地引用一个美国历史学家对美国人性格的描述：美国人具有鲜明特征的才智应该归功于边疆。每一个边疆的确都孕育着一个新的机会，打开了摆脱过去羁绊的大门。与边疆相伴而生的是新鲜感和自信心，是对过去社会的蔑视，是对过去的约束与思想的无法容忍，是对过去的经验教训的不屑一顾。"

美国历史学家、布鲁金斯学会高级研究员罗伯特·卡根在他《危险的国家——美国从起源到20世纪初的世界地位》一书的第一章，即"第一批帝国主义者"，其中写道："侵略性的领土扩张主义并非造成年轻的美利坚合众国在他人的眼中显得危险的唯一特质。美国革命性的意识形态及其附带的似乎要吞噬掉其所触及的一切文化的自由主义和商业社会所构成的危险，如果不是甚至比前者更令人担忧，那也是与之旗鼓相当的。"他认为美国历史上就是一个危险的国家，扩张成性，美国的外交政策就是干涉。

二、美国人的帝国心与霸主感

有人把美国的历史比作自由的种子生根发芽、长成参天大树的历史。我则总是觉得美国的历史像极了一只好斗的公狮成长的过程。这只狮子在很小的时候，也许并没有想过要称霸草原，但它的躯体里的确潜伏着控制整个兽群的基因。

19世纪美国文学家、以《白鲸记》闻名于世的赫尔曼·梅尔维尔说：我们美国人是上帝特殊的选民——我们时代的以色列人。我们负载着世界自由之舟。

美国人惯以伟大的共和国与共和制而自豪，美国孩子从小就受到反帝国主义、反军国主义传统教育。他们被告知"自己的祖先之所以来到这片土地，就是为了逃离欧洲君主制与帝国的压迫、腐败和强权政治”，他们衣衫褴褛的先辈，以勇敢和智慧反击欧洲的压迫，以“民兵”武装建立起美利坚合众国。早期的美国长期奉行“民军”传统，有事集合御敌，事过解散归田。谁能想过，美国今日的现状，竟然是沿着与建国理想完全背道而驰的方向，走向它努力想要消灭的帝国！怎么解释这一世界历史上最大的悖论？

美国的一些历史学家和政治家，巧舌如簧地称自己是“不情愿的超级大国”。历史学家欧内斯特·梅说：“有些国家的大国地位是挣来的，美国的大国地位是送上门来的。”克林顿政府的副国务卿斯特罗布·塔尔博特说：“美国不是从它具有获取并维持对他国霸主地位能力的角度，而是从它具有为了整个国际社会的利益与他国共同协作能力这一角度去界定自己的实力——实际上即它的伟大。这种考虑问题的方式和深度在大国历史上是独一无二的。”财政部副部长拉里·萨默斯补充说，美国是“第一个非帝国主义超级大国”。

克林顿政府对自己言论的证明，是在伊拉克施行禁飞计划和发动科索沃战争，提出人权高于主权的口号。

时任得克萨斯州州长的小布什也用和民主党一样的腔调说，“美国从来都不是一个帝国。实际上，我们可能是历史上唯一一个有此机会却将它拒之门外的强国——因为伟大比强权更诱人，正义比荣耀更可取。”

小布什对他自己言论的行动解释是，在刚当上总统的那一年就发动阿富汗战争。2002 年 6 月 1 日，小布什在对美国西点军事学院毕业班学员发表讲话时说，“美国既没有帝国要扩大，也没有理想国要建立”，但“新的威胁也要求有新的思维……我们必须到敌人那里去打仗，在最严重的威胁出现之前就要去对付它。在我们生活的这个世界上，通向安全的唯一道路是行动之路”。

单边主义至此成为世界对美国政策的命名，美国一些有良知的政治学者如克莱德·普雷斯托维茨，在《流氓国家——谁在与世界作对》一书中认为，正是小布什“彻底推翻了美国 200 年来的战略原则”。

在小布什执政期间，美国连续发动了两场大规模战争，正式退出反弹道导弹条约，并在《美国国家安全战略》年度报告中正式确立“先发制人”原则。那份报告开始还称“美国决不会用它空前强大的军事力量去强行获得单方面的优势，而宁愿建立对人类自由有利的力量平衡”，但接着指出：“任何地方的人都想畅所欲言，有权选择自己的统治者，有信仰自由，能让自己的孩子——无论是男还是女——受到教育，拥有自己的财产，享受自己的劳动效益……这些自由观是正确的，适用于每一个人，每一个社会。保护这些价值观不受敌人的践踏，是爱好自由的人们共同的心声。美国将利用这一时机，将自由的好处扩大到全球。美国必须坚定地支持有关人的尊严的这些不容协商的要求：限制国家的绝对权力，以法治国，言论自由，信仰自由，正义面前人人平等，尊重妇女，容忍不同的宗教与种族存在，尊重私有财产。”为了达到这些目标，美国“会毫不犹豫地单独采取行动”，如果有必要，还会通过“先发制人”来保卫自己，文件在结尾处进一步强调，“我们的军队有足够的实力去劝阻潜在的对手，让他们不要怀着超过或与美国势力并驾齐驱的希望去搞军事集结”。

小布什的话，每一个字流露出的都是帝王气派。

小布什在随手翻过美国历史新一页的同时，也把三百多年前世界共同遵守着的威斯特伐利亚条约一举颠覆了。先是克林顿提出“人权高于主权”，接着是小布什“先发制人”，1648 年签订的、以承认国家主权的神圣不可侵犯和一国不能干预别国的内部事务为主要内容的这份著名条约，就这样连续被两位年轻的美国总统踩在了脚下。小布什同时踩过去的还有联合国宪章关于禁止“对任何国家的领土完整或政治独立进行武力威胁或使用武力”的约定，以及纽伦堡审判中将“先发制人的战争以战争罪论处”的结论。

后来奥巴马的黑脚掌也从这里踩过去。美国已经成为无法无天的国家。

其实，小布什在21世纪初的帝王派头，是对其父老布什的继承。海湾战争的总指挥鲍威尔，1992年年初向众议院武装部队委员会做证时说：美国需要“足够的力量”去“制止任何梦想在世界舞台上向我们发起挑战的挑战者”。

正是冷战结束后的第一场大规模战争，在美国国内激起了关于建立世界帝国的无限想象。《华尔街日报》的前主编马克斯·布特要求美国占领阿富汗和伊朗，或许还有其他地方，并且要在那些地方强行实行自由民主，就像第二次世界大战后在东京和波恩所做的那样。到了2003年伊拉克战争之后，美国突然包围伊朗并大声喊杀，事实上标志着美国已经踏上了帝国征程。中情局前局长伍尔西在一次国际会议上，激烈主张向伊朗、叙利亚复兴党和其他“伊斯兰法西斯主义”，发动第四次世界大战。

从理论到行动，从政府到民间，横行世界、统治世界成为一种潜意识。保守评论家欧文·克里斯托尔说：“总有一天，美国人民会认识到我们已经成了帝国主义国家这个事实，即便舆论和我们所有的政治传统观念都不赞成这一想法。”

三、美国：还能再活五百年的帝国？

正因为看清了美国的历史和现实，所以我才知道美国根本没有衰落，也更不会被唱衰掉。相反，这只帝国猛虎已经张开了大口，猎物就是欧亚大陆。

对此，很多美国学者是毫不讳言，甚至比我所能形容的走得更远。如美国著名学者乔治·弗里德曼，就在《未来十年》一书中作出了如下预言：“美帝国还能持续至少500年”。2011年5月23日，弗里德曼在得克萨斯州奥斯汀办公室面对询问“美国终极目标”的提问时说："帝国不存在终极目标。"因为帝国本身就是终极目标。他说："已建立帝国的美国努力在其他国家之间保持力量均衡，以保护自己。帝国的生存取决于无止境的以夷制夷。"

500 年后——也就是公元 2500 年的事情，我们只能靠推理和想象。但我同意乔治·弗里德曼对美国的定位——"已建立帝国的美国"。我也同意他对美国"以夷制夷"全球战略的分析。

但有两点是乔治·弗里德曼没有指出的：

其一是眼前最大的现实，那就是美国目前还没有彻底平定"天下诸侯"，还正不断"御驾亲征"。在可以预计的时间内，战争仍然是美国的中心事务。因此，无论对于美国，还是对于中国乃至世界，21 世纪都是至关重要的 100 年。

其二则是并未消逝的历史。早在 1898 年美国总统西奥多·罗斯福决定向西班牙帝国挑战之前，美国总统就像战争接力赛的运动员一样，争先恐后地竞逐目标。除去冷战对峙时期个别的总统以外，美国总统鲜有任期内不发动对外战争的。

美国能否登基为世界帝王，并成为一个延续 500 年的长帝国，也就成了当今时代的核心焦点和世界的看点。

第四章 美帝国的大脑

回顾整部世界史，就会发现，成功的大国无不是善于进行战略规划和持之以恒的连贯实施的国家。甚至可以说，凡曾经辉煌（或嚣张）一时的国家与民族，无一不是有着清晰连贯的大战略。美国两党执政，各有各的纲领，但在涉及民族、国家长远利益方面，从来都是继往开来。

既然有超越政党、超越内阁的大计划，自然就先要有超越政党、超越内阁的计划制定者。这些人是不折不扣的战略大师、帝国教父。在美国霸权的光环之上，就漂浮着一连串这样的身影。从立国之初《联邦党人文集》的编修者们，到日后提出海权论的马汉，都属于这一类人物。特别值得注意的是，美国不仅有其自身的战略家，而且能将各国优秀人才聚为己用。同时，对于那些不为己用的战略家，包括敌对阵营的战略家，也尽量吸取其思想精华，做到事实上的为己所用，以滋养美国霸权巨树。

美帝国的国师们：麦金德、基辛格和布热津斯基

一、战略规划与大国崛起

大国崛起，从历史的终点向后瞭望像是百米冲刺般的迅速，但从哲学的起点观察，则更像是马拉松长跑。正像“十年树木，百年树人”的中国成语所喻示的，一棵树、一个人的成长不是一蹴而就的。一个国家的发展更是如此，往往要经过几代人、几代（届）政府的不断努力，方见成效。这就需要保持发展战略的连贯性，接力棒式地向着目标冲刺。前提是要先有一个全局性的、长远性的战略规划。所谓“不谋万世者不足以谋一时，不谋全局者不足以谋一域”，说的就是这个道理。

回顾整部世界史，就会发现，但凡成功的大国无不是善于进行战略规划和持之以恒地连贯实施的国家。甚至可以说，凡曾经辉煌（或嚣张）一时的国家与民族，无一不是有着清晰连贯的大战略。俄罗斯从一蕞尔小邦在数百年间扩张数百倍成长为超级大国的奥秘，看了《彼得一世的遗嘱》就明白了。沙皇也好，斯大林也好，无不是沿着这样的方向前进。今日俄罗斯的方向也大致如此。德国是欧洲之虎。这只虎蹂躏欧洲和世界的轨迹从1866年的俾斯麦、

1888 年的威廉二世到 1939 年的希特勒，前赴后继如出一辙。日本更是如此。16 世纪日本的丰臣秀吉便设计了征服朝鲜、占领中国、夺取印度的蓝图。1823 年，佐藤信渊继承丰臣秀吉衣钵，写下《宇内混同策》。100 年后，日本首相田中义一写下《田中奏折》，在其前辈的基础上将其称霸亚洲的战略扩展至世界。世人只看到 1931 年日本进攻中国东三省，岂不知为了这一天，日本处心积虑谋华已经 400 余年！

然而，无论是俄国、德国，还是日本，都没能实现其称霸全球的目的。接近这个目标的是两个英语国家——大英帝国和美国。

近代崛起最成功的大国首推英国。

和当时统治欧洲的西班牙帝国比起来，英国弱小得多。它知道以其微小的陆地和微少的人口，不仅没有争雄欧洲大陆的资本，在弱肉强食丛林法则盛行的资本主义时代，还有可能成为别人的猎物。如何以发展求自保？深谋远虑的英国政府以穿透历史的思维和对时代的透彻理解，在为国家确立了资产阶级民主的政治发展方向之后，又以世界的眼光对自身的准确观照，确定了国家发展的地理方向：立足陆地，争衡海洋。无论谁执掌王室，英国都小心翼翼地避免陷入欧洲陆地上的争端，特别是称霸式的战争。整个 16 世纪，英国都在韬光养晦。确保本土无虞之后，英国开始了持之以恒的海上进击。英国争夺世界制海权的历史在女王伊丽莎白的手上正式开始，在维多利亚女王时代宣告完成。两位女王之间相隔 108 年，而国家战略前后相接如出一辙。到 19 世纪，世界历史上幅员最广阔的“日不落帝国”在这个曾经的孤岛小国的坚船利炮下，建立起来。其海外殖民地面积占全球总面积的四分之一，是英国本土的 100 倍。

更成功的国家是美国。

美国是今日世界唯一的超级大国。这个仅仅历经二百余年便从零到“无穷大”的奇迹，当然是美国国家与民族的巨大荣耀。但这个荣耀不是因为上帝的保佑给美国带来的运气和偶然，而是美国国家大战略正确设计和实施的理所当然的回报。

美国两党执政，各有各的纲领，但在涉及民族、国家长远利益方面，从来都是继往开来。类似的传统早在大英帝国就存在了。内阁更迭多次，外相往往不动，以保持对外战略的连续性。这就是“人亡政不息”，这样才能形成真正的百年大计。

既然有超越政党、超越内阁的大计划，自然就先要有超越政党、超越内阁的计划制订者。这些人是不折不扣的战略大师、帝国教父。在美国霸权的光环之上，就飘浮着一连串这样的身影。从立国之初的《联邦党人文集》的编修者们，到日后提出海权论的马汉，都属于这一类人物。而特别值得注意的是，美国不仅有其自身的战略家，而且能将各国优秀人才据为己用。同时，对于那些不为己用的战略家，包括敌对阵营的战略家，也尽量吸取其思想精华，做到事实上的为己所用，以滋养美国霸权巨树。

这种善于学习的能力，塑造了美国超强的自我纠错能力，和超强的霸权蓝图绘制能力。

冷战后期至今的数十年内，在美国崛起为人类历史上第一个全球超级霸权的过程中，有三个人发挥了国师作用，分别是：荷兰裔美国人斯皮克曼、德裔美国人基辛格、波兰裔美国人布热津斯基。而这三个人共同的祖师爷又是同一个外国人——英国籍的地缘政治大师麦金德。

二、美帝国的启蒙者：麦金德

麦金德（1861 年 2 月 15 日—1947 年 3 月 6 日）和他那个时代的很多同行一样，最初只是一名普通的地理学者。在麦金德之前，地理学和国际关系的联系是非常微弱的。但是，麦金德大胆地对地理学注入了政治。他的天才的观点在 1887 年发表的一篇论文《地理学的范围和方法》中有精彩阐述。这一年麦金德只有 26 岁。

在麦金德提出新思维的时代，正是大英帝国的全盛时代，也是欧洲列强主宰全球的时代。那个时候，几乎所有的强权都集中在欧洲。因此而引发了很多欧洲人尤其是英国人强烈的自我中心主义。伴随着这种优越感，欧洲被看成理所当然的世界中心，而大英帝国又是欧洲运转的枢纽。

1904 年，43 岁的麦金德在英国皇家地理学会的伦敦大会上，宣读了他的又一篇里程碑式的论文《历史的地理枢纽》。在这篇文章中，麦金德不再像他的同时代人那样站在欧洲看世界，而是站在世界看欧洲。

首先，麦金德一针见血地指出，蒸汽机的出现是双刃剑，尤其当铁路普及之后，标志着陆权国家将从中获取巨大的力量，从而以前所未有的能量来挑战海权国家。因此，蒸汽革命不是推动了英国的辉煌，而是宣告了英国衰落的开始。

其次，麦金德以前所未有的恢宏视野剖析了欧亚大陆的重要性，并将之区分为三个大区：

一是枢纽地区，指的是广大中央低地平原地区。

二是内新月形地区，指的是一些狭窄的沿海低地，包括德国、奥地利、土耳其、印度和中国。

三是外新月形地区，指的是边缘海以外的地区，含有英国、南非、澳大利亚、美国、加拿大和日本。

麦金德认为，掌握枢纽区域的国家将会不断强盛，扩张到欧亚大陆的边缘地带，进而动员丰富的大陆资源来建造舰队，然后就能成为海上与陆上都很强大的强权。具体到 20 世纪初的世界，麦金德认为只要俄德联盟，或是中日联盟（加上日本侵略的俄国领域），就可以将海、陆资源统合起来，进而产生一个海陆双强的世界霸权。

德国和美国的崛起，证明了麦金德对时代风潮的把握是敏锐的。然而，由于仍处在战略思维的形成期，所以麦金德在对具体的国家间关系研判上，视野仍然陷在 19 世纪英俄对抗的现实，而没有预见到第一次世界大战是英法俄联手对抗德国。

一战结束后的1918年，麦金德修正了原有思想，写出了《民主的理想与现实》一书，开篇就强调了地理学对历史与全球政治研究的重要性，同时强调指出：世界局势的紧密联结使得人类的一举一动都会有全球范围的反应与再反应，因而更需要全球视野下的相关研究。不同的是，麦金德不再强调枢纽地区，而是提出了新的“心脏地带”和“世界岛”的新概念。根据他的新理论，世界由如下三部分组成：

1. 涵盖地球3/4面积的巨大水体；

2. 由连接在一起的欧洲、亚洲、非洲所组成的“世界岛”；

3. 美洲、澳洲、日本与英伦列岛等国家组成的岛屿带。

而世界岛又可分为如下六个区域：欧洲沿岸地带（西欧与中欧），亚洲季风或沿岸地带（印度、中国、东南亚、韩国，东西伯利亚），阿拉伯半岛，北非，撒哈拉以南的非洲，以及最重要的心脏地带。

世界岛的重要性在于，它涵盖了广大且资源丰富的陆地，宛如一个巨型的海岛一样漂浮在海洋上。如果世界岛上出现一个不受挑战的陆地强权，其他海岛强权就会落败。在世界岛上，最重要的一个区域就是心脏地带。

所谓心脏地带，指的是位于欧亚大陆中央与北方的大平原，范围是从伏尔加河到长江，从喜马拉雅山脉到北极。这个区域北方海岸结冰又平直，南方海岸陡峭，区内的大河（勒拿河、鄂毕河、伏尔加河、乌拉尔河、叶尼塞河）都不入海洋。因此海洋势力无法介入。而心脏地带还有一个大型低地平原，形成“一条从西伯利亚通往欧洲的大道”，很适合有高交通运动能力的陆地强权。

从历史上来看，匈奴等陆上势力从5世纪开始就不断从心脏地带外扩，威胁欧洲与亚洲的海岸地带。但是除了蒙古几乎接近于征服整个欧亚大陆之外，没有任何一个民族可以组织起足够的力量来征服整个世界岛。但是现代化的两大发展——增加的人口与横跨大陆的运输系统（如铁路、汽车等），将会威胁海权与陆权的既有平衡，而形成重大逆转。再结合德国在一战中暴露出的巨大威胁性，从而使得麦金德说出了那句争议至今的名言：“谁能控制东欧，谁就能统治心脏地带；谁能控制心脏地带，谁就能统治世界岛；谁能统治世界岛，谁就能统治世界。”

因为过于“高瞻远瞩”，麦金德在当年几乎找不到知音。更无奈的是，不管麦金德如何登高疾呼，也无法改变大英帝国持续衰弱的事实。最终，接过麦金德衣钵的不是他的母国，而是大洋彼岸的美国。

三、继承者：斯皮克曼

麦金德思想提出后，立即引发多方关注，其中德国的豪斯浩弗与美国的斯皮克曼可谓最成功的继承者。前者站在德国的立场上提出了全新的国防地理学概念，后者则在“二战”仍在进行中的 1942 年，就开始运用麦金德式的思维替美国勾画战后的世界政治地图。

如前所述，由于麦金德是以铁路革命为背景，站在英国的立场看欧洲大陆，所以特别强调俄国的威胁，因而夸大了心脏地带的价值。斯皮克曼却是站在美国看欧亚大陆，因此他更加注重的是从西欧到中亚经印度到中国这样一个“边缘地带”的价值。

他认为，单纯的心脏地带本身并不可怕，因为其固然易守难攻，却也难以向外扩张，也不是非常适合人类居住。相反，中间地带聚集了大量的人力、能源和适于生存的地带。因此，能够控制中间地带的国家，才是真正有威胁的国家。

斯皮克曼认为：“俄国的经济和地理的现实情况，并没有表明大陆心脏地带现在或不久的将来是世界交通、机动和潜在的实力中心。”相反，“美国在 30 年之内已两次卷入战争，对我们安全的威胁，每次都是欧亚大陆的边缘地区眼看要被一个单独的强国所统治”。

最后，斯皮克曼还修正了麦金德的经典名言：“谁支配了边缘地区，谁就控制了欧亚大陆；谁支配了欧亚大陆，谁就掌握了世界的命运。”所以，美国也竭力争夺边缘地带，这又激发了布热津斯基的灵感，最后提出三条战线理论。

四、复兴者：基辛格

由于两次世界大战期间德国学派抢先一步学习了麦金德，而学习的成果又被希特勒所吸收，然后再加上纳粹的种族理论，从而变成了一套复杂的争夺生存空间的全球战略。

今天看来，希特勒的征服野心和纳粹的种族思想，无疑都是邪恶错误的。然而，就像装甲部队的使用一样，它虽然是为第三帝国服务，却不是专属于第三帝国的战刀。无论是苏联还是美英，最终在战争方式上都要向德国学习，并在对抗德国的基础上发展出自己更强大的装甲部队。同样地，地缘战略思想也是一种手段，其本身没有正义邪恶之分。

地缘战略思想在“二战”结束后的很长一段时间内，被曲解成专属于法西斯学派，从而阻碍了该思想为其他体系所服务。在美国也不例外，研究地缘战略的学者一度被打入冷宫，遭到学界和舆论界的冷嘲热讽，被认为是新一代的战争贩子，企图用纳粹的一套策略来改造美国。直到 20 世纪 70 年代，由于基辛格的出现，情况才发生逆转。

基辛格，一个被称为“中国人民老朋友”的美国学者型政治家。但是，很少有人真正了解这位“老朋友”的思想，尤其较少注意他和麦金德之间的思想渊源。

基辛格所处的正是美苏争霸胜负难分，苏联全球扩张，美国深陷越南战争泥淖之中的时代。

当时，美国内部盛行的是理想主义加多米诺骨牌的战略观，即美国和苏联的争霸是一场意识形态战争，是正义与邪恶的大决战。因此，美国的战略家们主张美国全面围堵苏联，苏联出现在哪里，美国就要对抗到哪里；否则，一个环节的瓦解会造成更多环节的松动，最终形成难以遏制的溃败。

正是在这种思路影响下，麦卡锡在 50 年代搞了一场美国版的肃清，到处查找思想内奸，连幼儿园老师应聘时都要发表对红色政权的谴责，不然就有可能找不到工作。最后闹得美国国内鸡飞狗跳。同时，在国际上则四处围堵苏联，杯弓蛇影中被引到东南亚密林中，被迫在一个比朝鲜更糟糕的战场上，被北越像蟒蛇一样缠住，反而让苏联得以暗度陈仓，在更多战场上压倒美国。

面对这样一个烂摊子，基辛格敏锐地意识到，要让美国走出困境，必须要有一种全新的战略观。美国应该认识到美苏争霸的本质是夺取世界霸权，无论苏联是什么性质的国家，美国都要和它决战到底。同时，世界并不是等价值的一个大平板，要看到哪些地方是值得去争抢的，哪些是不值得争抢的，这样才能集中力量，在决定性战场上打倒对手。这就需要立足美国本位，对麦金德的战略观做进一步的继承、改造。

思路一变，风景全异。如此，西欧和日本因为拥有强大的工业力量，而构成美苏争抢的重点地区。但是，在这两个地区双方势均力敌，短期内谁也无法打破僵局，因而这里属于重要但并不紧急的地区。

中国已经有了一定的工业、国防基础，又地处要津，面临苏联的强大军事压力。如果苏联全面侵华，就有可能造成全球性力量格局变动。因此，属于重要且紧急的地区。

至于越南，虽然美军在这里打得热火朝天，却是最没有价值，也最不重要的地区。

因此，基辛格制订了在欧洲搞缓和，在亚洲全力推动中美关系改善、同时退出越南进行战略收缩，最终反手打击苏联的新计划。后来的尼克松政府正是顺着这条道路走出低谷，为美国最终赢得冷战奠定了坚实基础，里根只不过站在基辛格和尼克松的肩膀上，顺手摘下了冷战的胜果。

五、完成者：布热津斯基

正是由于基辛格的成功，使得地缘战略、地缘政治等词汇在世界范围内不再是贬义词。相反，各国的战略家都开始注重从地缘战略的角度看世界。但是，这门绝学实在不是一时半会、临时抱佛脚能学会的。尽管各国都在进步，但美国进步更快。

基辛格之后，集大成的完成者就是布热津斯基。

1985年，时任美国总统卡特的安全顾问的布热津斯基写成了《竞赛方案：进行美苏竞争的地缘战略纲领》。12年后，他又写了另一本同样重要的著作：《大棋局：美国的首要地位及其地缘政治》。前者虽然成书在冷战期间，实际上已经超越了冷战，为美国绘制了夺取全球霸权的蓝图。后者成书于冷战结束之后，本质却是继承并发扬了前一本书的内容。如果读不懂或根本就没读过这两本书，就无法理解现实中美国的战略行动。从这个意义上说，布热津斯基堪称真正的帝国教父。

在《竞赛方案》一书中，他明确指出，美苏争霸的实质是权力斗争，和意识形态没有必然关系。美国应以统治全球为战略目标，要达到这个目标，就要在三条地缘战线上夺取胜利：

一是欧洲战线，斗争焦点在东欧；

二是远东战线，斗争焦点分别在日本、中国、朝鲜半岛，最关键区域是韩国、菲律宾、台湾；

三是远西战线，战略焦点是阿富汗、伊朗、巴基斯坦。

这三条战略线，分别指导美国对欧亚大陆的三大政治力量板块——中东伊斯兰地区、中亚苏俄地区、东亚中国一带，进行分割包围、各个击破。

冷战期间美国在中东和苏联进行了长期的代理人战争，在欧洲进行激烈的冷战，在东亚连续进行了朝鲜战争和越南战争，后来又联合中国，东西夹击苏联。从这个角度再看当年基辛格和尼克松的访华，就会发现，除了联合中国对付苏联外，其更深一层的动机则在于离间东方社会主义阵营，加剧欧亚大陆政治板块的分裂和对抗。

半个世纪的较量之后，美国最终通过和平渗透，演变颠覆了东欧和苏联，又通过一场空袭彻底拔除了南联盟的“社会主义”钉子；然后，从海湾战争、反恐战争、伊拉克战争和利比亚战争，一路横扫中东伊斯兰地区，把最后两个反美的伊斯兰国家叙利亚和伊朗逼到死角，团团包围，立体制裁绞杀，寻找彻底歼灭的时机。

如果说美苏冷战是第二次世界大战的继续，是美国追求世界霸权的新阶段；那么，冷战的结束，则是美国大战世界、建立单极帝国的开始。世界政治格局，因此从三个世界的平衡稳定状态，转向一个帝王和三大战场的失衡状态——这个帝王就是美国，三大战场分别是：美国及其西方和地区仆从对伊斯兰世界的军事打击战场；美国和欧盟北约对俄罗斯进行战略挤压的中亚战场；美国率领亚太盟国和准盟国对中国进行整体包围的东亚战场。

美国的利益就在于确保三条战线的向前推进。

1991 年，苏联解体。1997 年，布热津斯基刊行了另一本同样重要的著作：《大棋局：美国的首要地位及其地缘政治》。

针对苏联解体所造成的巨大战略真空，布热津斯基以地缘战略为基础，以能源控制为切入点，及时为美国设计出了新时期的全球战略。

在《大棋局》中，他首先明确了当前“最重要的地缘政治目标”是“欧亚大陆”。因为：“欧亚大国和欧亚民族主导世界事务达 500 年之久，其间它们为了争夺地区主导权而相互争斗并力争成为全球性大国。现在，美国这个非欧亚大国在这里取得了举足轻重的地位。美国能否持久、有效地保持这种地位，直接影响美国对全球事务的支配。”故而，要防止除美国外的任何一个国家或国家联盟在欧亚大陆上获得主导地位。

具体到1997年，首要的目的仍在于打压俄罗斯，彻底剥夺其一流大国的地位，同时迂回俄罗斯的南侧翼，顺势控制里海—波斯湾资源圈。最后回归亚太，在东亚投下一劳永逸的和平之锚，完成美国的全球战略布局。（2010年美国宣布回归亚太，战略东移，正是这一构想的具体实施。）

为了达成这个目的，布热津斯基从欧亚大陆国家中甄选出两类与美国安全和利益密切相关的国家。第一类是地缘棋手国家，包括法国、德国、俄罗斯、中国、印度。指“具有能力及国家意志在其国境之外运用其实力或影响力，去改变现有地缘政治事务（在某种程度上，影响到美国利益）的国家”。“它们有潜力及倾向，造成地缘政治动荡不安。”“对于这类欧亚大陆国家，美国必须特别注意。”实质上就是美国的潜在对手。

第二类则被定位为地缘支轴国家，包括：乌克兰、阿塞拜疆、韩国、土耳其、伊朗。这类国家的“重要性不是来自其实力和动机，而是来自于其地理位置的敏感性，以及因地缘战略玩家行为极易影响到它们而致。绝大多数情况下，地缘政治枢纽国家因其地理位置而定，它们在界定对重要地区的进出通路，或不使重要玩家取得重要资源方面，有特殊角色”。实质就是美国锁定的渗透控制对象，是在当时看来最关键的几个卫星国。

对于前五个对手，布热津斯基强调分化瓦解、逐个击破。具体讲，就是要保持对法德的控制，同时稳住中、印，全力打压俄罗斯。而打击的方法就在对后五个国家的控制上。其中阿塞拜疆虽小却地处要津，关系到里海资源能否绕开俄罗斯、直接输往西方世界；伊朗则不仅关涉到中亚资源地带的稳定与否，而且直接关涉到俄罗斯在其正面被封堵的情况下，能否迂回进入印度洋；至于乌克兰，其重要性不仅在于其重要的地理位置和丰富的农产品、煤铁资源，还在于乌克兰的独立本身剥夺了俄罗斯“泛斯拉夫联盟”天授旗手的资格。相比之下，韩国虽与俄国的直接关系较弱，但因美韩关系牵涉到中美日三角关系的稳定性，从而间接影响到俄罗斯在远东的战略出路问题。

而对俄罗斯的打压行动，事实上是在《大棋局》刊行之前就已经开始行动了：1994 年 1 月布鲁塞尔北约首脑会议正式通过美国提出的北约东扩计划；1999 年 3 月，波兰、匈牙利和捷克加入北约；同月 23 日，美国在北约框架下发起科索沃战争，对亲俄的米洛舍维奇政权发起历时 78 天的持续空袭；2000 年 10 月，亲俄的米洛舍维奇政权瓦解……

借助于北约东扩与科索沃战争，美国最终成功地全面封杀了俄罗斯的西出道路。同时，在巩固阿塞拜疆与格鲁吉亚的独立并使之亲美的同时，与五个“斯坦”形成特殊关系，从而持续地将俄罗斯隔绝在中亚资源地带之外。为了达到这个目的，1995 年，布热津斯基作为美国总统代表前往阿塞拜疆，与该国总统阿利耶夫进行了一次正式会谈，会谈内容是修建一条绕开俄罗斯的石油管道。1999 年 11 月 19 日，阿塞拜疆、格鲁吉亚和土耳其三国总统签署了“巴库—第比利斯—杰伊汉石油管道”建设协定。该管道全长 1767 公里（阿塞拜疆境内 443 公里、格鲁吉亚境内 249 公里、土耳其境内 1075 公里），途经阿、格、土三国，计划年输油能力 5000 万吨。从而确保了里海资源绕开俄罗斯直接进入西方世界。

2002 年 8 月 1 日，在伦敦宣布成立了“巴库—第比利斯—杰伊汉石油管道公司”，其股东为来自英国、阿塞拜疆、美国、挪威、土耳其、意大利、法国和日本的 11 家公司，俄罗斯则被排斥在外。

2003 年 3 月，美国出兵并控制了伊拉克。11 月，由于“颜色革命”的冲击，格鲁吉亚亲俄政权垮台。同年，BTC 管线动工。

2004 年 3 月，爱沙尼亚、拉脱维亚、立陶宛、斯洛伐克、斯洛文尼亚、罗马尼亚和保加利亚加入北约。10 月 16 日，BTC 管线的阿塞拜疆段和格鲁吉亚段实现对接。12 月，同样由于“颜色革命”的冲击，乌克兰亲美政权上台。

2005年5月25日，在巴库输油终端举行了BTC管道注油庆典。

2006年6月2日，BTC管线开始输出原油。7月13日，在土耳其的杰伊汉正式举行了开通典礼。

2009年4月，阿尔巴尼亚和克罗地亚加入北约。

此后的“9·11”事件表面上改变了美国的关注焦点，实际上却是让美国得到了更好的借口，得以打着反恐旗号，四处消灭异己。从阿富汗到伊拉克，再到2011年5月1日在巴基斯坦境内击毙本·拉登，美国的军事基地已经牢固地扎根中亚，并且第一次将其地面力量推进到中国的西大门外，这是有史以来从未出现过的形势。

2011年的“茉莉花革命”更是给美国提供了前所未有的机遇，使其加速度席卷中东阵营，进一步孤立伊朗。一旦伊朗被拿下，美国就会集中主力于东亚，进行最后的收尾，完成其控制整个欧亚大陆的战略布局。近年来，美国所强调的战略重心东移，也正是这个收尾阶段序曲的开始。而中国已经渐入美国虎口态势的全球战略包围之中。

六、呼唤中国的基辛格

从短期看，中国是冷战结束的局部受益者。因为苏联的解体，中国北方的战略压力解除；但从长期看，中国又是冷战结束的局部受害者，因为没有了苏联对美国力量的抵消，中国将不得不直接承受美国的战略重压。

如果说19世纪是西班牙、英国和美国三大新老帝国体系的交接期；那么，整个20世纪就是美国、日本、德国、苏联和中国战略博弈的半决赛时期。日本、德国分别被美、苏击败，然后美、苏进行战略决赛，中国轮空；到20世纪末，苏联又被美国击败，中国不愿意上场与美国决战，美国事实上自行加冕为世界帝王，于是开始了对三大潜在对手的预防性打击。

再向前展望，整个21世纪，就是美国对伊斯兰世界、俄罗斯和中国进行全面合围、分割包围、各个击破的世纪。

相应地，19 世纪的战争，主要是世界列强围着瓜分中国进行。美国在这个世纪中“韬光养晦”，赶走欧洲势力，跻身世界列强。在这个世纪韬光养晦以图强的国家还有日本和德国。

到了 20 世纪，除了中国继续衰落，美国、日本、德国持续崛起之外，还崛起了俄罗斯。几个大国横行，必然发生冲撞。于是就发生了各列强为重新划分世界势力范围而进行的战争。由于世界已进入工业时代，巨大的战争势能和动能全部释放，全球打得天崩地裂，原子弹也被投入使用。

21 世纪的战争，由于各大列强已相继被美国剪除，势均力敌的对手不复存在，唯一的对手苏联消失之后，美国实际上已经是“世界帝王”。为了巩固这一地位，美国发起了对三个“诸侯”的削藩式战争，其基本战略是分割包围、各个击破，而战术则是庖丁解牛，以经济战为核心蛇缠绞杀，以网络技术为基础的军事威慑进和思想诱惑相结合的信息思想战，综合作用整体瘫痪。海湾战争的五环打击、伊拉克战争的斩首行动等单一军事打击版本被升级，突尼斯、埃及的革命样式和利比亚里应外合的战争模式，为美国的 21 世纪战争，提供了早期模板。在中小国家即将被打完的情况下，美国正在准备在中国身上复制和实验这一样式。

悲哀的是，直到 20 世纪 90 年代，国内仍然罕见研究地缘战略和地缘政治的学者。眼下，学术界虽然开始重视地缘战略，可惜又大多在玩概念。然而，战略是真刀真枪的对抗，最不需要的就是为学术而学术。中国复兴固然需要“经济”地位，更需新型工业化和高技术化，但特别重要的是，中国需要新的苏秦、张仪，需要孙武，需要毛泽东式的具有全球视野的大战略家。就学界而言，哪一天，中国能够产生自己的基辛格与布热津斯基，那就说明中国真的要崛起了。

美国的大脑：兰德公司及其他智库

一、知识雇佣军

10年前，智库在中国人印象中还是一个非常陌生的概念。今天却已有炙手可热的趋势。各种标榜为智库的机构不断涌现。然而，细观之下，国内智库大多不免浮躁，各种新名词、新概念层出不穷，真正能够影响历史进程的研究成果却几乎没有。

太平洋另一端的美国则呈现出截然不同的景象。在全球百强名校中，美国占了将近一半（45所）。相应地，目前在全球有影响力的智库的一半也积聚在美国。这既是美国强大的结果，又是其之所以能够强大的诸多原因之一。

很多国人的困惑也由此产生：美国政府和军队内部不乏优秀的研究机构，为什么还要在体制外再发展如此多的智库？这些体制外智库又如何发挥了如此重要的影响力？

体制内的研究机构当然有优势，如信息获取便利、接近决策一线，但同时也非常容易陷入“身在此山中”的困境而无法客观、全局地看问题。相比之下，体制外智库能够保持更大的独立性和客观性，当美国政府与军队雇佣这些智库进行研究，并提供相应信息、资料时，往往能够获得体制内研究机构无法做出的成果。在这里，独立智库成了国家的知识雇佣军。

由于美国和中国不同，教育部不是管理机构而只是服务机构，也不存在学校领导对于行政级别的事情。所以，美国的教育机构尤其是高校，本身就是体制外的智慧储水库。拥有全球百强名校近半的实力，已经充分证明了这个水库的实力雄厚。何以还要额外再雇佣一帮智库呢？

读懂了美国智库的历史就会明白，名校是名校，智库是智库。

首先，作为学校，其基本职能是教学，属于教育机构。但智库是纯研究机构，是没有学生的大学。以美国著名智库兰德公司为例，很多美国名校的名师名生之所以选择去该处就业，正在于没有教学压力，能够全力进行研究。

其次，高校虽然也可以设置纯研究性机构，但这些研究机构关注的往往是一些长时段的问题和本质性问题，无意间就会偏向理论性和思辨性。加之高校注重的是学术界内部的评价和研究成果的所谓引用率，从而易于自我封闭在象牙塔内，沦为知识分子间的智力游戏。智库则不然。智库关注的是现实性急迫问题，有非常强的时效性和急迫性；追求的是上可以影响政府决策，下可以影响民众认知，因此和高校是完全不同的。

最后，美国的高校较为特殊，不像德国高校那样强调象牙塔精神，较为注重实用性，甚至被批评为“有奶就是娘”的典范。即便如此，高校还是不能替代智库，因为美国高校的“有奶就是娘”往往是面向市场、为企业服务的。这样一来就容易跟着市场走，从而在象牙塔的对立面形成了一个市场化的极端。而战略性问题，尤其是国家安全研究课题是不能跟着市场走的。在这一点上，美国的智库自其蓬勃发展的起点开始，就是坚持以国家导向、政府导向和军队导向的。这是美国智库的又一特色，也是其重要的竞争力所在。

回顾历史可以发现，从美国智库诞生的那一天起，它们就和美国的国家安全捆绑在一起。19 世纪和 20 世纪之交，在美国出现了以学会、基金会为平台的智库组织，主要目的就是提供公共政策研究与引导。但是，智库的真正发展还是受到了“二战”的刺激。“二战”期间，英、美两国率先组织大量科学家，运用数学、统计学、运筹学方法来解决战争中的疑难问题，取得了非常显著的收益，形成了有力的战争助推器。美国甚至引入人类学家，研究对付日本。

正是在这些研究项目、研究小组中孕育出了日后庞大的美国智库群。其中知名度最高、影响也最大的智库就是兰德公司。

二、敢于自己打破铁饭碗的兰德

鉴于“二战”期间各类研究小组取得的巨大成就，1944年11月，时任陆军航空队司令的阿诺德上将提出一项关于《战后和下次大战时美国研究与发展计划》的备忘录，未雨绸缪地要求利用相关科研人员，成立一个“独立的、介于官民之间进行客观分析的研究机构”，“以避免未来的国家灾祸，并赢得下次大战的胜利”。根据这项建议，1945年年底，美国陆军航空队与道格拉斯飞机公司签订一项1000万美元的“研究与发展”计划的合同，这就是著名的“兰德计划”（缩写为RAND，即研制和发展的意思）。

“二战”后，美国陆军航空队独立为美国空军，相关合作也变成了空军的项目。1946年3月1日，兰德公司正式签署了运营执照，办公地点就在道格拉斯公司的工厂内。有军队支持，拿政府的铁饭碗，合作者又是发展势头迅猛的新锐军种，兰德的起点之高让同行们羡慕。但是，兰德的气魄却在于，敢于向这些支持同时也是变相束缚说“不”。

尽管阿诺德在最初的合作中已经表明，希望兰德是一个“独立的、介于官民之间进行客观分析的研究机构”；但是，在合作中还是产生了两个问题：一是作为出资方，美国空军难免指手画脚扮演官老爷的角色。二是美国空军更注重技术性问题，企图以技术手段解决战略问题，并希望兰德在这个前提下发挥自主性和创新性。在最初制定的兰德公司工程章程中明确写道：“兰德公司是一个永久性维持科技领域研发和制造工作的新生机构，旨在为美国空中作战领域展开广泛的科学研发，并为空军提供战略分析及战术设备”。

然而，兰德的创始者们却志不止于此：一、兰德希望有充分的决策、研究自由；二、兰德擅长研究技术问题，却不相信技术能解决所有问题。

1946年的某一天，兰德的两位核心人物——威廉姆斯与科尔博姆拜访了著名人文学者罗斯顿。后者是一位兼具心理学家、经济学家、政治学家、剧作家等多重身份的多能学者。一番交流后，威廉姆斯坦率地说出了此行的目的："虽然我们自认为是飞机及航空装备方面的专家，但有一个层面却是我们无法企及的。那是一个重量在 160 至 185 磅、长度在 5.8 到 6.0 英尺之间的飞行员。"这个困惑表明了兰德研究者们的认知突破，意识到如果只是就技术讲技术，反而连技术问题也解决不了，更不要说战略问题了。正因为如此，兰德在最初的技术派研究团队的基础上，开始嫁接社会科学与人文学科的新枝。这不可避免地和空军雇主之间发生重大分歧。

最终，兰德决定从美国空军的羽翼下独立出去，做真正的独立研究机构。1948 年 5 月，在福特基金会捐赠 100 万美元的赞助下，"兰德计划"脱离道格拉斯飞机公司，正式成立独立的兰德公司。

另起炉灶两年后，兰德就干了一件震惊全球的事儿。朝鲜战争爆发前，兰德公司组织大量的战略专家对战争态势进行了分析，最后得出结论——"中国将出兵朝鲜"。在朝鲜战争爆发的第八天，兰德公司通过秘密渠道联系到了美国对华政策研究室，想要以 500 万美元出售这份报告。美国政府认为兰德公司这样的漫天要价一定是疯了，他们觉得中国军队在"二战"中表现极差，而且刚经过抗战和内战，不可能再和强大的美国发生战争；如果中国军队一定参战，正如麦克阿瑟所说的那样，那美国军队将制造人类历史上罕有的大屠杀。于是，相关机构对这份报告采取了不屑一顾的姿态。

直到麦克阿瑟带领的联合国军在朝鲜战场被打得丢盔弃甲、进退维谷时，在野党以 200 万美金的价格买下了这份报告，并在国会辩论时猛烈抨击执政党，这才使得美国政府和军方发现这份报告虽然结论只有短短的几个字，但是附有 600 多页的详细分析，内容涉及中国国情、国际大环境和毛泽东的性格特征。通过分析，研究者认为，中国不仅会出兵朝鲜半岛，而且最终将迫使美国不光彩地退出这场战争。此事令兰德公司声名大噪，也一举奠定了它和美国政府的持久合作关系。据统计，兰德公司 65% 的收入来源于美国的联邦政府，也就是说，兰德公司 65% 的生意来自美国联邦政府，剩余 35% 的生意分布在许多不同的客户间，诸如美国的州政府、外国政府、私营公司、提供资助的基金会等。

就这样，作为体制外智库的兰德，反而成为了体制内雇主的最佳合作对象，并在持续合作中深深融入了美国权力之中，甚至重新塑造了美国国家安全机构的关系网。

（一）兰德改写的历史

说到美国国家安全机构，最容易想到的就是五角大楼、中央情报局、国家安全委员会，兰德和这几个机构的关系都非比寻常。其中，和中情局的关系尤其密切。

中央情报局自建立之初，就把获取情报和解读情报放在同等重要的位置上。中情局大多数人员是由美国名校的老师和优秀毕业生构成，而其中一部分人往往会先在兰德公司做一段时间研究员，然后根据自己的专长和兴趣，在中情局、五角大楼、国务院和驻外机构之间进行出山选择。工作到一定程度后，其中一部分人员又会重新回到兰德做研究，或去美国名校开坛讲学、培养后进，从而形成人才的自由流动。在这里，兰德既是一个智慧的蓄水库，又是一个关键的交通枢纽。

尽管在越战期间，曾发生过兰德公司研究员泄露国家机密的事情，也一直有人抨击兰德和中情局的结合是新特权组织的形成；但总的来说，无论是冷战期间持续塑造美国战略，还是冷战后推动反恐、清扫中亚异类政权，兰德一直活跃在美国的霸权战线前沿，并提供巨大的知识推力。尤其是在里根执政时期，兰德公司对美国战略决策层的影响力几乎达到无以复加的程度。

从表面上看，当时美国在美苏争霸中正面临不利局面。一方面是美国黯然退出越南，另一方面却是苏联高调侵占阿富汗。同时，越战造成的内部危机也让美国霸权看起来摇摇欲坠。但是，兰德的研究团队冷静地估算了双方的实力对比，预言苏联会因为经济衰竭和种族纷争纠纷而走向灭亡。兰德经济部部长查尔斯·沃尔夫鼓吹通过军备竞赛拖垮苏联，它断言苏联经济非常脆弱经不起冲击，而里根成了这一理念的实际执行者。这是继朝鲜战争结局之后，兰德公司又一惊人的准确预见。

1979 年苏联入侵阿富汗之后，兰德极力主张美国援助阿富汗抗击苏联入侵，认为如果苏联没有取得胜利，就会加速苏联灭亡，里根又采纳了这一建议，最终迫使苏联撤出阿富汗。血战十年，铩羽而归，苏联国民士气一落千丈，不久国内爆发危机，一命呜呼。

此外，在国内改革方面，兰德公司也提供了一系列的研究报告，最终促成了“里根经济改革计划”出台。直接影响到今日的美国政治、经济制度和文化环境。在中国最后一个王朝清朝，曾经设有军机处，但人数极少，只限于几个朝廷大臣。美国的兰德公司，事实上做到了集合全社会的高智慧人才，以成为国家的战略军机处，使庞大的帝国，时时处在有准确战略导航的状态，而不仅仅是靠一个船长和舵手，凭借个人权威单独驾驶整个国家前行。

（二）冷战已过，兰德不死

冷战结束后，针对新的国际形势，兰德不仅针对国际、区域安全问题提出了一系列有分量、有影响的报告，而且在推动美国军事转型尤其是空天转型上发挥了重大助力。

兰德在世纪之交又一次做出了准确预测。1999 年，兰德公司完成一篇新报告：《反击新恐怖主义论》。这份报告强调指出，尽管恐怖主义和反恐怖主义并非新生事物，却正在形成一个新的安全问题，而且长期没有引起足够的重视。主流观点已经习惯了越过国内和地区恐怖主义，直接考虑跨国的或全球的挑战。却忽略了，无论何种恐怖主义，也无论其活动是否跨越了国家和地区的分界线，其主体依然是由国家或地区孕育出来的。

在这个认识前提下，该报告站在美国的立场上，提出了相关的安全预警，并超前地分析了恐怖主义和恐怖分子形成的原因，及美国的应对之道。

这份报告再一次没有得到及时的重视。直到“9·11”的几声巨响，才让五角大楼和全世界明白，新威胁、新敌人、新战争已经到来。在这场魔术般的戏剧性事件中，兰德再次赢得了巨大的声誉和广泛的关注。

此后，无论是反暴乱研究，还是传统安全研究，兰德依然深得美国政府和军方的信赖。从台湾海峡问题到对华“空海一体战”，美国战略东移的背后时刻都少不了兰德公司的身影。这就是兰德的力量。

三、美国智库的繁荣时代

兰德的成功引发了智库发展的热潮，智库的内涵和外延也逐渐发生了巨大变化。今天，在美国，智库已经不再仅仅只是服务于政府、军队、巨型企业，也服务于各种理想、各种目的，如环境保护、弱势群体，等等。其中，坚持站在国家安全的本位上，进行相关研究的智库依然很多，而且正在不知不觉中改写着美国的决策，也间接改变着历史的进程。

这就是美国版的人尽其用，也是美国版的战略决策模式。如果说麦金德、斯皮克曼、基辛格、布热津斯基绘制了美国战略蓝图，以兰德为代表的战略性智库则发挥了将蓝图落实到政策层面的作用。

美国的内斗体制，因为智库的存在而实现了超越党派竞争的双赢组合，在国家安全和对外战略方面形成了持久性的决策研究。智库成了美国力量的倍增器，也悄悄地实现了美国国家安全领域的制度革命，以至于美国人思维中本能地具有了推演、虚拟现实等元素。在这里，科学真正超越了技术，而跃升到思想层面。

今天的美国，国务院、国会、白宫、各军兵种，都有自己的专职研究机构和长期合作智库，而开先河者兰德公司的地位却今不如昔，这正是美国智库繁荣的证明。如战略与预算评估中心近年来对空海一体战的研究，对外关系委员会关于全球不同国家对美国防务影响的价值评估，都深刻影响了五角大楼乃至白宫的决策。随着更多新型专业智库的涌现，兰德公司可能进一步式微，但“智库”这一战略奇葩，不仅不会枯萎，还将继续枝繁叶茂。

温柔帝国刀和聪明的纸老虎

一、温柔帝国刀

2008 年 12 月 1 日，当赢得总统大选的奥巴马提名其竞选对手希拉里出任美国国务卿。据美国国务院称，截至 2012 年 7 月 17 日，希拉里有 351 天是在访问中度过，走访 102 个国家。没有一个国务卿像她一样在一个任期内访问如此多的国家。

另据美国彭博新闻社在 2011 年 9 月 16 日公布的最新民意调查显示，希拉里是最受美国人欢迎的政治人物。将近三分之二的美国人喜欢希拉里。这位美国版的铁娘子可谓风头出尽，而且其风头有相当一部分是出在国际舞台上。

不过，和当年的撒切尔不同，希拉里强调巧实力战略。而正是这把温柔的帝国刀，摆平了一连串的硬汉派对手。

所谓巧实力战略，国内的学者往往一厢情愿地将之理解为美国衰落的产物，认为美国已经“硬”不起来，又不甘心“软”，所以才打出了一个玩概念的巧实力战略，实则是自欺欺人的把戏。这就小瞧了希拉里，也小瞧了这把温柔的帝国刀。

第一个提出巧实力战略的美国人也是一个女人——“安全与和平研究所”高级研究员苏珊尼·诺瑟。2004 年，她在《外交》杂志上第一次讨论了“巧实力”问题。她认为，单纯地依靠硬实力，或单纯地依靠软实力，都不是解决现实国际问题的最佳途径，最佳途径在于综合平衡使用硬实力与软实力，并“在一个稳定的盟友、机构和框架中促进美国利益”。

这一观点一经提出，立即得到了美国内部广泛的回应。在著名战略学者约瑟夫·奈的支持下，著名的超党派民间智库“战略与国际中心”专门成立常设机构“巧实力委员会”，致力于宣传这一理论。并逐渐得到了兰德公司、“9·11”委员会、美国全球接触中心等知名智库的认同与支持。至2008年3月，奉行保守主义国际政治观的卡托研究所也作出正面回应。其高级研究员泰德·卡彭特发表著作《巧实力：美国的务实外交政策》，表明该方略已得到自由主义和保守主义两大阵营的认同。同月，美国海军陆战队退役将军津尼和退役海军上将史密斯在参议院外交委员会做证，代表50多位退役将军，共同呼吁下届美国总统应当抓住时机，果断行动，以巧实力战略复兴美国在全球的领导地位，并将马歇尔计划和杜鲁门政策都归入广义的“巧实力战略”范畴之中。

而希拉里是真正落实这一战略构想的人。

“阿拉伯之春”的兴起和蔓延，可以看作是美国软实力长期渗透、运作的结果。“阿拉伯之春”兴起后，美国及其北约盟友的军事介入是硬实力的使用。美国综合运用软、硬实力，并转嫁责任给盟友，自己在后面操盘，则是巧实力的集大成。在这一连串组合拳下，一个个非洲强国轰然倒地。当年曾经和赖斯眉目传情的卡扎菲家族，现在却彻底惨败在希拉里的温柔一刀之下。谁还敢说这是美国霸权衰落的标志？

如果说美国霸权出了问题，也只是整个霸权机器的一小部分——金融机器出了问题。甚至就连这个小问题，也已经被美国变废为宝、化危成机，反过来去加紧对其他国家和地区的经济盘剥。这同样是一种巧实力。而依仗的则是一张张聪明的绿色纸老虎——美元。

二、聪明的纸老虎

自纽约取代伦敦成为新的世界金融中心后，美元就成了国际硬货币。伴随着美国霸权的确立，美元也升级为国际信用的代表。美国自然不会忽视美元的战略价值。通过美元来控制全球货币的信用分配，早已成为美国全球霸权的构成基础。其标志就是美国可持续的贸易逆差。

美国的贸易持续逆差，按照传统的经济观点，似乎是美国持续衰落的标志。但是，和传统的国家间贸易不同，美国的贸易逆差并没有造成财富从美国国内流向国外，反而造成了国外的实物大量流入美国，并且这种实物的流入具有可持续性，美国所付出的代价只是不断印刷“美元纸”。根据美国著名研究机构——美国国民经济研究局（NBER）一项长期研究的结果，美元霸权地位给美国带来的利益是一个超乎想象的天文数字。以2001—2006年为例，当时正是美元相对世界主要货币大幅贬值时期（亦是美国压迫人民币升值最激烈之时期），在该时期内，美国累计对外借债3.209万亿美元，然而净负债竟然减少了1990亿美元，等于美国净赚3.408万亿美元，其中仅汇率贬值一项就让美国赚了8920亿美元，资产——负债收益差距让美国赚了1.694万亿美元，美国还通过其他手段赚了1.469万亿美元。在美国政府财政赤字激增的同时，美债却成为了全球很多国家外汇储备的主要形式，并且其保值性还受到了追捧。2011年美债的保值性一度超过了黄金。美国可持续性的贸易逆差和财政赤字的实质是用信用换实物，美国牢牢控制着美元和美债的信用，也就控制了全球货币体系的信用分配权。这种对信用的控制和运营，成了美国霸权的一个独特支柱。

在此基础上，通过发行美元，美国实际控制的财富远远超过其GDP所显示的数字，其他世界主要大国占有的财富与美国的差距还在不断拉大。

从资本存量的角度看，美国的 GDP 份额占全球 GDP 的比重不断下降，但是美国企业的海外资产规模迅速扩大，海外资产的盈利越来越多。目前美国海外企业的总资产约 14 万亿美元，相当于美国全年的 GDP。美国海外资产的收益率远远高于外国资本在美国的收益率，而外国的大量海外资本又被绑架，用于购买美国资产以及在美国投资，比如沙特的海外资产（包括个人和企业）约为 6000 亿美元，其中 80%（约 5000 亿美元）集中在美国。美国目前持有外国资产达 10.4 万亿美元，而外国持有的美国资产为 17.4 万亿美元。根据美国经济研究局的研究报告显示：布雷顿森林体系解体以后的 30 年间（1973—2004），美国持有的外国资产平均回报率为 6.82%，而外国持有的美国资产回报率只有 3.50%，两者相差 3.32 个百分点。

从资产流量的方面看，在美国国内所有的到期和未到期金融杠杆和金融产品市值约 400 万亿美元，而美国半数以上的海外企业集中在欧洲，在 2011 年的欧债危机中，很多欧洲国家已经沦为高盛等投资银行的项目区，加上追随美国资本的欧洲资本，美国的经济实力远远高于统计数字的 GDP。简单推算，美国所控制的财富总量约为现有 GDP 的 3 倍。综合海外资产、企业和资本收益率和资本流量等各种因素后会发现，目前的美国经济实力远远超过世界其他国家，而且这种差距在不断加大。这种实力的变化构成了美国霸权形态改变的物质基础。

同时，借助于美元，美国还成为了全球最大规模的风险投资资本，利用美元、美债和金融杠杆迅速吸收全球财富。

1970 年，世界各国的外汇储备总额不过数百亿美元，而现在已经超过了 6.5 万亿美元；1970 年，全球外汇交易和衍生金融产品交易微乎其微，而今天每天的交易规模超过了 4 万亿美元，全年超过了 800 万亿美元；1970 年，全球债务规模不过千亿美元，而今天已经达到了数十万亿美元，仅美国就保有 13 万亿美元的国债。

在过去的 20 年中，世界经济金融格局发生了根本性的变化，世界经济进入金融资本主义时代。据初步统计，如果将美国危机前所有的金融资产价值都计算在内，未到期虚拟资产总额达到 400 万亿—500 万亿美元，而美国的 GDP 只有 12 万亿—14 万亿美元。按照流量与存量的关系，美国流量资产与存量资产比为：33:1 到 35:1。实体经济与虚拟经济已经完全脱节，由此，美国不再是传统的依靠资本挣钱的资本家，而成为了利用资本的流动性挣钱的风险资本家。美国成了全球最大的对冲基金、最大的风险投资公司和最大的私募资金，它不需要任何资本，仅仅维持资本的信用和资本的流动性就可以赚取财富。通过美元和美债的杠杆作用，美国迅速获取了通过创造资本的流动性来创造财富的模式。比起靠资本来挣钱，靠资本的流动性来挣钱聚集财富的能力明显要快得多。过去的 20 年是美国从传统资本家向风险投资资本家转变的 20 年。1990 年以前的 200 多年里，美国 GDP 的高峰是 7 万亿美元，而 1990 年之后的 20 年，美国的 GDP 迅速翻了一番，达到了 14 万亿美元。

正是因为美元的威力巨大，美国才能够假手美元打击他国民族企业，扩大本国企业利润和海外经济规模。

通过打压别国民族企业，美国跨国企业不断扩大海外市场，保持业绩和利润率的增长。至 2008 年，美国企业在全球的分支机构达到 26548 家，其中一半以上分布在欧洲。在 21 世纪的头 10 年内，美国跨国企业在亚洲及太平洋地区招聘了 150 万名员工，在拉丁美洲地区招聘了 47.75 万名员工，而在美国本土则大幅削减了 86.4 万名员工。《财富》杂志评出的全球 500 强企业，无论从上榜企业数量还是从上榜企业市值与 500 强企业总市值的比例，美国企业一直长期占据第一位。在 2011 年的全球 500 强企业中，美国企业占到 133 家，占总市值比例为 30.2%（在 2001 年曾经达到过 197 家和 42%）。当美国 GDP 占全球 GDP 的比重不断下降时，美国海外企业资产和利润却不断创造着新高。苹果公司是一个典型代表，2010 年苹果公司销售收入高达 652.25 亿美元，其净利润更是高达 140.13

亿美元。苹果2011年第一季度持有的现金总额达到762亿美元，而美国财政部截至2011年7月27日的运营现金余额仅为738亿美元。根据美国经济分析局（BEA）数据，2011年第一季度，美国企业总体净利润为1.45万亿美元，成为历史上利润最高的一个季度。

通过美元的金融霸权，美国企业在国外的盈利能力不断上升。2007年，美国企业在国外盈利8840亿美元，在国内盈利7140亿美元；2008年，美国企业在国外盈利9560亿美元，在国内盈利5320亿美元，海外盈利已是国内盈利的1.8倍。从1947年至今，美国企业净利润占GDP的比重也从0.88%增加至8.17%，特别是自2009年起，企业净利润的增长速度大幅超过GDP的增长速度。由于美国企业在国外大举扩张和利润的不断增加，美国海外资产的规模也在不断增大。根据美国经济分析局的数据，美国企业在国外的总资产2007年底就达到14万亿美元，超过了GDP的产值。美国的财富结构已经发生了深刻的变化，GDP远远无法衡量出美国的真实财富。

通过跨国公司，美国成为全球企业利润和物流供应的终端，控制着全球的资源分配和走向。埃索、美孚等企业控制了全球石油的流动；微软、IBM、苹果控制着电脑配件的全球流动；沃尔玛成为全球数十万家供应商的销售商，以及全球上亿消费者的提供商。通过美元，现在的美国，就像是一个扩大化的沃尔玛：它本身并不投入资源进行生产，却是各种资源的汇聚之地，全球的资源和企业利润都汇聚到美国。虽然美国本土的实体经济在不断缩水，但是美国像一家超级跨国企业的总部一样继续管理着世界。

最后，美国通过这一张张的纸老虎，还获得了确保在经济上摧毁潜在战略对手的能力。

2011年，美国智库兰德公司发表了“中美经济确保相互摧毁”的报告。这一报告描述了在未来，中国在常规作战中取得了对美的优势，而美国又无法对中国进行核打击，在这种情况下，美国可以选择在经济上摧毁中国的场景。

兰德公司报告提出的“经济确保相互摧毁”是基于20世纪60年代提出的美苏核战争“确保相互摧毁”的概念加以修订得来的。根据“相互确保摧毁”的概念，在美苏核战争中，如果通过核武器美国可以消灭苏联四分之一到三分之一的人口，消灭二分之一到三分之二的工业，美国就可以说拥有了确保摧毁苏联的能力。

按市值法估算目前中美两国间的资产负债状况，可以得出以下结论：中国持有1万1千多亿美元的美国国债，2到3千亿美元的美国企业债，1千亿美元左右的直接和间接投资(投资移民不计)，中国(包括政府、基金、企业、个人)对美国的总金融资产约1.5万亿美元。美国对中国的金融资产有飞机和设备租赁约700亿美元；股票约3300亿美元；直接投资约1.5万亿美元；创投及流入热钱约3500亿美元。共计2.25万亿美元。以2011年的GDP数据为标准，中国在美资产占美国GDP的比重为10.7%，美国在华资产占中国GDP的比重为30.8%。可以说如果出现中美全面战争，两国资产互相撤出的情况，美国对中国经济的杀伤能力远远高于中国对美国经济的杀伤能力。同时按照冷战时期相互确保摧毁的标准，美国已经可以确保摧毁中国经济，而中国对美国经济的杀伤还到不了摧毁的程度。以美国资金为支撑的关键性领域如民用航空业将受到毁灭性的打击，中国三分之一的人口将受到影响，也就是4亿人将失去工作，由此将对中国的社会稳定和政权的合法性造成破坏性的冲击。

综上所述，当下，美国霸权不仅没有衰落，反而是巧妙地达到了一个新的高峰。

我还是那句老话，肥大不等于强大。晚清无法用茶叶、丝绸、圆明园来对抗铁路、铁甲舰与工业革命。今天的中国，同样无法用房地产、GDP、招商引资等快速膨大的方法实现真正的强大。在强国的征途上，中国还有很长的路要走，同时还要提防各种形式的对撞和伏击，而经济领域中的风险是最大的。

向伟大的战略对手学习

一、一个善于向敌手学习的帝国

在美国的诸多战略传统中，最重要的一条是善于向敌手学习，并在学习中创造，在创造中超越，最终达到让对手无法企及的更高境界。

“二战”前，虽然美国的汽车工业已经非常发达，但是美国陆军却仍然停留在徒步步兵和骑兵组合的时代，甚至可以说连“一战”欧洲水准都没有达到。而美国高层并未意识到这一点。直到1940年德国以迅雷不及掩耳之势战胜法国之后，美国内部才终于出现了一个觉醒者：马歇尔。

德国陆军以装甲部队为矛头，在欧洲打了一场多兵种合成的机械化闪击战。而美国陆军却还在按照“一战”乃至“一战”前的老模式训练。对此，马歇尔忧心忡忡。他指示美国各大军校，立即制定全新的机械化时代的陆军教学课程，效仿德军。没想到，军事教育机构的官僚们竟然纷纷反对，说“就算有了新教材，短期内也找不到能上这种课的老师”。

对此，马歇尔立即采取了反制措施：宁可不教育也不能接受负教育，各大军校全部停课！然后另起炉灶，组建新的训练中心，按照德军的标准进行新军训练，并大胆起用了富有争议性的人物巴顿，来磨砺美国的装甲矛头。这些措施的必要性在日后的战场上得到了充分展现。到“二战”结束时，美国陆军的机械化程度与装甲战能力已跃居世界前列。

海军的发展同样如此。“二战”前，美国海军的主流思想是大炮巨舰主义。山本五十六偷袭珍珠港给美国人上了生动的一课，让后者意识到大炮的时代已经结束，未来的海战是飞行器决定胜负的时代。到“二战”结束时，日本海军荡然无存，美国海军却崛起为世界超强，其航母舰队的规模和战力超过了其他所有国家海军的总和。

美国不仅在战争中善于向敌手学习战争，更注重在战略层面向敌手学习，再创造性地发展出自己更高级的战略。如果说对麦金德的地缘战略的学习是对友邦战略家智慧的借鉴，那么，美国对毛泽东的学习则是不折不扣的向对手学习的典范。从中我们能更全面、更深刻地看清美国的战略运作。

二、被遗忘的美国特种兵起源

2011 年 5 月 1 日，美国特种部队之一的海豹突击队，通过一场震惊全球的突击行动，一举猎杀了世界恐怖之王本・拉登。这次行动不仅为海豹突击队的功劳簿增加了新的光彩，而且引发了全球范围的新一轮特种部队热。然而，很少有人想到，美国人自然也不会刻意再去提到，美特种部队运用思想的源头恰是毛泽东深入敌后的思想。这一点，从被称为美国特种部队之父的卡尔逊的特殊经历中看得一清二楚。

1927 年，美国海军陆战队军官埃文斯・福代斯・卡尔逊来到中国，驻防在上海，用武力保卫美国商人的在华利益。1930 年至 1931 年，卡尔逊奉命调到尼加拉瓜参加镇压当地游击队的战斗，并因此获得海军十字勋章。1933 年，卡尔逊重新来到中国北平担任公使馆的警卫副官。1935 年 7 月任美国罗斯福总统警卫部队的指挥官，并承担给罗斯福搜集情报的使命。1937 年 7 月，卡尔逊以美国海军情报官员和总统密使的身份再次来华。

从 1937 年年底开始，卡尔逊对国共两党军队及正面敌后两个战场进行了广泛考察。通过深入了解，他得到很多感悟，这些都被他写进《中国的双星》一书：

1. 虽然日本占领了华北的大城市，但是很多农村和县城却控制在共产党游击队的手里；

2. 共产党军队的训练教育方法、自我牺牲精神以及指挥官高尚的道德品质和精明能干给他留下深刻印象，他认为这是对日本战争机器的真正挑战。他说："我相信，这是世界上最严于自律和自制的一支军队。我所见到的是料想不到的事实，是我终生难忘的阅历。"

3. 他看到国民党用枪支和锁链抓壮丁，士兵们"没有纪律和精神""不知道为什么而战"，而共产党在根据地的政权得到了人民的广泛拥护，人民踊跃参加共产党军队。共产党不仅实行减租减息，还实行民主选举，不仅以军事力量打击敌人，还在经济上、政治上同敌人进行竞争。在共产党政权地区，老百姓过的日子比以前任何时候都好，人民自愿起来打日本人。他们不仅是因为不愿做亡国奴，而且是保卫他们在抗战过程中得到的东西。而在国民党政权地区，老百姓甚至觉得国民党跟日本一样坏。

4. 共产党军队纪律是建立在自觉自愿的基础上，官兵之间没有什么鸿沟，干部和战士之间充满信任。整个团队团结合作。战士之所以打仗，是因为他们接受了充分的思想教育，知道是保卫大家的共同幸福。每次战役前后都举行会议进行信息交流。

5. 卡尔逊来到陈锡联部队，跟随一支 600 人的分队执行截击日军的任务。他发现共产党军队的士兵极其顽强。尽管有往日在美国海军陆战队练就的体魄，他还是差点跟不上队伍。他发现虽然每个战士都极度疲惫，却没有一个掉队的。他问一个战士："你如何能做到不掉队？"战士的回答令卡尔逊终生难忘："如果一个人只有两条腿，他会掉队。但我除了有两条腿，还有头脑。我理解抗日战争的伟大意义，我知道这次行动对整个战斗意味着什么。"

6. 共产党军队得到人民的大力支持后，情报讯息极其灵通，他们通常以出其不意攻其不备的方式偷袭日军，往往获得大胜，而共产党方面则无任何伤亡，日本人在敌后战场就"像一个人在大海中挣扎一样"。

7. 1938 年 5 月，卡尔逊来到延安并与毛泽东做了通宵达旦的谈话，他们讨论了中共游击战术。毛泽东还预言美日难免一战，并且断言如果德国入侵捷克，英国将不会宣战。毛泽东还指出美日贸易往来为日本提供了一半以上的战争物资。卡尔逊为此感到极其惭愧，他马上给罗斯福写信讨论是否应给日本提供物资。

8. 1937年12月，美国的特种部队之父卡尔逊在山西八路军总部学习时，八路军政治部主任任弼时曾向他说过这样一番话："政治工作是我军的生命线，是我们抵抗侵略的心脏和灵魂。我们的武器过了时，处于劣势，但我们可以用政治教育来弥补其不足。战士和人民都必须懂得中国为什么和日本打仗。他们必须学会如何合作、如何和睦相处和如何打败侵略者。政治工作分为三部分：（1）军队内部的教育，（2）居民中的工作，（3）敌人中间的工作。"任弼时还向他描述了如何在军队内部促进官兵平等、如何团结人民大众建立民主政权，如何分化瓦解日本军队和伪军。卡尔逊评论道："这些话包含着真理、理想和智慧。如果真正实行了这一计划，我就碰上了一个乌托邦。这种前景是激动人心的。……我需要时间来思考和吸收已提供给我的这幅令人震惊的图景。"

回到美国后，卡尔逊立即建议海军陆战队司令部组建自己的突击部队：Raiders（突击者）。日本偷袭珍珠港后，卡尔逊如愿以偿，受命组建"卡尔逊飞行突击队"（或称"工合营"）。卡尔逊以5比1的比例严格挑选了1000名突击队员，罗斯福总统甚至把他的爱子詹姆斯·罗斯福送到卡尔逊身边担任突击营参谋主任。这是现代美国的第一支特种作战部队，但按照美国海军陆战队的命名规则，它被称为"海军陆战队第二突击者营"。

以此为开端，卡尔逊将他在中国战场学到的东西，结合美国强大的科技能力和物质基础，从而为美式特种作战拉开了序幕。

在训练他的士兵时，除了魔鬼式训练，卡尔逊十分重视军队的精神建设。他代表军官向士兵们宣布："我们将和你们同吃同住同干活同战斗。我们心甘情愿地放弃一切特权。"他要求部队在各种细节上都要体现官兵平等：他与普通士兵一样站岗值勤、排队打饭。

每周五，突击营依照八路军的样子召开民主讨论会，每个士兵都可对一周的训练发表意见，参谋主任小罗斯福还像八路军中的政治委员一样给大家作形势报告。

卡尔逊将他的作战理念浓缩成“工合”二字，意思是“合力工作”，这是对中国共产党抗战精神的浓缩。当年卡尔逊突击营佩戴的便是写着汉字“工合”的倒三角形红色徽章，这支队伍秉承的“工合”精神，被战后美国海军陆战队作为一项传统沿袭至今。今天美国的海军陆战队队员们自称“工合战士”(Gung Ho Soldiers)。于是，美国的语言词汇便出现了一个新词，“Gung Ho”，《韦氏大学字典》中，这个词的含义有：同心协力、热烈、狂热、极度的兴奋与激动。

在随后的“二战”战场上，卡尔逊的部队战绩显赫，第二近战营官兵发扬“工合”精神，采用八路军的游击战术，特别是奇袭战术，骁勇善战，被誉称为“卡尔逊的近战兵”，令敌人闻风丧胆，成了日军的克星。

1942 年 8 月，卡尔逊亲率一支 220 人的小分队，奇袭日军在吉尔伯特群岛的总部所在地马金岛，以牺牲 30 人的代价，全歼守敌 300 多人（卡尔逊亲自清点的日军尸体有 83 具），击沉敌炮舰、运输舰各一艘，摧毁了岛上大部分军事设施。整个部队表现出了良好的战斗素质以及团结奉献的可贵精神。这是“二战”中美军首次两栖登陆战的胜利，此战一扫珍珠港事件以来笼罩在美国头上的日本阴霾，令美国人民为之振奋。这是太平洋战争爆发以来美军的首次胜利，此战经过也被永远载入了美军战史。这个事迹于 1943 年便被拍成电影《工合！卡尔逊袭击马金岛故事》。同年 11 月，在成为美军从防御到反攻转折点的瓜达尔卡纳尔岛战役中，卡尔逊又亲率第二突击营在岛上开展了几个月的丛林游击战，伏击敌人 30 次，以死、伤各 17 人的代价，共歼敌 800 人，被称为美国海军陆战队历史上最重要的一次巡逻作战。卡尔逊因功被授予海军十字勋章，成为美国反法西斯战争的英雄。

当时，美国报刊的评论文章都一致地指出，卡尔逊空运营之所以能取得上述辉煌战果，除了个人具有丰富的作战经验和良好的品质外，主要是得益于中国八路军游击队。

这一点也得到了日后史学家们的认可。如美国著名军事史学家戈登·普兰奇教授在《中途岛奇迹》一书中就指出："由于卡尔逊曾作为文职观察员在中国共产党控制区待过，对共产党人佩服得五体投地，因此该营的训练、姿态、外观受其影响很大。他的突击营比之常规的陆战队营就像狂热的摇摆舞节拍比之大型歌舞剧一样，但是一旦需要，他们是相当能打的。"此外，法国著名军事史学家乔治·布隆德博士也在《大洋余生——"企业"号征战史》一书中对卡尔逊及其部队作过如下评价："另一位海军陆战队上校埃文森·F.卡尔逊曾作为参谋部军官参加了（夺取）塔拉瓦（岛）的远征。他曾经被派到中国共产党军队中做观察员。1941 年，埃文森被任命为某突击营营长。他在组织他的部队时，参考了中国共产党在战争中所证实了的出色的作战方式。"

三、美国的"毛学"研究生们

以卡尔逊为切入点，顺藤摸瓜，我们会发现，以毛泽东为师的美国精英还有很多，不仅有军人，还有著名学者、政府高官。他们不仅学战术、学训练，而且学战略。这里略举数例：

（一）基辛格博士

1958 年，当时担任美国参谋长联席会议顾问的基辛格博士出版了《核武器与对外政策》一书，其中对毛泽东思想进行了高度评价。他说："值得注意的是，共产主义军事思想的最完善的理论性言论不是在苏联的著作中，而是在中国的著作中。"当时的基辛格称毛泽东的军事学说"是高度的分析能力和稀有的心理洞察力以及冷酷无情的结晶"。他敏锐地指出："毛泽东的军事学说反对那种以纯军事考虑为基础而进行的迅速决战的观念，这种观念在很大程度上是美国战略思想的基础。这种学说充满了这样一种主张，认为战争的心理等分与物质等分同样重要；实际上决定战争的不是实力，而是巧妙地加以运用并置敌人于最大之不利地位的能力。”①

（二）卡岑巴赫二世

当时，另一位高度重视毛泽东军事思想的是爱德华·L. 卡岑巴赫二世。卡岑巴赫二世曾任美国国防部长副助理职位，肯尼迪遇刺后，他被任命为美国司法部部长。

卡岑巴赫二世在国防部任职前是哈佛大学国防研究计划的主任，他经常在美国培养高级军官的海军学院、空军学院，为美军精英们讲课。1955 年 9 月他发表论文《毛泽东的革命战略》，其中指出“在印度支那的胡志明市中，在菲律宾虎克军团中，在马来西亚的叛乱武装中，毛泽东著作的简化版就是军事圣经”。1956 年 10 月他又发表论文《时间、空间与意志——毛泽东的政治、军事观点》，认为工业化的西方的弱点是对时间、空间与意志关注较少，而毛泽东则关注最多。毛泽东解决了没有工业化的国家如何打败那些工业化的国家：政治动员是赢得战争胜利的最根本条件，动员了全国的老百姓就造成了陷敌于灭顶之灾的汪洋大海。他认为毛泽东机动灵活地组织空间从而为自己争取了时间，而又组织时间使广大民众产生斗争意志。有了足够的空间和时间及正确运用两者的革命意志，毛泽东可以准确地把握战争的节奏和最终结局。

卡岑巴赫二世的文章《时间、空间与意志——毛泽东的政治、军事观点》发表在 1956 年 10 月份的美军《海军陆战队公报》上。一份美军的重要刊物如此正面介绍和赞颂共产主义的领袖，是件不寻常的事。事实上，由于特种部队之父卡尔逊的关系，在当时的美国军队中，尤其是在海军陆战队和美国特种部队中，有大量毛泽东

① 亨利·基辛格：《核武器与对外政策》，北京 . 世界知识出版社，1960 年版，第 319 页

的崇拜者。

（三）乔治·R. 斯托泽中将

乔治·R. 斯托泽中将曾任参谋长联席会议办公室副主任、美国第 5 集团军司令。他在 1972 年发表了《游击战与暴乱理论》一文，文章称毛泽东是“公认的当代最伟大的游击战实践家和理论家”，“毛泽东提出并运用了一种革命战争的思想，这种思想将军事、政治和心理等方面的原则和方法融为一体”。他认为，毛泽东研究过克劳塞维茨、马克思、列宁、孙子（或许还有劳伦斯）等人的著作，“但是成功地把政治、军事思想变为影响世界进程的哲学和学说的人却是毛泽东。……从一开始就将军事和政治思想结合在一起、构成一种高明战略的人却是毛泽东。……毛泽东不但提出了这些思想，还丰富和发展了游击战术。他的战略的正确性很快便显示出来，全世界的革命者都研究、修改和运用他的战略”。

（四）彼得雷乌斯上将

2003 年，美国发动伊拉克战争。萨达姆的正规武装力量迅速土崩瓦解，而伊拉克人民大众则跟美军打起了游击战，使美军的伤亡不亚于当年在阿富汗的苏联。有意思的是战争双方都在采用毛泽东兵法，伊拉克反美武装采用灵活的游击战战术，“敌进我退，敌驻我扰，敌疲我打，敌退我追”，使美军疲于奔命；美军巡逻队及运输队防不胜防的路边炸弹则完全类似中国地雷战的翻版；美军驻军较少的兵营以及哨所等，都频繁遭到反美武装分子汽车炸弹甚至毛驴车发射火箭弹的袭击；反美武装还学会了毛泽东“零敲牛皮糖”战术，他们经常集中上百名武装分子打美军巡逻小队的战例，积少成多以扩大战果，使美军在伊拉克无法存在下去……

而靠着先进武器系统打赢正规战的美军高级将领，此时也不得不精心研究毛泽东当年的游击战理论。美国陆军上将、中情局局长彼得雷乌斯于 2007 年 2 月至 2008 年 9 月任驻伊拉克美军最高指挥官，2008 年 10 月出任美军中央司令部司令，统管伊拉克和阿富汗战争，2011 年 9 月 6 日彼得雷乌斯正式就任第 20 任美国中央情报局局长，他被美国国防部长称为“最出色的战争指挥官之一”。2012 年他因性丑闻下台，但在军队和民间仍然拥有很大的支持度。

彼得雷乌斯在普林斯顿大学攻读国际关系博士时的论文题目是《美国军事与越战教训——对后越南时代军事影响和军队部署的研究》，文章详细研究了美国在越南战争中的教训。有充分研究毛泽东游击战的基础，彼得雷乌斯在伊拉克战场上表现出色，于 2007 年被任命为最高指挥官。他主持编写的《美军反暴乱手册》，包含了情报搜集、战术策略、军队领导、后备物资、当地语言、文化软实力等方面的内容，为美军在伊拉克的军事行动提供了指导。英国《每日电讯报》2008 年 6 月 5 日的一篇文章称：“彼得雷乌斯的思想可以看作是将毛泽东的游击战术颠倒过来使用，毛称成功的抵抗必须能够激发人们的斗志，而彼得雷乌斯强调美军应消解伊拉克民众强烈的反美情绪，从而清除反美武装的生存土壤。”

四、“勇敢者游戏”与“颜色革命”

正是有了前述诸多研究者的深入研究，才使得美国成为了毛泽东军事思想和战略思想的集大成者。通过结合本身特性的再创新，美国发展出了两大独门武器：

（一）“勇敢者游戏”：炮击金门的反思成果

核武器的出现导致大国间的战略决战成为同归于尽，这决定了美苏争霸只能以冷战的形式进行。在这场冷战中，美苏一再上演“勇敢者游戏”，在战争边缘进行摩擦和较量。其背后隐藏着美国“边缘政策”式的威慑战略，该战略的理论基础来自于兰德公司的博弈论。而“博弈论”中的著名模型——“勇敢者游戏”，是由长期服务于兰德公司的托马斯 · C. 谢林（2005 年诺贝尔经济奖获得者）提出并完善的。而谢林的灵感又直接来自于毛泽东。

1954 年 12 月，美台《共同防御条约》签订后，美台军事合作步步深入，美国逐步加强在台军力部署，美军驻台军事顾问团扩大到 2600 人，美空军第 13 特种航空队进驻台湾。

为了打破蒋介石的幻想，同时，也在世界范围内打击美国的政治威信，挟抗美援朝战胜之威，经毛泽东批准，1955 年 1 月 18 日，华东军区发起一江山岛战役。面对蒋军惨败的现状，美军敢怒而不敢言，只是出动航空母舰集群在战场外示威而已。前线指挥张爱萍慷慨赋诗："凭一纸空文岂能防！"

1955 年 7 月 14 日伊拉克爆发革命，第二天美国对黎巴嫩进行武装干涉，中东事件成为世界的一大焦点。18 日晚，毛泽东立即作出指示：炮击金门，意在击美，支援阿拉伯人民的反侵略斗争。8 月 22 日，在明知将会击毙美国军人的情况下（国民党军中的美国顾问一直配备到营一级），毛泽东果断下达了炮击金门的命令。

用谢林后来总结的话讲，毛泽东这样做等于告诉美国，中国"已经加速行驶并且无法刹车"，美国必须撤退，否则就是与中国的全面战争。在接连几天的炮战中，国民党军队伤亡近千人，美军顾问多人死亡。国民党舰艇多由美军舰艇护航，但仍被解放军击沉十几艘，美军丢弃蒋军舰船夺路而逃。毛泽东指示中国人民解放军炮兵，只打蒋舰，不打美舰——这是一种十分高明的战略，其目的是分化美蒋联盟，给艾森豪威尔一个台阶下。如果我军重创美军，美国总统就会在各方压力下加大对蒋介石的支援甚至参战。金门炮战期间，美军向台湾加大兵力部署，但是始终不敢参战。在一江山岛战役和金门炮战的隆隆炮声中，美蒋联盟出现重大裂缝，美国对中国的"核威慑"及美台《共同防御条约》一同烟消云散。

美国国防部在 1978 年的一份题为《1945 年 7 月到 1977 年 9 月间核武的部署与管理历史》的报告中提到，美军在台部署有斗牛士导弹和核弹，斗牛士导弹配属核弹头的部署时间为 1958 年 1 月至 1962 年 6 月，而核弹部署时间为 1960 年至 1974 年 7 月。中国军队之前已通过抗美援朝重创美军，现在面对美军的核威慑，毛泽东用炮击金门方式“先发制人”，以“全面战争”威胁美军，而美军始终不敢介入战争，更不敢动用核武器。美国在台湾部署核武器，毛泽东却用炮击金门证明美国及其核武是“纸老虎”，用炮弹击败了核弹。

以“炮弹击核弹”、以弱国击强国，这便是谢林随后总结的：“一定意义上的弱势能够转化为另一个意义上的优势”。毛泽东是博弈论大师，是将“勇敢者游戏”玩得炉火纯青的战略大师。1958年毛泽东炮击金门，而美国却不敢参战更不敢使用核武器，这启发了谢林完成其博弈论，并用这个理论指导美国在古巴导弹危机及随后的美苏冷战这场“勇敢者游戏”中成为获胜者。

当1965—1973年间，毛泽东用“援越抗美”战争再次将美军拖死在越南时，中国已经成为拥有“两弹一星”的世界强国了，而国防工业的三线布局更使中国做好了与美国和苏联打一场全面战争的准备。毛泽东完全把握了那个“最后的机会”，这个时候的美国人，只能按照“博弈论”模型，“忍气吞声以19/20的概率妥协让步”，扮演那个失败者、胆怯者的角色了。当1972年尼克松访华并在书房“朝觐”毛泽东的那一时刻，中国已经注定会成为冷战的最大赢家，毛泽东是冷战这场“勇敢者游戏”的王者。

毛泽东出神入化的战略思想，让美国战略家佩服得五体投地。尽管美国发展了完善的博弈理论，但这一战略思维的发端，却是毛泽东教会美国人的。但美国人现学现卖、活学活用的能力超乎寻常。

1960年谢林力作《冲突的战略》出版。他在该书中多次以1958年毛泽东炮击金门事件为例来诠释其理论，并指出：“‘最后的机会’是指在交通事故发生之前，对肇事双方而言，存在一个可能避免事故发生的临界点，这是他们阻止事故发生的最后机会。谈判中，一方过早地做出最后承诺也许是放弃了与对方达成共识的最后机会。这也意味着他放弃了任何妥协、让步的机会，将过早地僵化自己的立场，但是对方也可能必须做出对其有利的选择。例如，一个司机已经加速行驶并且无法刹车，另一位司机认识到了这一点，也只好妥协让步。……这一原则有助于我们理解在一些情况下，为什么一定意义上的弱势（优势）能够转化为另一个意义上的优势（弱势）。当一个人或国家失去自助能力或失去避免与敌人同归于尽的能力时，另一方必须为此承担全部成本和责任。”

“如果我们认为以全面战争威胁阻止对方还为时不晚，那么，我们只能做出全面战争的威胁，否则就会降低威胁的可信度。假设我们以 1/20 的概率的全面战争威胁阻止对方继续前进，那么，如果对方继续一意孤行，我们则只能忍气吞声以 19/20 的概率妥协让步，从而避免一般战争的爆发。……我们可以以同样的方式理解金门问题。……全面战争不爆发则已，一旦爆发，后果将不堪设想。”

两年后的 1962 年，美苏之间爆发了著名的古巴导弹危机。谢林作为相关领域专家直接参与决策，为美国总统肯尼迪提供咨询。他认为，“要公开让全世界都知道，要么苏联人撤走部署在古巴的导弹，要么美国将不惜升级为核战争，舍此之外美国没有其他任何选择”。这一决心通过肯尼迪政府的公开声明周知了全体美国人、苏联政府及国际社会。美国政府这种公开声明的做法就是告知苏联，“我已经将自己置于一个不可能再有其他选择的地位”。这实际上为美国赢得了“最后的机会”——为了避免核战争使整个人类毁灭，苏联最后只能选择退却。

肯尼迪采纳了谢林的建议，让赫鲁晓夫明确知道，美国已经“失去避免与敌人同归于尽的能力”、美国“已经加速行驶并且无法刹车”（这是一种高明的恐吓战略，其实美国完全不想打核战争），而愚蠢的赫鲁晓夫则彻底上当，从而只好“承担全部成本和责任”、“只好妥协让步”。实际上苏联决定向古巴部署导弹，完全是为了回应美国在与苏联接壤的土耳其部署的带核弹头的“木星”导弹。赫鲁晓夫提出，如果美国保证不再侵略古巴并撤出土耳其“木星”导弹，苏联将从古巴撤出导弹。最终的结果是，苏联的导弹从古巴撤走了，而肯尼迪的回应则是将土耳其的“木星”导弹换成了更加致命的、威力更大的北极星导弹发射潜艇。

（二）“颜色革命”：美式群众运动和世界级大清洗

在毛泽东思想体系和战略手法中，群众运动是一个重要的方面。对此，美国人当然不会无视。正是通过对群众运动的学习和反向运用，今日美国才在干涉世界事务中形成了独具特色的颜色革命战略，为美国颠覆别国、征服世界，增添了一把思想利器。

20世纪50年代至70年代，美国对共产主义国家的心理战效果甚微。进入80年代后，美国却突然进入了硕果累累的丰收期：不费一枪一弹、一兵一卒，用心理战和非暴力方式肢解了苏联和部分东欧国家，基本消灭了欧洲大陆上的共产主义政权。

冷战结束后，美国的心理战和“颜色革命”战略又在中东和中亚连连得手。继“苏东波”之后，1999—2000年美国拔除了南斯拉夫残存的共产主义政权，与此同时，在中国也长期、秘密地扶植各类政治反对派；进入新世纪，又在中亚五国制造“颜色革命”颠覆了亲俄政权；2007年缅甸发生“袈裟革命”；2008—2009年中国西藏、新疆接连发生严重骚乱；2011年开始，美国又在中东北非的阿拉伯世界策动“茉莉花革命”，推翻了一系列不听美国指挥的政权；而在中国的香港和台湾地区，美国也得心应手地演出着“颜色革命”的剧目……

美国自朝鲜战争之后，加强了对毛泽东思想的研究，从而将其一整套群众运动策略进行借鉴、升级，并在一系列成功之后，准备反作用于中国。

已经去世40多年的毛泽东，此时在中国大陆，正受到一些别有用心者的肆意污染和丑化攻击。这些美国“第五纵队”的低级手段，当然抹杀不了毛泽东思想的战略光辉，但却有可能在当今中国人的心理上制造阴霾。对此，中国人应有基本的警惕和戒备。

五、中国从美国学到了什么?

在美国如此深刻、认真地向中国伟大的民族英雄和战略家学习的时候,中国从美国又学到了什么呢?或者说,我们究竟想从美国学到什么?能够学到什么?又应该学到什么?

如果不先弄清楚这些问题,要在国家间竞争中稳操胜券,诚为难矣。

面对美国的战略组合拳,躲是躲不过的。刘亚洲将军多年前就说过:“中国不以美国为敌,但中国军队要以美国军队为敌。”这就是孙子说的:“无恃其不来,恃吾有以待也;无恃其不攻,恃吾有所不可攻也。”而欲立为敌,恰要先奉为师。这才能真正做到“知己知彼”,才能做到“青出于蓝而胜于蓝”。

美国通过抗英战争获得独立,但美国继承并发扬光大了英国的一套宪政制度和社会结构;美国通过打败德国和日本登上西方阵营的盟主宝座,但其三军作战模式恰恰深刻受到了这两个国家的影响和塑造。同样地,美国虽然通过和社会主义阵营的大对抗最终成为世界霸主,却无时无刻不在研究对手、学习对手。它就是这样不断强大和超越对手的。

第五章 美帝国军团和战略盟友

美国称霸世界力量由五个性质各异的军团组成，分别是：美国文化军团、美国海外“第五纵队”军团、美元军团、美国盟友军团和美军军团。五大军团像五根柱子一样，互相配合着支撑起了美国的霸权宫殿。

战后美国要维持其国际强权地位，一定要深入介入欧亚大陆的事务。因为，欧亚大陆聚集了世界上最多的人口、最丰富的资源和最具发展潜力的国家，也是最容易诞生挑战美国力量的地区。如果美国被从欧亚大陆上驱逐出去，就将陷入可怕的战略包围之中。海洋也不再是美国扩张的坦途，而成了拘禁美利坚的囚笼。为了达到这个目的，美国在每个潜在的竞争对手身边，都培养了一群走狗，平时跟着美国叫，战时跟着美国咬。进而让每个地区和地区强国都处在互相制衡之中，都有求于美国，从而达到美国对世界的统治。

美国称霸世界的五大军团

一、前所未有的霸权

布热津斯基曾经说，美国是前所未有的世界强权。布热津斯基说这句话时，主要是从美国力量之强、覆盖范围之大的角度说的。他还特别举出大英帝国作对比，虽然大英帝国自称为日不落帝国，但这只是就其殖民范围而言。事实上，大英帝国的实力从未强大到世界帝国的程度，它的霸权基础是保持欧洲大陆上的列强互相制衡，从而让英国在海外自由扩张。它从未强大到可以无视欧洲大陆强权的程度——无论是早期的法国还是后来的德国，其力量并不弱于大英帝国。一旦当大英帝国无法制衡欧洲大陆列强时，它的霸权就走到了尽头。第一次和第二次世界大战正是如此断送大英帝国的。

相形之下，美国则是不折不扣的世界帝国，它的军事力量、经济力量和文化影响力，都具有压倒性的优势，其海外军事基地则分布在世界的各个要津。冷战期间的苏联也只能在军事领域和美国勉强抗衡，经济、文化、科技和政治影响力则无法比拟。冷战结束后，美国的优势更加凸显。

美国称霸世界力量由五个性质各异的军团组成，分别是：美国文化军团、美国海外“第五纵队”军团、美元军团、美国盟友军团和美军军团。

在这五个军团中，有的属于自古就有的传统力量，有的是近代以来才出现但在美国被登峰造极地使用的力量，还有的则是美国独有的战略暗器。五大军团像五根柱子一样，互相配合着支撑起了美国的霸权宫殿。

二、文化军团

通过文化领域的辐射、渗透，塑造他国民众的价值观，从而间接施加影响力的历史非常古远。传统中华文化圈的建立，就是一个极其成功的例证。值得注意的是，在进入现代世界后，大国文化战略的运用更加重要。

早在“二战”前，英国学者卡尔就在其不朽巨著《二十年危机》中明确界定了影响国家间权力关系的三大要素：军事力量、经济力量、支配舆论的力量。前两者的历史非常悠久，最后一个却是个新兴产物。至少在 19 世纪，欧洲各国的政府依然很少进行有组织、有策划的宣传活动，并认为只有革命组织、激进组织才会这样做。

但是，进入 20 世纪后，宣传战在大国棋局中的分量日趋加重。如何塑造对手价值观的同时，防止对手的反渗透、反塑造，就成了所有强国都必须面对的问题。结果就是，主要国家都开始注重对宣传和教育的控制。然而，正如卡尔一针见血地指出的那样，悖论也因此产生：

“精明的广告可以说服公众相信一种用劣质材料制造的润肤霜是最好的润肤霜，但是，最精明的广告商也无法使人相信润肤霜是用硫酸做成的……‘真相终将大白’的情景对支配舆论的权力是一个极大的制约因素，在宣传活动竞争如此激烈的时代尤其如此。教育是支配舆论力量最重要的工具之一，但同时也会激发自由探索的精神。这种精神恰恰也是制约、支配舆论权力的最重要工具之一。

宣传会为了一种特定的目的而控制和解释事实，正因为如此，宣传本身就包含了自我摧毁的成分。”

正是因为率先悟透了其中的玄机。美国中央情报局一位前局长才说出这样一句经典名言：“最高明的宣传就是不宣传。”而达成目的策略则在于：

1. 善于选择

相对于伪造事实，更高明的策略是选择事实。我所说的都是事实，但是，我说哪些、不说哪些，在选择中已经不动声色地加入了我的文化过滤，从而更易于达成宣传效果。这一点日本人也学会了。如在日本享有盛誉的作家司马辽太郎，倾注了无比的心血创造战国、幕末和明治时代的作品，但很少涉及“二战”题材。又一次，司马心血来潮，忽然想创造一部诺门罕战役题材的作品，并不顾多方反对、阻挠，搜集了海量资料，可是，当他看完这些资料后，却彻底放弃了写这部书的计划，原因只有一个：皇军被打得实在太惨了！

2. 偷梁换柱

看好莱坞拍的动画大片就能发现，其取材涉及世界各个国家、各个地区的固有传说和文学作品，但全部被赋予了美国式的价值观和人性观，因而也就成了美国更巧妙地对别国民众进行文化改造的利器。

又如《阿凡达》，这部3D大片中充斥着美洲文化的痕迹，印第安人的形象呼之欲出，而那些借助先进科技进行资源掠夺、武装殖民的文明人无疑让人想到当年的西进运动，可是，在美国国内，印第安人问题早就不再是一个问题，甚至都已经很少有人再想到这群人和这个问题。无论怎样拍，都不会造成美国内部动乱，反而体现出美国的大度和宽容。同时，其他国家的观众在看这部影片时，却很少会从美国历史的角度思考，相反，却会在人权、自由、抗争等概念的引导下，想到自己身边的压迫者、拆迁者和暴力团体。这样一来，《阿凡达》就同时达到了双重效果：既体现了美国自身的宽容性，又对其他国家不点名地进行了文化和意识形态攻击。

3. 利用宗教机构，从根本上形塑价值观

宗教是美国文化军团中的常规武器。目前很多在海外传教的基督教会都有美国官方背景，甚至直接接受中情局的资助和指导。伴随着宗教宣传的推广，美国将从最根本的世界观、价值观上进行舆论控制。

4. 运用最新载体

互联网是当前传播速度最快、覆盖范围最广的宣传战平台。无论是美国政府还是美国军队，对互联网上的信息战都是非常重视的。

5. 尽量不以牺牲教育的独立性和创造性为代价进行宣传战

以造假来达成一时的宣传目的，必然将付出惨重代价。首先，这要冒有朝一日真相大白的风险。其次，为了掩盖一个谎言而制造更多谎言，就会让自己越陷越深。最后，为了掩盖所有的谎言，只有降低人们的识谎能力。然而，由于无法掌控对手的教育机构，最终只能控制己方民众的识谎能力，从而造成一种变相的愚民政策，这是最得不偿失的做法。对此，美国早有领悟。所以美国尽量不以牺牲教育的独立性和创造性为代价进行宣传战，同时则想方设法地误导对手进入愚民教育的死角，更根本地剥夺对手的竞争力。

链接 1：美国国家战略传播体系与美国对外宣传

（作者：吕祥，哲学博士，中国社会科学院世界政治研究中心特邀研究员，研究领域包括哲学、世界历史、世界政治、跨国传播、传媒组织等。载：黄平主编《美国蓝皮书 2011》，北京，社会科学文献出版社，2011 年 5 月出版）

〔摘要〕2010 年 3 月，美国总统奥巴马向参众两院提交了《国家战略传播构架》报告，系统地阐发了由其国家主导的、直接服务于国家总体战略目标和军事战略目标的宣传体系的性质、目标和实施体系。以此报告为标志，美国政府主导的国家传播体制进入了一

个成熟的、更加具有联动运作能力的发展阶段。对此报告及其在美国国家战略体系中的地位和作用的解读，将有助于我们理解美国行为模式的根源及其在战略和战术层面的表现。

奥巴马当选美国总统之后，其政府于2010年5月公布的《国家安全战略报告》（National Security Strategy 2010，简称“NSS 2010”）在世界范围内引起广泛关注。然而，稍早于此，2010年3月由奥巴马总统向美国参众两院提交的另一份报告，即《国家战略传播构架》，却没有引起人们足够的注意，而且美国政府也没有声张其存在。这份报告是历任美国总统中首次系统而清晰地阐述了美国的国家战略传播——也就是由国家主导的、直接服务于国家总体战略目标和军事战略目标的宣传体系——的性质、目标和实施体系。以《国家战略传播构架》为标志，美国政府主导的国家宣传体制进入了一个成熟的、更加具有联动运作能力的发展阶段。

一、作为美国国家安全利益的“普世价值”

根据美国国会于1986年通过的《戈德沃特－尼克尔斯国防部改组法》第603条的要求，美国总统应定期向国会提交并向社会公布有关美国国家安全及相应的全球外交与军事政策的《国家安全战略报告》。从历年“NSS”报告看，其所谓“国家安全”包含狭义和广义的两层含义。狭义的国家安全意指美国及其盟国不受其他军事力量（包括非国家态的恐怖组织）的军事打击的能力，而广义的国家安全则包括有利于美国实现其国家利益和全球领导地位的军事、经济、文化和全方位国际秩序等诸多要素。因此，就根本而言，美国之所谓“国家安全”，实质就是美国确保并进一步伸张其国家利益和全球领导地位的实力部署和制度安排。

相较于往年的“NSS”报告，“NSS 2010”以更加直露的方式彰显了美国之所谓“普世价值”及相应的“战略传播”规划在维持和伸张美国国家利益的整体安全战略中的重要作用，体现出奥巴马政府将更多地利用以“普世价值”为核心的全球性“软权力”战略框架及战术暗示。对于未来的美中关系而言，基于其“普世价值”的外交攻略，无疑将发挥更大的作用，也必须引起我们足够的重视。

"NSS 2010"清晰地界定了涉及美国国家安全的"四大持久的国家利益",即:(1)美国及其国民、美国的盟国及伙伴国的安全,特别是防范核恐怖袭击的能力;(2)持续创新、不断成长的美国经济;(3)在美国国内及全球对"普世价值"的尊重;(4)由美国推进的国际秩序。这也是美国政府首次清晰地将"普世价值"列为其核心的国家利益。

在"NSS 2010"的整个行文中,所谓"普世价值"与"我们的价值"始终是互换使用的概念,表明所谓"普世价值"无非就是美国所张扬的价值,包括"言论自由""集会自由""信仰自由"等老生常谈。该报告时而也用"普世权利"一词来表达"普世价值"。该报告引用奥巴马的话说:"从过去到现在,我们的价值始终是我们最宝贵的国家安全资产。"

"NSS 2010"一方面将"普世价值"界定为美国的核心战略利益,另一方面则又将其刻画为美国对外扩张的重要战略手段。报告称:"我们的长期安全势将依赖于我们对普世价值的不懈支持。这样的支持,使得我们区别于我们的敌人、敌对的政府和同样在谋求扩大影响力的潜在竞争对手。"

"NSS 2010"提出,美国将持续地在全球致力于"普世权利"的推广,并将在战术层面采取以下措施:(1)强化"我们的典范力量";(2)在全球推广"民主"和"人权",特别是要建立一个全球化的"更广泛的推进普世价值的行动者联盟";(3)以满足人的基本需求增进尊严。

"普世价值"作为美国的重大战略利益和战略手段,同样也是美国构筑国际秩序的重要基石之一。"NSS 2010"所期待的国际秩序,也明确地反映出美国的价值取向,其战略联盟实际上也可以理解为一个普世价值联盟。

二、"普世价值"与"战略传播"

对于美国的国家安全战略而言来说,"普世价值"并不是有关价值观的夸夸其谈或泛泛而论,而是其国家战略传播体系的核心概念。在长达半个世纪的冷战中,美国建立起一整套以"普世价值"为核心概念的国家战略传播体系和运作机制。

虽然语焉不详，“NSS 2010”提出，为推进包括“普世价值”在内的美国战略利益，美国必须开展更有效的“战略传播”。报告指出，“贯穿于我们的所有努力，对于维护我们的全球合法性和支撑我们的政策目标而言，有效的战略传播是根本性的。”

“战略传播”概念大约于20世纪90年代中期兴起于美国的企业界，其意指的是大型跨国公司相对于产品营销而进行的涉及公司整体发展目标和形象的营销推广活动，也被称为“战略营销”。自21世纪初期开始，美国国防部和情报部门调集多方资源，力图借用“战略传播”这一概念来整合美国政府多个部门分别开展的对内、对外宣传活动。在美国政府的官方术语中，所谓“战略传播”也被称为“精心运作的传播”，意指直接服务于国家的战略利益和战略目标并围绕相关战略信息而进行的系统化传播活动，实际上也就是由国家主导的制度化、系统化的宣传活动。

美国国防部对“战略传播”的正式定义是：

“战略传播”是美国政府为理解并触及关键受众以便创造、强化或保持有利于增进美国政府的利益、政策和目标的环境而进行的针对性努力。“战略传播”与国家权力的所有手段相同步，使用协调一致的方案、规划、主题、信息和产品。

在一段时间内，“战略传播”专指美国军方开展的对内、对外宣传活动，与美国国务院主导的公众外交活动相并行，共同支撑着美国的整体对外宣传的构架。

《邓肯·亨特2009财政年度国防授权法》要求美国总统就美国的“有关公众外交活动和战略传播活动的全面的跨部门战略”向国会两院提交一份报告。据此，奥巴马总统于2010年3月向美国参众两院提交了《国家战略传播构架》。这一报告的一个特别引人注目之处，在于它没有按国会的要求就美国的“战略传播活动和公众外交活动”进行分别阐述，而是以战略传播这一概念来统摄包括公众外交在内的所有对内和对外的宣传活动。

根据《国家战略传播构架》，“战略传播”作为“精心运作的传播”，是有目标、有规划、有步骤的系统化的全球攻略，是美国实现由其主导的国际秩序、维护并伸张其全球领导地位的重要手段之一。这一战略的实施对于美国具有三重意义：促进国内的团结，并以此作为对外扩张的动员要素；对盟国而言，则是强化同盟关系的作用；对非盟国而言，则是削弱其政府、分化其政治和社会制度的利器。

根据奥巴马总统《国家战略传播构架》的具体阐述，美国国家战略传播的要点是：

(a) 使国外受众认可其国家与美国之间的相互利益；

(b) 使国外受众相信美国在全球事务中发挥着建设性作用；

(c) 使国外受众将美国视为应对全球挑战的令人尊敬的伙伴。

而美国国防部对美国战略传播之目标的界定则显得更加直言不讳：

(a)增进美国的信誉和合法性，引致有利于美国的态度和行为；

(b)贬损对手的信誉和合法性，比如诋毁对手的意识形态或政策，揭露对手的错误和谎言；

(c) 说服特定受众采取特定行动来支持美国或国际的目标；

(d) 引致对手采取或放弃采取特定的行动。

三、美国战略传播体系的形成：简要的回顾

1898 年，美国以一场战争将西班牙逐出菲律宾，由此正式登上世界舞台，其对外宣传的需求也由此开始。西奥多·罗斯福总统的名言“温言在口，大棒在手，故而致远”，为日后美国的对外宣传活动确定了基调。而美国的国家宣传体系的雏形则始于第一次世界大战末期，成型于“二战”结束之后和冷战之初。

1917 年，在对同盟国宣战的一周后，美国伍德罗·威尔逊总统即成立了“公共信息委员会”，成员包括国务卿、陆军部长、海军部长和商界财阀，直接服务于参加“一战”的宣传需要，被称为美国历史上第一个由国家政权主导的“制度化的宣传机构”。该委员会主席克里尔在战后的著述中指出，与战场上的炮火相并行，美国还发动了一场全球范围的舆论战，“这是为人的心灵而战，为征服他们的信念而战，而战线延伸到每个家庭、每个国家。正是认识到公众舆论之作为主要战力之一，这次大战在根本上区别于过去所有的冲突。在国内，我们针对偏见、冷漠和不忠而战；在国外，我们针对无知和谬误而战”。而在此前后，社会学、统计学、实验心理学（特别是社会心理学）和商业广告在美国的蓬勃发展，则为美国的国家传播活动提供了丰富的理论和技术资源。

鉴于当时作为美国对立方的德国在频繁地使用“宣传”一词，美国政府刻意舍弃了这一术语，并将之贬斥为谎言和欺诈的同义词。克里尔明确指出，“我们不称之为宣传，因为这个词在德国人手里已经混杂于欺骗和讹误”。时任威尔逊总统顾问的沃尔特·李普曼因此而提出了以下著名命题：“我们必须记住，在战争期间，敌方阵线所说的一切永远是宣传，而我方阵线所说的，都是真理和正义，是人类的事业，是为和平而进行的圣战。”从威尔逊开始，美国政府就较多地使用“信息活动”之类的相对中性的词汇来指称通常所说的“宣传”。在研究者看来，这样的指称转换，就好比是用“杀人”一词取代“谋杀”，前者稍显中性。如此转换的明显意图是，将敌方所说的一切冠以“宣传”一词，进而加以消解。

第二次世界大战期间，富兰克林·罗斯福总统认识到，“我们的安全依赖于我们与其他国家说话并赢得他们支持的能力”；“图书如同舰船，拥有最坚硬的装甲、最长的巡航半径和最猛烈的火力”。在他任内，美国政府先后成立了“新闻协调署”“精确资料办公室”、美国之音、“战时新闻署”“战略事务局”“国际新闻和文化事务署”等众多机构，还设立了专门负责对外文化传播事务的助理国务卿一职，全力开展服务于美国战争目标的对内、对外宣传事务。

“二战”之后，在杜鲁门和艾森豪威尔两任总统的努力下，美国政府于1947年至1953年间依照《国家安全法》《美国信息与教育交流法》等法规，分别成立了国家安全委员会、中央情报局和美国新闻署，为美国的战略传播奠定了雄厚的制度性基础。杜鲁门总统于1945年明确地指出：“今日对外关系的本质使得美国必须将维护海外信息活动作为运行其对外事务的一个集成部分。”直到今天，虽然冷战已经结束，美国传播体系的核心仍然是将世界划分为“自由世界”和“专制世界”两大对立阵营的杜鲁门主义。

美国政府及主流媒体长期以来将“宣传”一词刻画为专制国家的专利，仿佛他们自己从来不进行“宣传”。而事实上，美国自“二战”起即建立起庞大、高效而且运作精妙的面向全球的宣传机器。在不同的历史时期，美国政府使用了多个含义相互重叠的术语来指称其对内、对外的公开和隐蔽的宣传活动，包括“公众外交”“公共事务”“信息活动”“心理战”“观念战”“信息战”“心理运作”“信息运作”“有控的信息散布”“战略影响”，等等。一位曾在美国新闻署和国务院任官员的研究者在说到所谓“公众外交”时就曾明确指出：“当然，我们不会把我们所做的事情称为宣传。这一词汇的含义过于复杂，而且总是联系于一些卑鄙的统治者，比如斯大林和希特勒。我们的委婉说法是‘公众外交’。”

至2010年，在美国军方的竭力推进下，以奥巴马总统的《国家战略传播构架》为标志，美国政府终于以“战略传播”一词来统括上述所有这些活动。

四、美国国家战略传播体系的制度构架和运行机制

冷战结束后，美国的战略传播体系非但没有削弱，反而变得更加精致而高效。2000年之后，以美国国防部为主的势力极力推动以战略传播概念来统领美国的全部宣传活动，并由国防部“国防科学委员会”进行专项研究和提供咨询报告。2004年，该委员会首次提出了如下图所示的美国国家传播体系的系统构成：

美国国家战略传播系统

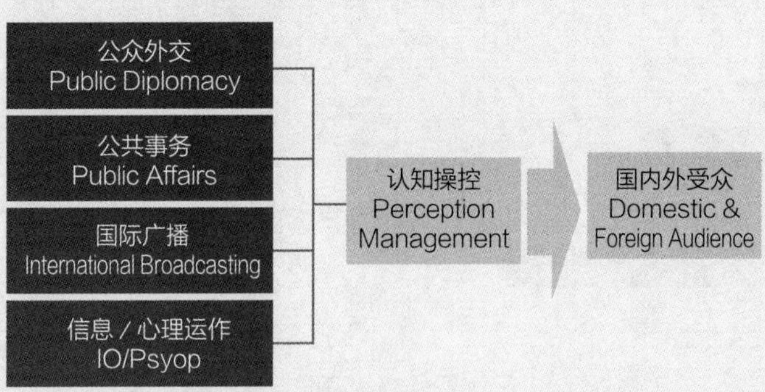

美国总统2010年《国家战略传播构架》所阐述的战略传播体系，与上述提议完全一致。

在这一战略传播体系中，所谓“公众外交”和“国际广播”都

是美国政府直接掌控的公开对外宣传活动；“公共事务”指的是美国国务院和国防部主导面向国内受众的舆论引导；而“信息/心理运作”则是心理战的替代词，指的是由国防部、中央情报局等机构主导的、面向国内外进行的隐蔽的传播活动。所有这些传播活动的根本目的，都是通过信息操控而实现对国内外受众在特定战略事务上的感知操控。

根据美国国防部的定义，所谓“感知操控”指的是“向国外受众传达和/或阻隔特定信息，以影响他们的情感、动机和目标推断的行动。这样的行动也面向（国外的）情报系统和所有层级的官员，以影响其国家的官方评估，从而最终致使其国家做出有利于行为发起方之目标的官方行为”。

从这一定义不难看出，美国之战略传播的终极目的是通过信息操控而图谋其他国家做出有利于美国实现自身战略目标的行为。

根据美国总统《国家战略传播构架》的阐述，美国国家战略传播构架是在总统通过国家安全委员会（NSC）领导下的庞大的跨部门（interagency）体系，是美国外交、军方和诸多情报机构的联动机制。这一联动机制，可通过下图予以简要表述：

美国国家战略传播的运作机制

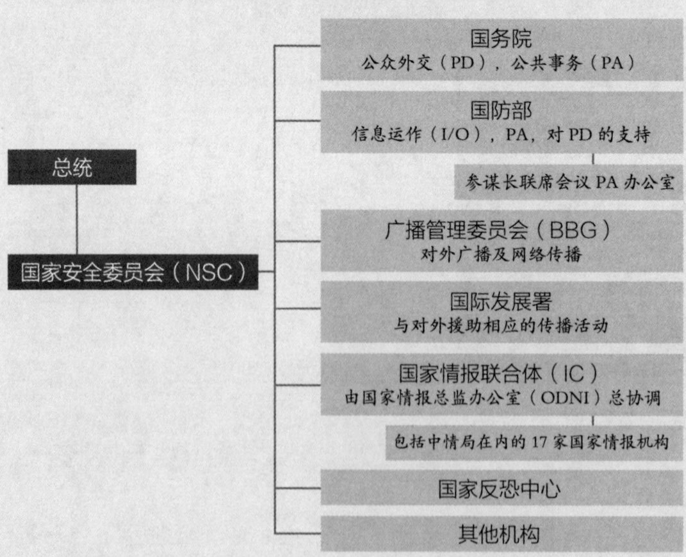

在这一构架中，全部的战略传播活动由国家安全委员会统领，并直接向总统负责。在国安会内部，副国家安全顾问是国家战略传播体系的具体负责人，由其负责国家战略传播的规划和全面实施，并协调其他各部门的相关传播活动。

值得注意的是，在对所有相关部门的传播活动的描述中，《国家战略传播构架》对所涉及的17个国家情报机构的职能却是一带而过，从一个侧面突显出其情报机构的隐蔽活动在其国家战略传播活动的特别作用。

五、美国国家战略传播在战术层面的表现

美国对内、对外传播的重要特点之一，是其所追求的"意识形态的穿刺力"和"武器化的信息"，也就是说，所有传达的信息，都必须是服务于国家战略利益和战略目标并能达致类似战场效果的有效信息。用约翰·肯尼迪任总统时期的美国新闻署署长爱德华·穆罗的话说，就是："说服术是美国权力的一个关键要素。美国说服术的军火库必须像我们的核武库一样随手可用。"而美国军方在其标准教程中则表达得更为直露："信息是战斗力的一个要素。"也正因为对信息武器化的如此追求，美国政府在冷战初期就将"黑色的"隐蔽行动定义为对外宣传活动的重要构成部分，亦即其"遏制"敌对政治力量的最重要的战术手段之一。当时的研究者也相应地将美国的对外"信息活动"区分为"白色的"公开行动和"黑色的"隐蔽行动以及处于二者之间的"灰色"行动。

鉴于美国战略传播涉及诸多的隐蔽活动，美国公开的官方文件从不提及其在战术层面的表现。而根据研究者透露的零星材料，美国的战略传播主要采取的是如下形式：

"白色"宣传，即以政府的公开活动为主的渗透性宣传，现由美国国务院主导的公众外交以及以"美国之音"为代表的政府媒体即属此列。

"黑色"宣传，即以隐蔽行动开展的宣传活动，美国中央情报局、国防部等机构所开展的宣传活动多属此列，包括秘密控制国内外媒体、收买政治家等大量的渗透性活动。研究者揭示，在20世纪70年代，美国中央情报局在国内外秘密控制的媒体达50家之多，有的是直接拥有，有的是通过予以补贴而控制；有的是直接用于宣传目的，有的则是用于掩护其他的隐蔽活动。当时，美国至少有 22 家新闻机构被直接雇用为中情局工作的记者，每年有上千种图书是接受中情局的补贴而出版的。

“灰色”宣传，即通过幕后的收买、利诱等手段诱使相关国家内部“意见领袖”及媒体从业者充当其代言人，从而达到张扬美国利益诉求、进而影响相关国家政府决策的目的。从零星曝光的资料看，美国军方和情报部门时常采用外包方式委托特定公关公司从事“灰色”信息作业。美国媒体披露，2005 年，美国国防部与几家公关公司签订了价值数亿美元的合同，由他们编写有利于驻伊拉克美军的各种新闻、分析和评论，并通过向伊拉克“自由媒体”秘密支付酬金的方式将这些“反映伊拉克人自己的声音”的信息发布出去。

在此三种对外战略传播活动中，所谓“黑色”和“灰色”宣传基本由中央情报局、国防部等机构负责，其行为的隐蔽性使得我们无法了解其具体的行动方案。据美国研究者透露，美国国防部下属的特别运作指挥部从事大量的对内、对外宣传活动，其 2006—2011 年的总预算为 280 亿美元；而在中央情报局从事的所有隐蔽活动中，40％是隐蔽性的对外政治性宣传活动，其经费远远大于其他公开机构（如美国民主基金会及现已归属美国国务院的原美国新闻署班底）的费用的总和。

六、结语

纵观美国的战略传播体系，需要特别说明的是如下关键要点：

首先，美国政府公布的所有有关国家战略的文件都指向同一个战略目标：在全球维护并扩展美国的权力和领导地位。追求全球权力，可以说是美国一切战略行为之基本的和终极的动因，也是我们理解美国行为的根源的关键之所在。用美国前国务卿基辛格的话说，“权力是终极的春药”。而为达致这一目标，美国必须证明、维护和强化其全球领导地位的合法性，从而让其他国家支持、顺从或起码不阻挠其权力的实施和伸张。

美国政治学理论对“权力”的经典定义是：“（在甲、乙二者之间，）甲使得乙去做了如果甲不要乙做乙就不做的事情，在这个程度上说，甲就对乙拥有了权力。”约瑟夫·奈进而引人注目地将美国统领世界的权力划分为“硬权力”和“软权力”，前者以惩罚和奖励的方式引导世界，后者则是以软性的价值观、文化、制度等方面的吸引力诱使别国顺应美国的领导地位；前者通过使用或威胁使用武力、提供或中断经济援助甚或实施经济制裁的方式“改变他人的行为”，后者则通过“塑造他人的期许”使其顺应。约瑟夫·奈明确指出：“权力就是你改变他人的行为以得到你所想要的结果的能力。基本上有三条途径可以做到这一点，即胁迫（大棒）、酬报（胡萝卜）和诱使（软权力）。”显然，美国的成熟的、制度化的战略传播体系是其“软权力”体系中最重要的构成部分，离开美国政府主导的庞大的传播运作，其“软权力”将无从谈起。

美国的战略传播体系是基于美国传统的权力观念而形成的一整套服务于其国家战略的运作体制，是其“软权力”的运作和伸张的核心力量。美国《国家战略传播构架》对其国家战略传播的要点和目标的定义，完全是在这一统领世界的权力框架中展开的。

第二，显然，战略传播本身不是战略，更不是战略目标，而是面向国家总体战略目标的支持体系。战略传播之为战略性的，恰恰是因为它必须围绕着国家的战略利益、战略环境和战略目标而进行。而正如美国国防部文件所表明的，在支持其国家战略方面，美国战略传播的核心一方面是要“增进美国的信誉和合法性”，另一方面则是要“贬损对手的信誉和合法性”，这决定了美国的国家战略传播活动始终是战斗性的。在美国认为需要时，这样的战斗性往往能够转换为对其他国家的社会和政权的侵蚀、瓦解甚至颠覆。

第三，美国的国家传播体系是由美国最高行政当局部署和督导的政治性机制。富兰克林·罗斯福以来的历届美国总统无不亲自参与国家传播计划的规划、部署和实施。从组织管理的角度看，美国战略传播体系始终是国家安全战略的一个重要的支持系统，是受国家安全委员会主导的庞大的跨部门联动机制，而不是由单纯的某个宣传部门或外交部门掌控的。

第四，美国的战略传播体系始终贯穿着坚定的核心价值主张，即美国所张扬的所谓“普世价值”，并以此为基础形成了在世界范围内具有重大影响的话语体系，这使得美国能够在众多的环境和机遇中取得道德和文化上的强势地位，实现美国之“普世价值”与“普世权力”之间的高效互动。在美国实施的传播活动中，其利益诉求往往被精巧地捆绑于其价值主张，这进而能够更有效地诱导他国领袖、社会精英乃至民众顺应美国的利益主张。

第五，美国的战略传播体系在战术层面上涉及复杂的公开行动和隐蔽行动，从而使得其传播行为具有更强的渗透性和穿刺力，其影响往往能够如“隐形统治者”一般在世界各地挥舞，时如盐入清汤，了无痕迹，时如酱入佳肴，色香一体。一方面，其国内民众在政府巧妙设置的信息场中，往往在朦胧中即接受了政府的动员，成为政府特定政策的坚定拥护者（第二次伊拉克战争之前有关“大规模杀伤性武器”的传播可谓这方面的经典案例）；另一方面，众多国家的不同社会群体也往往在不知不觉中成为其呼应者或受害者。在后一方面，尤其是面临较多动荡因素的发展中国家往往容易成为美国传播行为的牺牲者。

最后需要简要说明的一点是，无论美国的传播能力有多么强大，它也面临着自身和世界各地条件的多方面限制，其传播目标与其要达到的效果之间，在特定的历史时期也存在着巨大的差异。20世纪六七十年代的越南战争曾将美国社会拖入分崩离析的局面。而在小布什总统发动的第二次伊拉克战争期间，美国政府在初期完成了面向国内的战争舆论动员，但结果却都是其对外政策的公信力和合法性在国内和全球范围内的大幅度降低。

链接2：美中央情报局及其文化冷战

（作者：王绍光，1990年获康奈尔大学政治学博士学位。1990—2000年任教于美国耶鲁大学政治系。现为香港中文大学政治与公共行政系教授，清华大学公共管理学院长江讲座教授，英文学术刊物 *The China Review* 主编。）

“9·11”事件与珍珠港事件一样都是没有预警的突然袭击。两个事件凸现出情报工作的重要性。珍珠港事件前，美国没有一个统一的情报收集系统。罗斯福总统曾抱怨送到他办公桌上的情报漫无头绪，不知所云。珍珠港事件的一个直接后果便是成立“战略服务处”，负责整合美国的情报收集工作。1947年7月，OSS变成了CIA，即大名鼎鼎的“中央情报局”。

中央情报局赞助了大量政论性刊物和文化刊物。这些刊物包括著名的《撞击》《评论》《新领袖》《党人评论》《肯友评论》《哈德逊评论》《塞万尼评论》《诗歌》,《思想史杂志》《转型》《审查》《代达罗斯》。直接注入经费是一种资助方式，另外中央情报局还让“文化自由大会”免费为各国知识精英订阅这些刊物，间接资助他们。

既然叫“情报局”，其基本职能就应该是收集、整理、分析、评估各方情报。但中央情报局在这方面的表现似乎不尽如人意。远的不说，它事先对洛克比空难、1993年的纽约世贸大厦爆炸案、美国驻肯尼亚和坦桑尼亚大使馆爆炸案、美军舰在亚丁港的爆炸案就毫不知情。这次“9·11”事件更被一些美国人称之为“情报工作的重大失误”。为什么中央情报局会表现得如此糟糕呢？英国刊物《国务新人》的年轻女编辑桑德丝提出了一个有趣的解释：也许它在忙些别的事。

那么中央情报局到底在忙些什么呢？众所周知，它曾经多次帮助推翻民选政府、扶持军人政权：希腊的新法西斯（1949年）、伊朗的极右王朝（1953年）、危地马拉的杀人政府（1954年）、黎巴嫩的长枪党（1959年）、印度尼西亚的苏哈托军人政权（1965年）、智利的皮诺切特军人政权（1971年）、南非的种族隔离政权（有材料揭露，正是中央情报局将曼德拉交给南非警察当局拘禁）……身后都有中央情报局的影子。就连现在让美国人恨得牙痒痒的本·拉登也是中央情报局一手拉扯大的。如果要将中央情报局在这方面的“战绩”一一列举，清单会很长。它的确够忙的。

除此之外，中央情报局还在忙另一些见不得人的事。桑德丝对此也许比谁都清楚，因为她经过数年研究刚刚出版了一本长达500页的新书《文化冷战：中央情报局与文学艺术》（以下简称《文化冷战》）。任何人看完此书大概都会得出一个结论：中央情报局实际上就是美国的隐性“宣传部”。对此结论，冷战设计者之一乔治·凯南并不讳言，不过他情愿用个好听一点的词“文化部”。他说：“美国没有个文化部，中央情报局有责任来填补这个空缺。”美国表面上反对搞宣传，实际上搞起宣传来比谁都更重视、更在行、更不择手段。美国国家安全委员会 1950 年 7 月 10 日的指示对“宣传”做出了如下定义：“有组织地运用新闻、辩解和呼吁等方式散布信息或某种教义，以影响特定人群的思想和行为。”对外，宣传是心理战的一部分，而心理战的定义是“一个国家有计划地运用宣传和其他非战斗活动传播思想和信息，以影响其他国家人民的观点、态度、情绪和行为，使之有利于本国目标的实现”。简而言之，宣传和心理战的目的是为了争夺人的心与脑，其重要性“与空军一样不可或缺”。

美国搞宣传的最大特点是“看不见”。精通此道的心理战专家克罗斯曼说得很清楚，“上乘的宣传看起来要好像从未进行过一样”。最好的宣传应该能“让被宣传的对象沿着你所希望的方向行进，而他们却认为是自己在选择方向”。只要能做到这一点，乔治·凯南认为“必要的谎言”和欺骗都是允许的。

《文化冷战》讲的是在 1947 至 1967 年间的故事，其场景设在美国和欧洲，主角是一个叫作“文化自由大会”的组织。“文化自由大会”成立于 1950 年，在其鼎盛时期，它在 35 个国家设有分支机构（包括“文化自由美国委员会”），雇有几十位全职工作人员，拥有自己的新闻社，出版 20 多种显赫刊物，经常举办艺术展览，组织高规格的国际会议，并为音乐家、艺术家颁奖。表面看来，“文化自由大会”是一个争取文化自由的组织；实际上它不过是个没有什么自由的傀儡；其幕后操纵者正是中央情报局。通过梳理美国政府的解密文件、私人档案材料和对当事人的采访记录，桑德丝以缜密的方式证明了这一点。

不过，此书真正引人入胜的地方并不在于证明中央情报局的幕后角色，而在于它揭示了美式宣传机器特有的运作方式。

中央情报局宣传的目的有二：一方面是反共，另一方面是树立美国的正面形象。前一个目的比较好理解，毕竟当时是冷战时期。为什么树立美国正面形象也那么重要呢？原来，当时在欧洲人心目中，美国只是一个经济上的暴发户，完全没有文化底蕴。另外，美国对黑人的种族歧视也在欧洲引起普遍反感。为了维护自己的霸权地位，光有钱、有坚船利炮是不够的，还得树立文明、正义的形象。在世界范围内宣扬美国价值观和美国生活方式因此变成美国对外宣传的重要组成部分，其目的是在外国培养出一批以美国是非为是非的知识精英，再通过他们去影响本国的公共舆论和政策制定。

众所周知，长期以来，美国对中国的宣传重点是放在所谓“自由派”知识分子身上的。一般人可能会认为，中央情报局在世界其他地方一定也会把工作重点放在右翼人士身上。其实不然，中央情报局很会审时度势。在战后欧洲，它真正下功夫的对象是有幻灭感、挫折感的非共左翼知识分子，尤其是那些一度加入共产主义运动的人，如法国作家马尔罗，法国社会理论家阿隆，匈牙利裔英籍作家库斯特勒，意大利作家斯隆，英国诗人、批评家史班德，美国哲学家胡克，美国作家麦克唐纳，美国政论家克里斯托等。中央情报局之所以做出这样的选择是经过深思熟虑的。由于在“二战”期间与纳粹合流，欧洲的右派们在战后声名狼藉，与他们合作搞宣传效果只会适得其反。与共产主义抗衡，最有效的办法莫过于让那些从共产主义阵营脱队出来的知名人士现身说法。用与中央情报局过从密切的历史学家小施莱辛格的话来说，这些人是“抵御极权主义的最佳屏障”。在国外，中央情报局主要依靠当地的知识精英，这样做有利于掩盖美国的黑手，制造出一切源于本地的假象。

中央情报局的宣传手法十分灵活。这里仅举几个例子。《动物农庄》是反共电影的代表作，而这部片子实际上是由中央情报局导演和资助的。1950 年，乔治·奥威尔死后不久，中央情报局就派人到英国与其遗孀商谈将《动物农庄》改编为电影的问题。获得电影权后，中央情报局找到愿意为它当幌子的制片人，并通过间接方式把钱打入制片人的账户，于是才有了这部在当时最具规模的动画片（共动用 80 位卡通画家，设置 750 个场景，绘制 30 万幅彩图）。中央情报局不仅出钱，也直接干预剧本改编。据美国心理战争署 1952 年 1 月 23 日的备忘录说，原作的结尾传达不出明确反共的信息。为了激起观众强烈的反共情绪，电影对结局做了重大改编，代表腐败资本主义的农场主不见了，只留下面目可憎的代表共产主义的“猪”。

同样的事发生在对奥威尔另一部小说《一九八四》的改编上。原著本来表达的是对一切专制政府的厌恶，既包括左翼专制，也包括右翼专制。但这并不是中央情报局所需要的。中央情报局要的仅是对共产主义的丑化。尽管奥威尔曾明确表示不允许对《一九八四》做任何改动，由美国政府出资制作的电影《一九八四》还是对原著动了不少手脚，尤其是结尾部分，完全违背了作者的原意。电影《动物农庄》和《一九八四》于1956年同时上市，为了扩大影响，中央情报局的外围组织安排在主要报刊上发表评论和社论，并分发了大量电影票的折扣券。

中央情报局最具创意的宣传运作恐怕是对抽象表现主义的推销。也许有人会问，完全没有实际意义的抽象艺术怎么可以用来做反共武器呢？我们千万不可小瞧中央情报局的想象力。正是因为抽象艺术没有实际意义，它恰好可以用来对抗共产主义。一位中央情报局的工作人员事后解释道：“这是一种与社会主义现实主义毫无关系的艺术形式……莫斯科当时对任何背离社会主义现实主义的作品都大加鞭笞，因此我们认为他们反对的东西一定值得我们的大力支持。”当然，由中央情报局出面推销抽象艺术不太合适，但愿意为中央情报局效力的博物馆很多。美国的博物馆和艺术收藏馆大多是私人性质的，其中收藏当代艺术和先锋艺术最负盛名的当属设在纽约的“现代艺术博物馆”，它因此变成了中央情报局的首选。中央情报局选用“现代艺术博物馆”还有一个不能公开说明的理由：该馆负责人中有不少与中央情报局有千丝万缕的联系。由于准备周全，“抽象表现主义展”十分轰动，并在艺术界形成了一个强劲的新流派。事后，有些中央情报局的工作人员不无得意地说，“中央情报局是50年代美国最好的艺术评论家”；“我们是抽象表现主义运动的真正缔造者”。

由于经费充足，中央情报局搞起宣传来几乎无孔不入。用它自己的话来说，“所有的知识领域，我们都有兴趣，从人类学到艺术创作，从社会学到科学方法论，无一例外”。为了渗透这些领域，中央情报局很善于借用在这些领域通行的一些运作方式，包括举办讲座和研讨会，创办学术刊物，开设图书馆，资助学者互访，捐助讲座教授位置等。

大运作全力以赴，小把戏也是中央情报局的擅长。20世纪50年代，美国的种族隔离政策依然十分严重，遭到了社会主义阵营和西方进步力量的强烈批评。为了洗刷美国的劣迹，中央情报局特意安排了一些黑人艺术家赴欧洲巡回表演。更令人叫绝的是，它买通好莱坞的一些导演，在电影中将黑人的居住和生活条件刻意拔高，试图给观众造成美国黑人很幸福的假象。

在中央情报局资助的刊物上，并不是完全舆论一律。对美国不关痛痒的小骂、小调侃时不时会出现一些，这样才能显现出其“超然”的立场。但把关人绝对不允许违背美国外交政策的批评曝光。例如麦克唐纳1958年为中央情报局资助的《撞击》杂志写了一篇题为《美国，美国》的文章，其中批评了美国的庸俗的大众文化、粗鄙的物质享受主义。这样的文章显然与美国宣扬的所谓“美国价值观”相抵触。尽管麦克唐纳与中央情报局的外围组织过从密切，他的文章还是遭到了封杀。

中央情报局设立的幌子基金会很多，其中最臭名昭著的是“法弗德基金会”；中国学者熟悉的“亚洲基金会”当时也属于这一类。但在冷战期间真正帮了中央情报局大忙的是诸如“福特基金会”“洛克菲勒基金会”，“卡内基基金会”这样的大牌基金会。中央情报局往往将经费拨到这些基金会的账上，然后这些基金会再以自己的名义把钱“捐助”给中央情报局指定的对象。

上面提到中央情报局搞宣传的经费充裕，那么到底充裕到什么程度呢？它的一位工作人员是这样形容的，“我们根本就花不完，要多少有多少，而且没有人来查账，真是不可思议”。可以这么说，中央情报局最厉害的武器就是它取之不尽的银行存款。

当然，中央情报局不会傻到公开拿钱出来赞助其重点宣传对象，一切资金运作都是秘密的。它有时会找一些个人、公司或其他机构，请他们将钱以自己的名义捐给中央情报局的赞助对象，或中央情报局设立的幌子基金会。这些机构和个人在中央情报局的术语中叫作

"安静的管道"。

但幌子基金会也有缺点，它们很难做得太大，否则会太引人注目。最好的方式是通过民间大基金会洗钱。基金会不像公司必须对股东定期交代账目，隐蔽性较高。愿意为中央情报局效劳的民间基金会还真不少，有些甚至找上门去为中央情报局服务。"凯普伦基金会"便是一个例子。据透露，在1963至1966年间，美国向164家基金会共拨发700笔10000美金以上的款项（当时这是很大的数目），其中至少有108笔完全或部分来自中央情报局。在这些基金会所有对国际活动的赞助中，有将近一半来自中央情报局。

除了设立"文化自由美国委员会"和"文化自由大会"在30多个国家的分支机构外，中央情报局赞助了大量政论性刊物和文化刊物。这些刊物包括著名的《撞击》《评论》《新领袖》《党人评论》《肯友评论》《哈德逊评论》《塞万尼评论》《诗歌》《思想史杂志》、《转型》《审查》《代达罗斯》。直接注入经费是一种资助方式，另外中央情报局还让"文化自由大会"免费为各国知识精英订阅这些刊物，间接资助它们。

资助书籍出版是中央情报局的另一项大运作，因为在它看来，"书籍是最重要的战略性宣传工具"。据不完全统计，中央情报局在五六十年代至少参与了1000本书的出版。如吉拉斯的《新阶级》和巴斯特纳克的《日瓦戈医生》都是中央情报局的推销重点。

其他的书林林总总、不胜枚举，涉及中国的至少有现任哈佛大学政治学教授麦克法编辑的《百花齐放》。不光出书，中央情报局还请人在各类刊物上撰写书评，推销其出版物。当然所有这一切都是秘密进行的，外人根本不知道其中的黑幕。

一般的书索引部分是最没意思的。《文化冷战》则不同，其索引部分最让人开眼：它列举了长长一串接受过中央情报局资助的人的名单，读起来有点像20世纪西方文化名人录，仅中国读者熟悉的人就包括历史学家小施莱辛格；理论家马尔罗，克里斯托，罗素，柏林，阿伦特，屈林夫妇，席尔斯；社会学家贝尔；诗人艾略特，奥登，洛威尔；小说家库斯特勒，奥威尔，玛丽·麦卡锡；画家罗思柯，波洛克等。

在这些人中，有些的确不知道自己被中央情报局利用，当有人送来头等舱机票，被邀请去度假胜地开会，他们乐得去享受一下。有的则清清楚楚地知道资金来源，如小施莱辛格、柏林、阿隆、阿尔罗、席尔斯、贝尔、胡克、屈林夫妇。还有些人声称自己不知道，但知情人认为他们不可能不知道，只是为了维护自己“独立”的形象假装不知道而已。

这里值得一提的有两位小说家。一位是《正午的黑暗》的作者库斯特勒。这位匈牙利裔英籍作家年轻时曾参加共产党，为共产国际的宣传部门工作。后来他变成了激烈的反共分子。1948 年，他到美国转了一大圈，在那里与中央情报局挂上了钩，正是听了他的建议后，中央情报局把宣传的重点放到了“非共左翼知识分子”身上。他对英国政府的谍报部门 IRD 提出了同样的建议。他得到的回报是，《正午的黑暗》出版后，IRD 秘密买下五万本送人，使他大捞了一笔稿酬。

另一位是《动物农庄》和《一九八四》的作者奥威尔。在小说中，他表现出对监视一切行为的“大兄弟”和告密者的强烈憎恨，但他自己却两方面的癖好都有。奥威尔有个习惯，走到哪儿都随身带着一个蓝皮四开笔记本，记录可疑的人和事。到 1949 年，笔记本中已包括了 125 个人的材料。奥威尔怀疑这些人有的显现了“同性恋倾向”，有的“好像是黑种”，有的大概是“英国犹太人”。如果仅仅是自己记着玩玩也就罢了，而奥威尔却在冷战高潮的 1949 年主动跑到英国谍报部门 IRD 举报了 35 个“共党同路人”，使这些人的名誉和生活受到严重打击。奥威尔曾在《动物农庄》的序言中堂而皇之地引用伏尔泰的话说，“我不赞成你的观点，但会誓死保卫你说话的权利”。但他临死前的作为却好像是说，“我不赞成你的观点，所以我有权向有关当局检举你”。不过言行不一的“自由主义者”又岂止奥威尔一人。

《文化冷战》虽然长达 500 多页，但内容引人入胜，拿起来就希望一口气读完。如果说它有什么缺点的话，大概可以指出两点。一是它只涵盖了 1947 至 1967 年，这也许是有关以后年代的文件美国政府还没有解密的缘故，而不是因为中央情报局洗手不干了。最近美国《混合语》杂志揭露，中央情报局在 1996 年后加紧了对学术界的渗透。以笔者熟悉的政治学界为例，就有不少人为中央情报局工作，如哈佛大学肯尼迪学院院长 Joseph S. Nye，哥伦比亚大学教授、美国政治学会会长 Robert Jervis，以及我在耶鲁大学政治系的同事 Bradford Westefield。他们本人也不否认。《文化冷战》的另一个缺点是它没有涉及中央情报局在亚洲的宣传活动。中央情报局岂有放过亚洲（特别是中国）知识界的道理。也许桑德丝本人对亚洲知识界的背景不了解，所以没有能力涉及。但愿有一天有人能弥补这个缺憾。

不过《文化冷战》的最大贡献是它用确凿的证据证明中央情报局的手伸得很长，几乎无所不在。又是颠覆，又是宣传，也许还有其他一些见不得人的勾当。中央情报局实在是太忙了，因此在本职的情报工作方面出些纰漏几乎是难以避免的。只是这次世贸双塔叫人撞没了，五角大楼被撞成了四角大楼，麻烦惹得实在太大了。以后中央情报局会吸取教训变得安分守己一点吗？等着瞧吧！

（2001 年 9 月 29 日于香港吐露湾）

三、海外“第五纵队”军团

单纯的文化渗透和宣传战是不足以保障美国霸权的，“基地”组织的成员脚蹬耐克鞋，喝着可口可乐，用美式肩扛防空导弹作战就是最佳的证明。因为别人也会有自己的文化防御战略。但是，美国还有“第五纵队”军团。

早在 1948 年 6 月 18 日，杜鲁门总统签署的国家安全委员会第 10/2 号文件中，就明确提出了颠覆敌对政权的各种方式：“宣传活动；经济战……支持地下抵抗运动……支持自由世界受共产主义威胁的国家中土生土长的反共力量。”

从 20 世纪 80 年代开始，非暴力政权更迭方式日趋受到美国的青睐。在模式转型的背后，有一个重要人物的身影，这个人名叫吉恩·夏普，国内很少有人注意，实际上却是一个暗中改变世界地图色块的非常规战略家。

夏普在年轻时曾经是一位地地道道的左派。1951 年，夏普从俄亥俄州立大学本科毕业，当时他的思想观点是反对欧洲对全世界的殖民统治，他批判欧洲殖民者对世界的瓜分，他崇拜将印度从英国手中独立出来的甘地。当时正是美国与中国在朝鲜进行大规模战争的时刻，夏普为拒绝参加朝鲜战争而进行了首次非暴力式的公民抗争：他拒绝与美国军事征召局合作，拒绝做体检及携带征召证件。1953 年，朝鲜战争结束前，他被联邦调查局逮捕，并被关在联邦拘留所。等待他的是法院审判，按照当时法律他最高可判 14 年。关键时刻，他给爱因斯坦写信，并获得了爱因斯坦的支持：“若这事也发生在我身上，我会做出和你一样的选择。”最终，爱因斯坦的巨大社会威望影响了法院的判决。又恰逢朝鲜战争结束，夏普最终被判了两年，事实上则只在监狱里待了 9 个月零 10 天。

出狱后，夏普的思想逐渐发生了逆转，并开始和联邦调查局等美国情报机构合作。他先去了挪威，随后又去了英国在牛津大学攻读政治科学博士学位，他师从著名学者艾伦・布洛克，这是一位将斯大林和希特勒相提并论的人物。

1983 年，夏普开始在美国哈佛大学国际问题中心主持一个有关非暴力抵抗的研究项目，建立了爱因斯坦研究所，出版了《让欧洲不可战胜——非暴力威慑与防御的潜力》一书。这本书让他得到了冷战之父乔治・凯南的高度赏识。在此书再版时，乔治・凯南亲自为其作序：“尽管在书中，夏普把这种非暴力运动主要设定在欧洲，但在欧洲之外，这种方式拥有更大的潜力。”随后在乔治・凯南的正式运作下，美国情报机构以巨额资金扶持夏普的爱因斯坦研究所，主要任务是如何将乔治・凯南颠覆敌对国家政权、控制第三世界政权的战略落到实处。

夏普认为：面对敌对势力的软渗透，军事武力没有作用，唯有发动群众。进入 20 世纪 80 年代，美国中央情报局不仅能够发动本国的群众抵制来自苏联和中国的影响，还能发动苏联及第三世界的群众去推翻那些不服从美国控制的政权。这就是美国在冷战中战胜苏联并最终确立世界帝国的根本原因。在这个意义上讲，受到乔治·凯南着力提携的吉恩·夏普，是美国帝国的新战略军师。

作为爱因斯坦研究所的创始人，夏普完成了系统的“通过非暴力手段颠覆政权”理论，其著作《非暴力行动的政治》《从独裁到民主》《让欧洲不可战胜——非暴力威慑与防御的潜力》《非暴力革命指导》在世界范围内广泛传播，成为“颜色革命”的“圣经”。而夏普则在西方被称为“非暴力抵抗的教父”和“非暴力战争的克劳塞维茨”。夏普在1993年《从独裁到民主》一书中提出了40种类别的总共198个非暴力战斗方法，其中“象征性的公开行为”类别中第一条便是“展示旗帜和象征性彩旗”，第二条是“佩戴象征标识”，这便是后来闻名世界的“颜色革命”“茉莉花革命”等形形色色的非暴力革命的基本特征。因此称夏普是“颜色革命”教父，名副其实。俄罗斯、中国、南斯拉夫（塞尔维亚）、津巴布韦、委内瑞拉、缅甸、乌克兰、格鲁吉亚等国的持不同政见者都曾受过夏普及其手下机构的培训，而爱因斯坦研究所的经费来自于第二中情局——美国“国家民主基金会”。

哪里有“颜色革命”，哪里便有吉恩·夏普。1989年6月中国内乱升级前夕，夏普出现在北京；1991年推翻苏联政权的叶利钦的拥护者，人手一册夏普的著作《非暴力革命指导》；1998年夏普及其助手组建了反对米洛舍维奇的青年组织OTPOR(塞尔维亚语，“反抗”之意)，两年后米洛舍维奇政权垮台；随后夏普再接再厉，在布达佩斯建立“非暴力抵抗中心”培训各国的反对派，其中包括2001年在白俄罗斯成立的“Zubr!（野牛！）”，2003年4月在格鲁吉亚出现了“Kmara!（受够了！）”，2004年6月在乌克兰首都基辅成立了“Pora!（是时候了！）”；2006年左右，夏普及其爱因斯坦研究所在泰缅边境地区，又培训了3000多名来自缅甸各地的反对派……

其中，美国对米洛舍维奇政权的颠覆是冷战后一次非常经典的颠覆活动。

1999 年，米洛舍维奇政权面对美国军事上的狂轰滥炸却越发坚挺，支持者越来越多。美国随后改变策略，首先轰炸中国驻南大使馆，美国借此警告老米，即便是中国也得对美国“俯首称臣”。之前俄罗斯的叶利钦的软弱立场已经让老米大失所望，此次事件后，老米更加心灰意懒。中国时任驻南大使潘占林曾一针见血地揭示过美国轰炸中国大使馆真实意图：目的是打掉米洛舍维奇的心理防线。果然，中国大使馆被炸不到一个月，米洛舍维奇便决定接受美国提出的科索沃问题解决方案。

当各方以为事情已经告一段落而放松警惕的时候，好戏其实才刚刚开场。美国及西方情报机构花费巨额资金收买了大量的南联盟军队、反对党和媒体，通过美国第二中情局——美国“国家民主基金会”，美国在 1999 年和 2000 年两年时间里资助塞尔维亚反对派 4100 万美元，反对派趁机迅速发展壮大。南斯拉夫发生“颜色革命”的条件已经成熟。在 2000 年大选中，米洛舍维奇和反对派争执不下，都宣布自己获胜。西方主流媒体一边倒地指责米洛舍维奇选举舞弊。最后，在中情局的协调组织下，反对派于 10 月 5 日发动政变，他们占领了议会大楼和电视台，关键时刻米洛舍维奇的安全特种部队“红色贝雷帽”也倒戈。第二天，米氏被迫宣布辞职，由一群乌合之众组成的反对派中的各派系随之瓜分了国家政权里的各个要职。第二年的 4 月 1 日，米洛舍维奇被逮捕，随后移交给受美国操纵的海牙国际法庭。四年后，米洛舍维奇离奇死亡。

链接：华盛顿在俄罗斯和中国的“第五纵队”

保罗·克雷格·罗伯茨

——这些非政府组织（NGO）的真正意图是破坏这两个有能力反抗美国霸权的国家的稳定，从而推进美国霸权。

俄罗斯和中国花了20年才弄明白，在两国境内运作的形形色色的所谓“支持民主”和“人权”组织其实是颠覆组织，他们背后的金主是美国国务院以及与美国政府有关的美国私人基金会。这些非政府组织（NGO）的真正意图是破坏这两个有能力反抗美国霸权的国家的稳定，从而推进美国霸权。

华盛顿指挥的“第五纵队”成功在苏联前加盟共和国发动“颜色革命”，如约瑟夫·斯大林的出生地格鲁吉亚，以及乌克兰。

在普京当选总统的时候，美国得以利用第五纵队将数千抗议者推向街头，声称普京“窃取了选举”。然而，美国的宣传对俄罗斯没有产生什么影响，普京在俄罗斯民众中的支持率高达89%，另外11%的人只是认为普京对美国的进攻太软弱，这些人其实也支持普京，他们只不过是期望普京更加强硬。事实上，美国能够转化并使其背叛俄罗斯的人不过2%-3%，这些人是“西方人”（注：西方化了的人），主张“大西洋一体化”，愿意让他们的国家成为西方附庸，只要能为自己谋财。

但这并非徒劳无功，美国有能力让“第五纵队”走上莫斯科街头对那些漠不关心国事的美国人和欧洲人产生了影响。今天，许多西方人还认为普京的选举是“窃取”的，普京企图重建苏联帝国，打垮西方。并不是说西方有多难打垮，西方自身差不多已经垮了。

痴迷于致富的中国对华盛顿来说是个容易受骗的对象。洛克菲勒基金会正支持亲美的中国大学教授，在中国运作的美国公司则不断创造花瓶“董事会”，吸收一些统治精英的亲属，并为他们提供高额“董事费”。这让中国统治精英的忠诚度大大降低。

用金钱腐蚀中国统治精英后，美国转而发动香港的非政府组织上街，并希望蔓延至中国，而且希望沉迷于金钱的中国统治精英不那么快看到其中的危险。

俄罗斯和中国最终上钩了。令人震惊的是，被华盛顿视为“威胁”的两个国家会如此长时间容忍外国资助的非政府组织。中俄对美国“第五纵队”的容忍无疑极大程度鼓励了美国新保守派，他们因此将世界推向冲突边缘。

但俗话说，所有好事情都有个头。中国最终开始行动，保护自己免于美国颠覆。俄罗斯也是如此，出于防御已经封杀了“美国国家民主基金会”。

我们美国人需要谦虚，不要傲慢自大。我们需要承认，美国人的生活水平在过去20年里持续下滑，除了那最富有的1%。如果要让地球的生命得以持续，美国人需要明白，不是俄罗斯和中国，也不是萨达姆·侯赛因、卡扎菲、阿萨德，或者也门、巴基斯坦、索马里，等等，是美国的威胁，对美国的威胁完全来自于疯狂的新保守主义意识形态，妄想美国建立世界霸权。

如果美国人民醒悟，对于失控的政府能做什么？经历过“一战”和“二战”灾难的欧洲是否能明白，相比核战争来说，两次世界大战所造成的损害其实微不足道？

如果欧盟明智而且独立，就应该禁止任何成员国在靠近俄罗斯边境的任何地区部署美国的反弹道导弹系统或其他军事基地。

在华盛顿的东欧游说团体想报复苏联，他们不再与我们一起。他们的仇恨转向了俄罗斯。俄罗斯其实什么也没做，除了没有读沃尔福威茨主义（美国统一世界，沃尔福威茨是美国新保守主义旗手——译者注），也没有认识到华盛顿想统治世界需要先“攻克”俄罗斯和中国。

（本文作者曾任里根政府财政部政治经济问题顾问。环球视野网译者禾田编译自俄罗斯卫星网。）

四、美元军团

货币的历史非常漫长，但是，现代纸币的出现却并不遥远。用一国之内流通的纸币来撬动世界霸权，更是一种近200年来才形成的新手段。

在农业文明时代，由于交通手段的限制，没有任何一个国家可以建立世界性的帝国。相应地，也就不可能有世界性的货币。当时的货币分成两大类，一类是全球通行的货币——如黄金、白银等贵金属，另一类则是分散在各地的本地货币——由不同政权发行的形形色色的货币组成。在这个时代，本地货币最多流通到周边地区，而且往往必须是发行该货币的国家的力量力所能及的地区。真正全球通行的只有贵金属。

但是，现代化和全球化的浪潮改变了这个传统。随着全球市场的出现，产生世界货币的可能性越来越大。实践证明，如果一个国家的经济力量非常强大，又有高明的金融战略做指导，有完善的金融组织和军事力量做支撑，这个国家的本地货币就可以发挥世界货币的职能，从而用本国操控的纸币影响别国的市场、购买力和资本流向。

“二战”前，美元仅仅是美国一国所使用的“地方货币”，与日元、卢布没什么两样，在国际贸易结算和储备中，美元的地位不如英镑。然而“二战”后，美国在军事胜利的基础上建立了布雷顿森林体系，彻底奠定了美元的世界霸权地位，美元也成为了美国征服世界的一大军团。

如今的美元不仅仅代表美国政府发行的货币，它同时也是全球金融体系和贸易体系的计价单位、支付和储备手段，同时美元也在全球范围与经济增长的总量和全球范围的通货膨胀相联系。美元的变动牵扯到以石油为代表的全球大宗商品的交易，也代表着以原油期货为代表的金融市场变动。与其他国家的货币以实际生产为支撑不同，作为世界霸权货币的美元其背后的支撑力量不是实际的工业生产，而是象征霸权的军事力量，因此美元又与美国对其他国家提供的防务外包，甚至全球的战争与和平相关。

1944年7月1日至7月22日，44个国家的730名代表，在美国新罕布什尔州布雷顿森林郡召开了“联合国国际货币金融会议”。会议通过了《联合国家货币金融会议最后决议书》《国际货币基金组织协定》和《国际复兴开发银行协定》，总称《布雷顿森林协议》。这项协议确立了战后美元的霸主地位。

根据《布雷顿森林协议》建立的布雷顿森林体系，实行了美元与黄金挂钩、其他国家与美元挂钩的全球金融体系。

在布雷顿森林体系下，美元等同于黄金。各国在战后经济发展的同时必然像储备黄金一样储备美元。战后的经济恢复、发展投资必然使用美元、经济恢复之后的扩大再生产和物质储备也以美元为计价、支付和储备手段。在这种情况下，法国的戴高乐总统曾经认为，美国通过美元占领了其他国家的领土和工厂，通过国际贸易，把其他国家变成了本国的仓库。而且一旦美国出现了贸易赤字，它只需要多印些美元就可以无偿地向其他国家换取商品和劳务。

布雷顿森林体系中美元的霸权地位建立在美国强大的实体经济的基础上。1948 年美国在资本主义世界工业生产总额中所占比重达到 55.8%，1949 年美国仍拥有世界黄金储备的 71.2%。而随着 50 年代之后欧洲的复兴和全球经济危机的不断爆发，美国在全球经济中所占的比重不断下降，美元相对黄金不断贬值，美国再也无法维持美元等同于黄金的布雷顿森林体系。美元的地位岌岌可危。恰在此时，美国发现了作为世界霸权的另一个秘密，即美元不一定要与实际的财富等价，其背后的等价物为全球军事霸权即可。

1972 年，美国经济学者迈克尔·赫德森发表了有关黄金非货币化的研究报告。在报告中，赫德森指出，作为一个通货为世界货币的全球强国，从短期来看，美国的账户失衡问题会实际上加强其全球经济主导地位。于是美国放弃了传统的货币观念，开始考虑“开发”美元的流动性，从而创造可持续的美国账户失衡，制造绿纸换财富的游戏。为了维持这个新游戏，美国需要寻找除了黄金之外的另一个绑定物。

1973 年年底，石油危机爆发，油价飞涨，这给美国找到了替代黄金硬通货的机会。1975 年，美国与海湾国家相继签订协议，主要内容是：这些国家在石油交易中必须用美元进行结算。石油与美元的绑定，就意味着石油进口国和出口国都应要储备美元作为结算货币，而石油的进出口意味着工业生产和大宗商品交易，因此美元与石油的绑定也意味着美元再次成为全球的“必需品”。

随着美国发展离岸经济和本国经济的虚拟化，美国逐渐变成本国不生产实物的纯逆差国和国际收支的纯赤字国。但是由于美元的霸权地位，形成了美国生产纸币，通过纸币换取其他国家生产实物的格局，也就是俗称的“绿纸骗财富”。对美国来说，美元意味着绿纸，美国只需要开足马力生产绿纸。对于其他国家来说，美元意味着财富，因此全世界都将本国的剩余产品转化为美元，并储备美元，相当于为美国的国际收支赤字、美国政府的国内预算赤字融资。美国的国际收支赤字越大，其他国家手中的美元就越多，为了手中美元的安全性和保值性，世界其他国家又不得不用这些美元来购买美债，从而循环回到美国。这种循环越快，美国以华尔街为代表的金融界就越繁荣。为了加快美元的流动速度，华尔街又不断发明新的金融衍生品。通过美债和其他金融衍生品，美国不但剥削贫穷国家，而且剥削富裕国家。全世界大部分国家都将财富与美元绑定，甚至直接将本国财富寄放在美国。美国成为了全世界的央行。

在美元的这种自我循环体制下，石油这个本应该属于工业原料的产品也逐渐转化为了金融品。以石油期货、石油头寸的买卖为代表，纽约、伦敦、新加坡、迪拜等几大期货交易所成为了加速美元流动性、扩张美元霸权的助推器。

于是，在美国军事霸权的基础上，形成了这样独特的逻辑：地区局势越动荡，美元的保值性越强，美元的流动性越快，美国所掌握的财富就越多；美元的保值性越强，美国掌握的财富越多，世界其他国家相对美国就越贫困，越弱小，军事差距就越大；其他国家与美国军事差距越大，越寻求美国的安全保护，越将本国的安全外包给美国；美国提供安全保护的国家越多，地区局势就越容易被美国左右，美国就越有能力制造适度可控的地区动荡。于是，就形成了美元与美国军事霸权的互相借力。美元在军事霸权的推动下给美国带来的霸权地位就越强。

最后，美国要做的就是两件事：在全球发纸币，让全球送财富，用全世界的钱，养他自己的军队，然后用这支军队管理全世界。它只发展可以转化为先进军事力量的战略工业，其他低端产业统统放到其他国家去做。很多中国学者想当然地说美国已经是制造业空心化，其实是美国有意淘汰落后生产力。美国在航天、航空、电子信息、生物、新材料、能源等战略性产业领域，遥遥领先于全世界，决不许别人靠近。美元可以随便你囤积，但核心技术绝不转让。这就是美国的逻辑。

五、盟友军团

自古以来，结盟就是增强力量的一个有效途径。尽管美国的力量已经非常强大，但美国依然害怕出现一个联合起来对抗它的欧亚大陆同盟。为了粉碎这个梦魇，美国采取了两手准备：一是瓦解对手，二是打造自己的联盟。二者相辅相成，最终目的都是为了避免反美大同盟的出现。

为了达到这个目的，美国首先以北约的形式，和西欧的传统西方列强群体结成跨大西洋同盟。同时，在亚洲则牢牢抓住日本、韩国与中国台湾，同时笼络南洋小国，伺机封堵大陆强权。自小布什政权以来，又开始加强对印度的公关，目的无外乎全面确立美国的领导权。

六、美军军团

尽管前述四个军团为美国提供了强大的力量，但是，作为一个帝国，保障霸权的最后手段还是自己掌握的军事力量。因此，美军军团就成为了美国的压箱底法宝。

自“二战”结束后，美军就成为西方世界最强大的军队。苏联解体后，美军更升级为全球最强大的军队。在已经非常强大的基础上，美军仍在力争占据更高的军事变革制高点。

空天战、网络战、生物战、资源战……这些都已经不再是幻想，而是美军已经开始落实的事实。作为全球霸权的军队，美军追求的是全球领地，全球基地，全球部署，全球机动，全球到达，从而控制全球所有公共空间。因此，美军才开发“空天一体战”系统，追求全球一小时打击能力。

同时，出于对信息革命的回应，美军极其注重虚拟空间的作战能力和制信息权。此外，作为特种作战的新途径，通过生物战争和资源控制，无疑将更有力地保护美国霸权。

相对于传统军队，美军已经变身为一个巨型的变形金刚。

七、五大军团的合力运用

在现实运作中，前述五个军团的壁垒并非看上去那么鲜明。文化渗透对象与第五纵队之间的界限就非常暧昧模糊。同时，美元军团和美军军团的使用也往往纠缠在一起，互相增效。至于美国遍布全球的盟友军团，既包括了传统的国家，也日趋囊括非国家组织在内。分开看，五个军团各有自己的缺陷和杀伤死角。合在一起，就大大压缩了死角范围。正是这种五合一的组合拳，打出了五合一的全球霸权。美国已经开始用超常规的手段打压对手，美国的对手中，有几个醒悟过来用超常规的手段进行防御的呢？本·拉登的撞击世贸大厦，似乎验证了两位中国空军军官的“超限战”预言。然而，伴随着本·拉登的被击毙，不得不承认，真正的“超限战”大师，恰恰是美帝国。也正因为美国深谙此道，所以才特别恐惧别人掌握这种手段。当年才会对一本薄薄的《超限战》发出友邦惊诧的反应。

我还是那个观点：大道至简。战略，无非就是时间和空间的艺术。当对手热战能力过于强大时就进行冷战，当对手疏忽于金融安全时就打货币战争，当对手迷信普世价值时就打文化战争，当对手搞恐怖袭击时就打全维度的反恐战争，继而在反恐的旗帜下捞取各种反恐红利……这就是美国，永远在使用不对称的手段，获取超级利益。

战略盟友们：美国的三大全球跟班和三群走狗

一、美国的全球地区制衡战略

“二战”以后，美国晋级为西方世界的头号强国，随后就开始以苏联为头号假想敌、以世界帝王的目标，全力冲刺。冷战的结束则使美国成为全球唯一一个超级大国，标志着新大英帝国的诞生。现在，美国不仅仅是西方世界的老大，也成为了全世界的老大。

但是，美国并没有铸剑为犁，更没有马放南山、刀枪入库。相反，一方面，美国在全球打击反美势力，另一方面则以全球控制为目的、以欧亚大陆为中心，推行了一套覆盖全球的制衡战略，以在根本上遏制住可能出现的挑战者。

之所以以欧亚大陆为中心，原因在于欧亚大陆聚集了世界上最多的人口、最丰富的资源和最具发展潜力的国家。因此，也是最容易诞生挑战美国力量的地区。因此，早在“二战”的战局仍然晦暗不明的 1942 年，美国战略学者斯皮克曼就意识到，战后美国要维持其国际强权地位，一定要深入介入欧亚大陆的事务。如果美国被从欧亚大陆上驱逐出去，就将陷入可怕的战略包围之中。海洋也不再是美国扩张的坦途，而成了拘禁美利坚的囚笼。

为了达到这个目的，美国在每个潜在的竞争对手身边，都培养了一群走狗，平时跟着美国叫，战时跟着美国咬。进而让每个地区和地区强国都处在互相制衡之中，都有求于美国，从而达到美国对世界的统治。

（一）制衡的目标

具体到当下，美国要制衡的目标是非常明确的：

1. 欧洲列强

尽管“二战”后欧洲就不再是世界权力中心，英法德等老牌帝国主义国家纷纷追随美国。但是，美国却从未放松过对欧洲的警惕。一个团结的欧洲，尤其是在德国领导下的团结的欧洲，是美国最大的梦魇。“二战”后，欧洲的一体化进程是法德联合推动的。其中，法国始终标榜自己的伟大传统，而多次与美国唱反调。但是，自1870年普法战争以来，法国的持续衰落早就剥夺了它问鼎称雄的能力。相反，德国虽然表面上非常老实，却一直扮演着欧洲经济火车头的作用，冷战结束造成的两德统一更是使德国有了挑战世界霸权的历史记录，这些都是美国无法释怀的。好在法德之间存在着矛盾，因此，美国的策略就是利用法德矛盾来介入欧洲统一进程，同时紧抓北约，从而避免出现一个独立于美国霸权之外的欧洲。此外，英国则扮演着替补队员的作用，一旦法国无法制衡住蒸蒸日上的德国时，就放出这个预备队员。

2. 俄罗斯

苏联解体后，俄罗斯的国运一落千丈，但美国仍然忌惮这个前超级大国的反弹。所以，美国以北约制衡俄罗斯，同时也由俄罗斯反过来制衡欧洲列强，从而强迫后者留在北约框架内。

3. 中东产油国

至少到目前为止，石油仍然是一个国家发展经济、运转军事机器所必不可少的资源。所以，美国既要防止产油国家自身发展壮大，又要防止外来强国控制这个资源地带。所以，美国为伊朗准备了沙特，为伊斯兰世界准备了以色列。以点带面地看住了大批富油国。

4. 日本与亚太新兴强国群

作为唯一曾经全面挑战美国的太平洋霸权的国家，日本始终是美国的一块心病。可以说，美国从来没有彻底相信过日本，但同时又要尽量利用日本。因此，美国以日本制衡东亚大陆国家，同时又反过来用大陆国家限制日本，从而使得日本被捆绑在美国的战车上。

除日本之外，在亚太地区还分布着大批富有发展活力的新兴国家，其中，中印两个庞然大物最让美国心悸。在2010年的《四年防务报告》中，美国高层已经意识到，中印两个人口大国的经济崛起，造成了最大的国际政治变数。所以，从小布什到奥巴马，美国外交最大的一个新举动就是推动美印关系的改良。同时，再加上美国的战略重心东移、重返亚太，和泰国、菲律宾、越南、新加坡、蒙古的合作，加上在日本、韩国的老基地，已经在中国周边拉出了一条从 C 形包围到 Q 形绞索的战略线。

二、走狗眼中的美国

在美国锁定制衡对象的同时，它本身也在被锁定的过程中。只不过，锁定它的是一帮等着搭车的跟班国家。

在大国角力的棋盘上，小国往往被忽视。实际上，小国虽然有小国的弊端，但也有其优势：利用大国的矛盾进行顺水行船、搭车前进。这种心态，在亚太地区尤其普遍。

自“二战”结束后，日本就在使用这一战略，从而在对抗中苏集团的过程中，从美国套取了大量利益。

标榜不结盟的印度实际上是不随便结盟，不一边倒地结盟。靠了灵活的搭车思维，印度长期周旋在美苏之间，左右得利。现在，又企图借力美国战略东移，实现其称霸印度洋的目的。

越南、菲律宾、澳大利亚也在抱着类似的想法。如果说越南是想在南海当另一个印度，菲律宾则正在争取成为南方的日本。其最终目的都是借力于美国的战略重心调整，达成自己的区域霸权目的。至于澳大利亚，则一面想成为另一个日本，一面不停西望印度洋，想着去填补大英帝国曾经的势力范围。

在这些国家看来，作为世界上最强大的国家的美国，无疑是他们最好的搭车目标。问题是如何搭上这辆免费班车。如果说美苏争霸为一些国家提供了第一个战略机遇期，现在，他们无疑都在等待第二个战略机遇期。当美国的目的和跟班们的目的重合在一起时，就出现了一拍即合的战略合作。

三、战略飓风的掀起

美国的战略东移，像一场战略飓风，在太平洋上迅速掀起了惊涛骇浪。

一些早就心怀鬼胎的地区小国，立即借机兴风作浪。

越南要做东南亚的霸主。它已经控制了老挝和柬埔寨，还准备控制缅甸。它还想夺中国南海，一是为了配合美国的大战略，换取美国支持它的地区扩张计划；二是为了夺资源，成为构想中的海洋强国。

菲律宾主要是为了得到美国的赏赐，想通过对中国狂吠得到几根骨头。现在美国已经把从阿富汗撤出的装备放到了菲律宾。

印度想坐收渔利。印度的战略一贯是在骑墙中投机。这次又是如此。它希望中国被削弱，从而借机控制藏南。如果出现更有利的时机，也不排除分割整个西藏的可能。

于是，美国遂得以进行全球性的制衡布局：

在中东，以沙特为核心的阿盟构成了美国最重要的帮手。美国打伊拉克、打利比亚以及眼下围攻叙利亚和伊朗，阿盟都是急先锋。美国打下阿拉伯国家，扶持傀儡，走狗群不断壮大。

在俄罗斯身边，有早就被美国控制的老欧洲英法德等，还有冷战后刚收服的东欧国家，典型的是波兰；还有苏联解体后独立的国家，典型的是乌克兰和格鲁吉亚。

在中国身边，美国扶持的主要走狗是日本，其次是韩国及“台独”势力。新近发展的走狗有菲律宾、越南、印度。隐形的走狗还有新加坡、蒙古等。

澳大利亚是“资深”走狗，虽然跟着美国满世界转，但主要的活动区域还是在亚太地区。

同样是走狗，由于能力的高低、位置的不同，而形成了不同的分级。高级别的属于副官级的牧羊犬，有自己的地区话语权。低级别的属于一般性的跟班犬，只能在牧羊犬下面增加声势。

目前来看，有资格称为美帝牧羊犬的只有三个国家：

一是英国，帮美国打理欧洲；

二是以色列，帮美国打理中东；

三是日本，准备帮美国打理亚洲。

这是美国的三大铁杆跟班，也可以称为三大区域政治经理，或三大军事副官。其中，英国早已就位，以色列即将就位，日本正准备热身就位。

“二战”后期英美扶持以色列的目的，就是在伊斯兰世界的心脏打入一枚钢钉。现在，它的致命作用浮现出来了。在阿拉伯民族和波斯民族被征服之后，美国将把中东地区交给同宗同祖的以色列管理。其他如沙特、伊拉克，和“茉莉花革命”制造的新友邦，则只能算是二级走狗。

然后，美国就可以腾出手来收拾中国。于是日本的价值就凸现了出来。近代史上尝尽侵略中国甜头的日本，念念不忘重新恢复亚洲老大的地位，然后开始征服中国。美国深知日本这个隐秘的心思，所以，故意留下一个钓鱼岛的悬念，让中日鹬蚌相争。必要的时候，日本这只关在笼子里的老虎就会被放出来，祸害中国乃至整个东亚。有鉴于此，中国本着两害相权取其轻的策略，选择了搁置争议。日本却利令智昏，屡次挑起争端，根本原因就是日本认为它当亚洲老大的机会到来了。这就是为什么日本在美国宣布战略东移后格外活跃的原因。其他如澳、菲、越、印，都是二级走狗。

中国要格外注意的也正在于：美国战略东移和空海一体战构想，一定会以日本为先锋。美国不到最后是不会亲自下手的。以美日联盟为主，韩、澳、菲、越甚至印度和欧洲仆从参加的，以中国为打击目标的新太平洋战争已经在酝酿。如果中国顶住了，俄罗斯会成为中国的盟友；如果中国顶不住，俄罗斯也会充当美国的盟友趁火打劫。

第六章 美帝国的三大对手

美国与欧亚大陆三剑客——伊斯兰世界、俄罗斯、中国这三个战略对手的关系就像古代的皇帝和藩王一样，遇到共同的敌人需要合作（比如对“二战”之中的法西斯阵营），而失去敌人的情况下，美国就要想办法削藩来增强自己对世界的统治权。

美国的战略对手们：欧亚大陆三剑客

一、新帝国与新对手

美国的政治传统一向是对内民主、对外扩张；对内不相信政府，对外不相信世界。自美国成立以来，作为自封的“山巅之国”，美国一直将自身之外的世界视为异类，并以此为借口寻找敌人、渲染危机，借机实现对外扩张和世界霸权。寻找敌人，已经成为了美国军事文化、战略思维的核心内容。甚至形成了这样一句格言，“没有一个伟大的敌人，就没有一个伟大的美国”。

确实，美国的历史几乎就是一部不断寻找对手、击败对手、消化对手的过程。一路寻找、击败、消化到今天，就有了世界上唯一的一个超级大国。

目前美国的实力远远超过世界其他国家。2011 年美国军费开支约为 7080 亿美元，占财政支出的 19.9%，占 GDP 的比重为 4.8%，2012 财年，美国国防预算为 5331 亿美元，加上 1178 亿战争费，共 6509 亿美元，相当于 2009 年全球军费开支排世界第二至第十五的 14 个国家的军费开支的总和，接近全球军费总开支的一半，其中“黑预算”就有 570 亿美元，超过德国总军费开支，其“黑预算”就能在全球军费开支中排第 6 位。尽管如此，美国仍然在不断扩大自己的权力频谱，从国家战略对手到恐怖分子都是美国的敌人。在人类历史上，不管是罗马帝国还是英国日不落帝国时期，这些霸主的敌人都是国家行为体，从来没有一个国家既是由国家组成的国际舞台中的霸主，又能应对社会性的地下组织的反抗，而美国正努力实现着这一转变，这标志着出现了新形态的世界帝国。

作为新形态的世界帝国，美国是世界上最大的军工能源金融复合体，也就是防务外包提供商、以石油贸易为代表的大宗商品贸易寡头和利用资本的流动性来获利的风险投资银行的结合。目前在美国经济中，服务业在 GDP 中所占比重达 70% 左右，狭义上的制造业在美国 GDP 中所占比重由 20 世纪 90 年代中期的 17% 强降至目前的 12% 左右。没有实体经济的美国只有靠外部的输血才能存活，没有统治世界的帝国形态，美国必然将走向崩溃。而美国统治世界的秘密就在于通过军工、金融和能源这三者的结合在全球范围制造适度可控的风险来达到称霸全球的目的。因此，美国需要新的对手。

《四年防务评估报告》《美国国防战略》《美国国家安全战略》和《美国国家军事战略》是美国权威性的战略文件，在这些公开的权威文件中，美国将面临"传统挑战、非常规挑战、灾难性挑战和破坏性挑战"这四类问题，而带给美国这些问题的是日益与美国对等的中国、复兴的俄罗斯以及破碎的伊斯兰世界。在伊斯兰世界中，最具有现实威胁性的是即将跨越核门槛的伊朗。

（一）伊斯兰世界：从一盘散沙到孤军奋战

伊斯兰世界曾经在人类文明中代表着最高的水平，与欧洲黑暗的中世纪同时期的伊斯兰世界在物质文明、精神文明方面全面超过欧洲，当时的伊斯兰世界甚至瞧不起当时的欧洲。而现在的伊斯兰世界只剩下破碎的雄心和绝望的挣扎。今天的伊斯兰世界分崩离析，57 个伊斯兰国家一盘散沙。其所依托的伊斯兰国家组织的基本功能现在只剩下祈祷和谴责了。历史上的阿拉伯帝国、波斯帝国、奥斯曼帝国纷纷解体，被西方肢解，现在的伊斯兰世界仍然停留在中国明朝的封建时期，还没有进行资本主义进化，2011 年中东地区的“茉莉花革命”，就带有资产阶级革命性质。

相比而言，中国刚刚开始进入资本主义社会。中国比西方在社会形态上落后 400 年，伊斯兰世界落后 500 年。但中国由于近代被西方资本主义的欺压，以激进的共产主义方式“大跃进”，在意识形态中有了一些先进的成分。因此，中国目前总体的社会进化成就要大于伊斯兰世界。另外，中国是本土大体完整，而伊斯兰世界是已经碎片化了。本·拉登的出现和被消灭，证明伊斯兰世界对西方的反抗是历史性的，但也是徒劳的。

伊斯兰世界的核心是占据着伊斯兰教几大圣地的中东伊斯兰国家，中东地区由于横跨亚非欧三大洲的独特地位，从有人类文明以来就一直是文明、财富、民族的交汇之地，也是兵家必争之地。谁控制了中东，谁就控制了整个亚非拉的枢纽，谁就是全球性的大国。这个规律从公元前 5 世纪的希波战争就能体现出来。因此以美国为首的西方国家与伊斯兰世界的矛盾不仅仅是文明的冲突，更是站在全球地缘大战略的视角，对亚非欧控制权的争夺。

波斯帝国是全世界第一个横跨亚非欧三大洲的大帝国，公元前 5 世纪的希波战争中希腊最终战胜了波斯帝国，这一胜利使欧洲文明避免了被边缘化的厄运，也奠定了中东地区多元化的文化、民族格局，开始了世界性大帝国对这一地区的争夺史。

公元前 336 年至前 323 年的亚历山大帝国建立起来第二个横跨亚非欧三大洲的帝国。这个有史以来最大的帝国西起巴尔干半岛，南达尼罗河流域、利比亚与印度河流域，东抵中亚细亚，北依多瑙河和黑海。但这个欧洲文明占优势的大帝国随着亚历山大大帝的病亡而迅速崩溃。

波斯帝国和亚历山大帝国的崩溃意味着古波斯文化和古希腊文化统治整个中东地区的失败，而随后中东地区的再次整合则与伊斯兰的崛起息息相关。公元 610 年，穆罕默德在麦加复兴伊斯兰教。自称是阿拉伯和犹太人的祖先，亚伯拉罕宗教的继承者。到他逝世时，一个以伊斯兰教为共同信仰的、政教合一的、统一的阿拉伯国家出现于阿拉伯半岛，之后阿拉伯人开始在“圣战”旗帜下对外扩张，占领西亚、北非、中亚和南亚次大陆西北部地区以及伊比利亚半岛地区的广大领土，形成庞大的地跨亚、非、欧三大洲的封建军事大帝国。对这个庞大的阿拉伯帝国，中国史书称之为“大食”。西方史籍称之为“萨拉森帝国”，帝国疆域东起印度河流域和帕米尔高原与中国唐朝接壤，西临大西洋，南至莫桑比克苏丹国北迄高加索山，形成横跨亚、非、欧三洲的封建大帝国，是人类历史上东西方跨度最长的帝国。帝国形成了麦加、麦地那、大马士革、巴格达等几个中心，至今仍是中东地区最重要的城市。阿拉伯帝国是中东地区第一个也是最后一个完成地区、文化、民族统一的大帝国，可以说空前绝后，在此之前强大的波斯帝国、亚历山大帝国和在此之后的土耳其帝国、英帝国，以及冷战之中的美苏两国都没有完成这种统一。归本溯源，阿拉伯帝国的历史是整个伊斯兰世界的精神支柱，也是现在伊斯兰世界与美国抗争的文化基因。

阿拉伯帝国的兴起结束了中东地区文化多元的状况，随着日后民族的迁徙，中东地区形成了延续至今的阿拉伯、突厥、波斯、库尔德四大民族的格局，而这四大民族都信奉伊斯兰教，形成了伊斯兰世界的核心力量，同时也开始了伊斯兰世界与欧洲文明延续千年的争端。

为了夺回耶路撒冷，欧洲罗马教皇对伊斯兰世界发动了长达 200 余年的十字军东征。美国经历“9·11”事件之后，小布什针对伊斯兰恐怖分子的军事行动定名为“无限正义”，其实就是当年十字军东征的延续。

在中东地区支持犹太复兴运动也是西方国家十字军东征的又一种表现。从 1897 年第一次犹太复国会议到 1917 年的《贝尔福宣言》，再到“二战”之后以色列的建国。英国和后来的美国硬是把在中东地区已经消失了上千年的犹太人请了回来，在以色列建国之前，犹太人遍布从远东的哈尔滨到非洲的埃塞俄比亚，从美洲到欧洲，不但古老的希伯来语言和文字已经成为了没人会说没人会写的“死语言”和“死文字”，在人种上都呈现出白种人、黄种人甚至黑种人并存的情况，可以说当时犹太人作为民族是不存在的。为了统治的方便，英帝国在巴勒斯坦地区复兴犹太国家，重新打造出了一个有国家、有语言、有宗教的新民族。

美国和欧洲复兴和扶持以色列的用意，就是替他们看管中东伊斯兰世界的中心。有以色列在，伊斯兰世界永远也强大不了，而必须受制于美国和欧洲。以色列是美国和欧洲打在伊斯兰世界心口的一枚钢钉。以色列有核武器和基因武器，可以毁灭阿拉伯世界和伊朗。

与农业文明时代不同，现在的中东地区由于大量的油气资源，意味着中东地区可以掌握大量的财富，也意味着如果中东地区将这些财富转化为现代的工业技术，伊斯兰世界有可能再度崛起。而美国为了避免这两种情况，控制中东地区的武器之一就是在这一地区制造适度可控的紧张局势。美国控制中东的油气，还卖武器给他们；既保卫美元，又赚他们的钱。美国连续在中东开战，既消耗伊斯兰世界的元气，又让伊斯兰国家恐惧美国。

冷战一结束，美国最先抢占中东，掌握世界的油龙头。本·拉登一出现，美国又挺进中亚，接近世界岛的中心。加上控制巴基斯坦，伊斯兰世界和中国、俄罗斯的地理联系基本就被切断了。布热津斯基说：“美国的噩梦是伊朗、中国和俄罗斯联合起来。谢天谢地，他们没有这么做。”

2010年，美国撤出伊拉克；但接着，2011年，美国又伙同欧洲发起了利比亚战争，还是不想离开中东。希拉里虽然发表了《美国的太平洋世纪》，宣传美国的战略重心将东移到亚太地区。从2001

年以来，美国通过伊拉克战争、阿富汗战争打入了伊斯兰世界在中东和中亚的两个核心区。通过 2011 年“茉莉花革命”和利比亚战争，从摩洛哥到埃及再到也门、利比亚以及只剩下半口气的叙利亚政府，美国在十年之内使中东地区的整个政治生态发生了根本的改变。

但伊斯兰世界还有一个即将跨越核门槛的伊朗。2012 年在联合国大会上以色列总理内塔尼亚胡说伊朗距离核门槛只有三个月时间。美国改造中东的历史使命还没有真正完成，只有消灭了反美的伊朗政权，美国才有可能全力东移，集中力量对付中国和俄罗斯。未来一个时期，西方必然要把解决伊朗，历史性地结束新十字军东征当作重大战略任务。

伊斯兰世界的大部分已经被西方踏在脚下。伊朗的存亡是伊斯兰世界作为世界政治力量的标志。作为中东伊斯兰国家中最有可能掌握核武器的国家，以及目前中东地区工业化程度最高的国家，一旦伊朗生存下去并强大起来，必将成为中东地区的样本，这将给美国对中东地区的统治带来灾难。

美国最害怕的是伊斯兰世界的整体复兴。2011 年的中东动乱说明，伊斯兰世界还在继续百年的衰落进程。由于和中国一样，错过了资产阶级革命，错过了资本主义的历史阶段，因此整体还处于农业时代，意识形态上不是社会主义就是封建主义。只有少部分如土耳其进入了资本主义。

由于这个历史阶段的错失，伊斯兰世界的技术水平和现代工业水平，落后西方一个时代。他们只能靠出卖地下的原油。一旦资源耗尽，伊斯兰世界将是一片沙漠。阿联酋曾经想创造一个迪拜奇迹，但结果却是房地产泡沫。

只要他们没有技术和工业，他们就不会有独立和强大，他们就将和 20 世纪初的中国一样，只要谁高兴，谁就可以蹂躏它。一旦伊朗发展核威慑和工业化的模式被其他国家成功复制，美国对伊斯兰世界的统治将被彻底颠覆。

目前，在伊斯兰世界美国最大的两个敌人就是恐怖分子和逐渐接近核门槛的伊朗。

伊斯兰恐怖分子依托的是广阔而奇特的社会土壤：这个社会的结构是没有中心的海绵，有多少外来资源都能被它吸干。这个社会就像壁虎的尾巴，局部损失不影响整体，而且还能很快得到自我修复。这种社会包围城市，却又不依赖城市，是一种“野草”式的存在。部落居民不依赖城市商品生存，他们之间互不隶属，在任何地方都能战斗。

美国现代化的军事力量虽然强大，但面对这种海绵一样的社会结构，仍然有种大炮打蚊子——使不上力的感觉。而改变不了社会文化土壤，也意味着美国无法彻底消除恐怖分子对美国的仇恨和威胁。

对于伊朗而言，美国实力虽大，但伊朗却从未将自己视为理所当然的小国。历史中的伊朗即使不是世界性的大国，至少也是西亚地区的重要一极。目前，伊朗是世界第四大产油国，是仅次于沙特的世界第二大石油输出国，更为重要的是伊朗控制着海湾地区的大门和波斯湾的咽喉——霍尔木兹海峡。不管是冷战时期的两极对峙，还是冷战结束之后，伊朗的一举一动都会引起各方的格外关注。巴列维国王时期，伊朗曾经以波斯湾警察闻名，波斯湾也被称为国王湖，伊斯兰革命之后，更是与整个阿拉伯世界打了长达八年的惨烈战争。从历史的传承来看，可以说伊朗决不会是个默默无闻的小国，即使它不会成为世界性的大国，它也肯定不甘人后。

目前美国已经对伊朗进行了立体包围：在陆上以伊拉克和阿富汗为重点，通过军事基地在伊朗的东西两端形成重兵集团，并积极拉拢北部的黑海国家加入对伊朗的包围；在海上加强在印度洋的迪戈加西亚基地形成对伊朗的全面合围；政治上、经济上、军事上三管齐下。这和海湾战争之后对伊拉克的制裁、削弱，最后彻底进攻的套路是一模一样的。只是伊朗很聪明，在核问题上不上当，一边进行马拉松式的谈判，一边同意美欧等国进行核查，这就导致美国对伊朗的合围总是封不上最后的口子。伊朗就利用这个机会发展核技术，并且有计划地提升本国的工业化。

在相当长的时间内，伊朗是美国全球战略远西战线（或称中东战线）的第一重点。美国希望采取大迂回战略，如同在利比亚和叙利亚等国一样，扶持政府反对派，利用网络时代的信息放大效应，运用"茉莉花革命"，从内部搞乱伊朗，然后在强大的外部军事威慑下，里应外合，彻底解决伊朗问题。

对整个破碎的伊斯兰世界而言，在早期伊斯兰的话语中，民族、国家、政治、社会、大众的生活习惯等，都不过是在宗教旗帜下形成的一个个概念。正是伊斯兰教构成了民族、构成了国家、构成了政治、构成了大众的生活习惯。从四大哈里发时期的圣人侯赛因到教法家中的战士罕百里，再到现代的赛义德·库特卜、霍梅尼甚至历史上最牛的通缉犯本·拉登，伊斯兰世界中从来不缺乏充满反抗精神的斗士。这都提醒着人们：这个没有完成工业化、现代化，尚处于传统社会形态的区域，这个占据着人类最重要的能源板块和欧亚非三个大洲中心地带的伊斯兰世界是不能被忽视的。今后相当长时间，它仍将是美国最大的战略难题之一。

（二）俄罗斯：伺机崛起的可怕对手

1844 年，法国思想家托克维尔预言："将来有两大民族——美利坚民族和俄罗斯民族，他们的出发点不一样，道路各异。但是他们像是受到天意的密令、指派，最终要分别主宰人类的一半。"到了 20 世纪，这个预言终于变成了现实。

在"一战"的废墟上出现了全新的苏联，从而打破了西方资本主义一统天下的局面，带给全人类新的意识形态。苏联——苏维埃社会主义国家联盟，是世界上唯一一个既没有民族又没有地域的国名。代表了一种普世性的理想。苏联用 30 年的时间完成原来希望 200 年完成的工业化。能够与美国进行太空竞赛，并且还取得过胜利。世界第一颗人造卫星，第一位航天员写着苏联人的名字。苏联的核武器可以毁灭全人类 50 次。由于主要国土都位于高纬度地区，苏联是整个北半球的“高地”，可以轻松地将本国的核武器投放到任何北半球国家。苏联又是如此的辽阔，当波罗的海的夜幕降临时，远在太平洋西岸的符拉迪沃斯托克的黎明刚刚开始。横跨整个欧亚大陆，占据着人类六分之一的土地。

在冷战时期，苏联曾经和美国进行了史诗性的较量。1962 年，在没有远洋海军的情况下，苏联可以迫使美国在古巴导弹危机中做出妥协，以从古巴撤回导弹，换取美国从土耳其撤回导弹的平衡。1973 年第四次中东战争中，面对有机会占领开罗，彻底消灭埃及的以色列，苏联通过军事威慑，迫使以色列在形势一片大好的情况下主动停火；在 20 世纪 80 年代初，苏联的海军甚至超过了美国海军，插着镰刀斧头旗帜的苏联海军可以在美国的家门口加勒比海地区进行军事演习；苏联世界第二大经济强国的地位在 1988 年才被日本超过。冷战时期的苏联是令人生畏的，甚至是让以美国为首的整个资本主义绝望的。当时的苏联可以与美国在太空、海洋和全球范围进行争霸，决斗范围遍及政治、经济、军事和文化、特工等多个领域。

苏联最大的战略失策就是和中国闹翻，中苏分裂导致世界历史上有可能出现的最大的亚欧大陆联盟成为空想。由于没有建立起苏、中、印欧亚大陆大联盟，美国的势力因而能够深入欧亚大陆内部，将对手各个击破。

然而，在苏联垮塌的废墟上，依然有着一个虽然浑身伤痕、却依然挺立伺机崛起的俄罗斯。这是美国无论如何不能安心的。

历史上，俄罗斯面临的敌人都是世界上最强大的敌人，从建立金帐汗国的蒙古铁骑，到统治欧洲的拿破仑、希特勒，从刚刚完成历史性崛起的日本，再到由美国领导的整个资本主义阵营。然而任何国家都没有彻底征服过俄罗斯，这也是美国将俄罗斯视为头号战略对手的原因。

随着冷战结束，美国制造了从波罗的海到高加索再到中亚地区的新动荡轴心。这几个轴心又成为了继续封锁俄罗斯、肢解俄罗斯的战略利器，俄罗斯随即在几个方向上陷入纠纷。从波罗的海三国加入北约到与乌克兰的黑海之争，再到高加索地区的两次车臣战争和中亚地区的持续动荡，美国在继续着冷战的战略，要把俄罗斯变成一堆碎片。这是美国从全球帝国出发的终极对俄目标。

面对美国的步步紧逼，今天的俄罗斯正如它的双头鹰标志一样，勇猛而狡猾，永远准备变脸。

冷战之后，俄罗斯首先修改了核战略。2010 年梅德韦杰夫签署的第三份《军事学说》中，强调首先使用核武器和核报复。核武器是俄罗斯最大的比较优势。苏联冷战时期的陆上霸权、制空权、制海权都以核武器为核心支撑。冷战时期，苏联的海军定位为护航舰队，其核心任务是掩护弹道导弹核潜艇到达海底阵位。其水面舰艇、甚至发展的航母都以这一任务为核心。在核武器的威慑面前，美国在大多数时期比苏联都要强大的远洋舰队并没有发挥出太大的作用。在 1962 年古巴导弹危机中，苏联全部海军只有 4 艘潜艇能够到达古巴海域，而美国却可以在这一地区部署 40 艘舰艇、240 架飞机和 3 万名人员，组成强大封锁线。但是美国却不敢击沉苏联运输导弹的货船，在美苏达成协议后，苏联运输船安然返回。生活在大舰巨炮年代的马汉一定想不到，传统的以水面舰艇交战所获得的以通行权为核心的制海权，完全可以通过部署在本土的核武器的威慑来取得。

因为有了核武器和新的核战略，俄罗斯在一定程度上挡住了北约在东欧地区的挤压，在 2008 年出兵格鲁吉亚时更是毫无顾忌。下一步也许俄罗斯还会出兵乌克兰、中亚这些传统的苏联地盘。对此，美国和北约只能暂时退避三舍。尚武精神是俄罗斯的传统，俄罗斯的历次复兴毫无例外都是依靠军事崛起完成的，目前俄罗斯正在进行新的军事变革，苏联倾全国之力打下的军事力量基础正在被消化吸收和转型。目前俄罗斯的军工企业已经度过了最困难的时期，俄军从六大军区缩减至西部、南部、中央、东部四大军区，俄军从六级指挥体系精简至战略指挥、行动指挥、团三级指挥体系。2012年，经历了阿富汗战争和苏联解体的前国防部长格拉乔夫去世，同时俄罗斯结束了文官担任国防部长的历史，新的军人部长绍伊古上台。这些都意味着俄罗斯军事力量的新时代已经来临。

在美国冷战之后的大战略中，由于与俄罗斯的实力差距逐渐拉大，在俄罗斯拥有庞大核武库且公开表明会首先使用的前提下，美国只能把俄罗斯当作暂时的朋友、最后解决的对手。

可以说，俄罗斯凭借不惜一战的强硬，为自己赢得了喘息之机。

目前的俄罗斯，正在采取战略投机国策，听任美国对中东大打出手。原因一是俄罗斯本来也阻止不了；二是美国打中东，是为渊驱鱼，俄罗斯可以坐收油价暴涨之利以富国强兵。一旦美国出现衰落迹象，俄罗斯将逐步将原来的独联体重新收入囊中。

2008年，俄罗斯就制定了战略性文件《俄罗斯联邦2020年前国家北极政策原则》，2011年，俄罗斯表示将成立两个北极旅争夺北极地区。随着全球气候的变暖，目前荒凉的北极地区以及俄罗斯广袤的西伯利亚未来有可能变成一片适合种植和居住的沃土。北方航道的开通预示着苏伊士运河和巴拿马运河有可能失去作用，北极地区丰富的油气资源预示着这里有可能成为另一个中东。在北极问题上，俄罗斯已经抢占了先手。它一边对付着美国和西方的挤压，一边还准备争夺北极。雄心之大，可以想见。

美国并非不知道俄罗斯的雄心，但它没有办法。

美俄博弈和决战，是美国称霸世界征程中，最惊心动魄的阶段。美国希望继续肢解俄罗斯，如果无效，便挑动俄罗斯周边国家与其发生战争。日本是选手之一。欧洲也是。

目前，俄罗斯的致命弱点是人口太少。1995年以来，由于人口出生率低、老龄化严重，俄罗斯人口已经减少了660万。俄官方统计数据显示，如果不包括移民来俄罗斯的人口，俄罗斯的总人口每季度会减少约8万人。而到2020年，俄罗斯的总人口在1.37亿至1.45亿之间。到2030年，俄罗斯总人口在1.28亿至1.48亿之间。缺乏人口支撑，导致俄罗斯经济后继无力。

另外，俄罗斯人热爱土地，但眼界太低，没有战略结盟意识。别看俄罗斯一直提议和中国、印度结盟，其实并不热心。俄罗斯从苏联的解体中吸取教训，不愿意再当盟主。

在欧亚大陆的四个大板块中，美国已经拿下了印度，这就和俄罗斯形成了战略冲突，因为俄罗斯一直中意这个“棕色美人”。

现在俄罗斯也暂时和美国握手。从2008年出兵格鲁吉亚时与美国全面对抗，到2011年的全面合作，俄罗斯三年内就完成了变脸。从对北约轰炸南联盟，到对伊朗核问题进行核查，俄罗斯都采取配合的态度。2011年在利比亚问题、北极问题上也传出与美国存在的秘密交易；2013年乌克兰危机，美俄再度翻脸；但2016年美国选出新总统特朗普，俄罗斯暗送秋波。

二、美对华：从C形包围到Q形绞索

2012年11月9日经合组织报告称中国2012年的GDP已经超过了欧元区，在与美国GDP的对比中，中国已经达到了美国GDP的70%。GDP并不真正代表国家的权力，但却可以象征心理的临界点。“二战”之前，日本在与美国的海军谈判中，长期坚持一定要达到美国兵力的七成，其依据是拥有对手的七成兵力已经足够防御。作为全球唯一达到美国七成GDP的国家，中国不能被美国紧紧盯住。不管中国多么不情愿，现实国际政治规律依然注定中美之间的战略关系即将发生质变。

从全球权力的空间性上看，美国已经取得了全球性的权力，美国的军事基地、企业和资本早已遍及全球；而中国仍处于在全球范围内扩大权力资源、寻找战略支点的阶段，不仅在空间上没有涵盖全球范围，在本质上也没有实现权力资源向权力的转变，即使在家门口的南海地区，也是如此。在很长时间内，中国仍是地区性的权力。

从全球权力的时间性上看，美国的全球霸权正在升级。其核心特征是：第一，美国是全球最大的风险投资资本家，利用美元、美债和金融杠杆的流动性迅速吸收全球财富。美国实际财富与其他国家的差距不是在缩小而是在增大；第二，美国成为全球企业利润和物流供应链的终端；第三，美国控制着全球资本市场的信用分配和交易规则；第四，美国是世界最强的军事攻击力量和最大的防务外包供应商。美国的军费开支历史性地占到了全球军费总开支的一半；第五，美国拥有高质量的盟友，并且盟友与美国实力的差距在不断加大，只寻求搭便车而不制约美之战略自由；第六，美国正在成为新兴的能源出口国。

与之相比，中国尚处于扩大权力资源的阶段。在中美两国的关系中，经贸领域的合作以及美国处于债务国、中国处于债权国的地位格外引人关注。然而，通过对比中美对外金融资产与负债结构、成本收益后会发现，作为全球最大的债务国——美国投资收益为正，而且远远超过其最大债权国——中国的净资产收益。1990—2008年中国国际收支平衡表中的投资收益净额多数年份为负。投资收益累积逆差额达605.53亿美元，国民财富大量流失。中美的经济关系中，中国不是一个真正意义上的债权国，而更像是一个把资金存入银行，又从银行高息借出来的储蓄者。与此同时，美国并不是一个真正的债务国，而更像是拿别人的钱赚钱的银行或是风险资本家。

因此，从全球权力的角度会发现，中国的权力在空间性上没有美国的范围广，时间性上与美国存在代差。在可以预见的未来，中国还没有资格与美国“共治世界”。美国不但在空间上对中国进行了C形包围，更在时间上形成了对中国的权力形态代差。从空间到时间，中国面临的是双C字的包围。

预计未来中美关系将有以下一些特征：

首先，中美关系保持总体稳定成为两国共识，这种共识像美苏之间的“冷战”文化一样，成为两国之间的基础性文化。两国发生大规模军事对决的可能性接近于零。

其次，冷冲突、温伙伴，明包围、暗遏制及反制，将成为中美之间的常态。中美两国在经贸领域上存在着关系重大的相互依赖关系（尽管这种依赖是不平等的），但在地区问题上分歧明显，在军事领域相互戒备和防范。2012 年，时任国家副主席习近平访美前后，中美两国在叙利亚、伊朗核问题上都面临着直接的对峙。美国在朝鲜半岛、东南亚地区正在进行明显针对中国的军事演习。这也说明，中美两国的未来与美苏之间的冷战不同。比冷战更热的“冷冲突”和比伙伴更冷的“温伙伴”更能体现出两国关系的特点。

再次，由于中国国力的增强，中国与世界第三、第四大国之间差距在增大，中美之间将呈现出某些两极格局的特征。是 1+1，1-1，还是 1×1？两国新型大国关系，将成为整个 21 世纪最有魅力的时代命题。

最后，中美将把世界带入“G1+1”时代，这个时代的特点是美国完成全球霸权升级，仍然占据着全球权力的巅峰，而中国不断扩大本国的全球影响，在全球权力的形态上逐渐向第一代迈进。世界有可能第一次同时出现两个形态完全不同的全球性权力，由于中美两国的权力形态存在代差，因此不会发生以往霸权转移必将发生大战的情况，中美两国的竞争核心将转化为哪种权力模式具有更长远的可持续性的问题。

美国早在冷战时期就对中国这个未来的对手提前预设了“阻拦网”：

1950 年 10 月 17 日，美国同泰国签订《军事援助协定》；

1951 年 8 月 30 日，美国与菲律宾签订《共同防御条约》；

1951 年 9 月 1 日，美国与澳大利亚、新西兰签订《澳新美安全条约》；

1951年9月4日至8日，美国、英国、法国等48个国家在没有中国、苏联等战胜国参加的情况下单方面与日本签署了《对日和约》(即《旧金山和约》)，与此同时，美日也签订了《日美安全条约》；

1953年8月8日，美国与韩国签订《美韩共同防御条例》；

1954年9月8日，美国联合英国、法国、澳大利亚、新西兰、菲律宾、泰国和巴基斯坦签订《东南亚集体防务条约》；

1954年12月2日，美国与台湾当局签订《共同防御条约》；

1955年2月，美国拼凑起所谓“巴格达条约组织”。美国当时建立起了从朝鲜半岛经过东南亚一直到巴基斯坦的对华“C形包围圈”。

随着冷战结束后美国加强与蒙古建立军事合作关系，借口反恐战争驻军阿富汗并深入中亚地区腹地，这个对中国的包围圈进一步发展，口子更小了。由于中国处于亚欧大陆边缘的特征，美国对中国的包围圈是留有口子的，但是这也跟围棋中的虎口一样，是一个攻势的包围，通过围三阙一的态势，迫使中国将大量的经济和军事资源消耗在防御上。一旦战略需要，美国把中国周边大部分国家都通过“伐交”搞定，这个C形包围圈马上就会成为一个Q形的绞索！

三、最后的牌局

美国与伊斯兰世界、俄罗斯、中国这三个战略对手的关系就像古代的皇帝和藩王一样，遇到共同的敌人需要合作（比如对“二战”之中的法西斯阵营），而一旦主要的敌人消失，美国就要想办法削藩来增强自己对世界的统治权。

美国需要削三藩，对于目前的三个“潜在敌人”，美国还没有能力一次性消灭。为了做熟这锅夹生饭，美国采取的战略和粟裕在淮海战役中的战略一样，是打一个、夹一个、看一个。打一个就是打伊斯兰世界，夹一个就是夹俄罗斯，看一个就是看住中国。

美国已经宣布反恐战争结束，今后，本土防恐将交给警察。美国的战略重点东移后，美国军队将重新锁定全球战略对手。中国的战略机遇期进入风险期。

2011 年，普京重新上台之后，宣布了组建“欧亚联盟”的计划，在美国看来这表明俄罗斯在有计划地复活苏联。在中美俄三角关系中，作为实力最弱的一角，俄罗斯很可能左右逢源。在解决伊朗之后或同时，中国会成为美国在 21 世纪前 50 年重点解决的目标，然后是俄罗斯。

但是中国、俄罗斯与伊朗也并不是一点机会都没有。这三个国家有很多相似点，他们都有别于西方的文化和历史、都有着传统的社会结构、都积累了一定的财富，具有完全实现工业化、并发展成相应军事力量的基础，而且三方都是传统的陆权国家。三国联手可以形成控制从波罗的海到波斯湾再到朝鲜半岛的整个欧亚大陆核心地域。一旦三国联手形成，位于三国包围之中的中亚地区以及巴基斯坦也必将投向这个联盟。这个时候美国就将面临海权国家对陆权国家的传统难题，即战线太长、实力不足，同时缺乏离岸平衡的手段。传统上美国的离岸平衡战略不是自己制衡敌手，而是让潜在的敌手之间互相制衡。一旦中俄伊结成稳定的同盟关系，整个欧亚大陆的核心地带都被控制，美国所依托的制衡手段将起不到实质性作用。而作为一个海权国家，美国单独又没有能力完成对整个欧亚板块的控制。依靠中俄的支持稳定下阵脚的伊朗将会继续深化工业化的进程，这将促使中东地区摆脱能源诅咒，实现不依靠石油资源的产业升级。庞大的伊斯兰人口将像中国的改革开放一样彻底改变之前的全球经济结构，而俄罗斯对北极地区的开发将使俄罗斯成为同时控制能源和战略要道的第二个中东。以此为依托，中国的影响力将深入东南亚，并将朝鲜半岛拉入这个欧亚联盟。到那时，布热津斯基曾经预言的“全球政治觉醒”才会成为现实。而与布热津斯基的预言不同，这个全球政治觉醒带来的并不是全球巴尔干式的动荡，而是工业和高科技的扩散，以及全球能源格局、大宗商品贸易格局、金融格局的调整。这样，美国控制欧亚大陆的梦想和统治世界的基础将被彻底打破。

击毙本·拉登，抓住中国龙：美国征服世界战略的第二阶段

一、举着反恐旗，走着帝国路

无论当时看起来还是事后想起来，那都像一个神话：2001 年 9 月 11 日，一个信仰伊斯兰激进主义的阿拉伯大个子男人，指挥他的几个几乎赤手空拳的部下，狠狠地撞击了当今世界不可一世的、唯一超级大国——美国的胸口。随之，世界风云突变。美国这个变形金刚，怒吼着、狂啸着，扑向阿富汗，接着又发疯一样地扑向伊拉克，三年之内连打两仗。21 世纪世界政治的大幕，就这样血淋淋地拉开了。

从此，恐怖主义和反恐成为世界的主题词。在“反恐”的大旗下，美国不管怎么做都是正确的；而凡是反对美国的，则被贴上“恐怖”或“支持恐怖”的标签。

直到萨达姆被绞断脖子，伊拉克根本没搜到什么大规模杀伤性武器，人们才察觉上当。但美国已经瞒天过海地同时立足中东和中亚，征服世界的帝国之战，已经初战告捷。

整整十年以后的 2011 年 5 月 1 日，美国又以一场神话般的行动，击毙了那个大个子阿拉伯男人，并立即宣称出动核动力航空母舰，把本·拉登抛进了阿拉伯海，报了一箭之仇。

没有人真正了解十年前“9·11”事件的真相；同样，也不会有人了解十年后“5·1”事件的真相：美国即将调整全球战略，展开世界帝国之战的第二个阶段！

这个叫本·拉登的阿拉伯男人只是一个符号，是美国战略家们为了美国全球战略的需要而制造出来的一个幽灵。

二、当年，帝国需要一个本·拉登

先让我们把时间再向前推十年：1991 年。

这一年苏联解体了，社会主义阵营总部坍塌了。

以此为标志，兴起于“一战”以后、兴盛于“二战”以后的社会主义国家，在欧洲——资本主义心脏地区，成建制、大批地瓦解、消失了，只剩下一个残缺不全的南联盟。

世界在欢呼冷战的结束，而美国这个战争—经济—工商业复合体国家，立即发动了抢夺苏联势力范围的战争——海湾战争。

美国领导人以一个并不高明的外交诡计，就让萨达姆堕入陷阱——美国告诉萨达姆，它不干涉伊拉克与科威特的争端。莽撞而又单纯幼稚的萨达姆于是贸然进攻科威特，从而为美国出兵中东创造了绝佳的借口。而在十年前的 1980 年，使用同样的诡计，美国诱使萨达姆进攻伊朗，从而使伊斯兰世界双雄鹬蚌相争，而美国自己优哉游哉地当了 8 年渔翁。

在欧洲祖先军事基因的遗传作用下，在 200 年连续战争的国家经验基础上，美国玩弄这种挑动战争的计谋已是轻车熟路。

很多人说美国打海湾战争是为了石油，这正中美国下怀，正好可以掩盖美国趁苏联死亡之机大肆夺取世界战略要地的意图。40 多年的冷战中，由于苏联的全球对抗，美国始终没有亲自踏入中东的机会，一直都是自己的代理人以色列在独自奋战。

现在，机会来了。美国甚至没有等到苏联咽气，就率领 28 国联军重创伊拉克。戈尔巴乔夫“泥菩萨过河”，当然无力搭救昔日的盟友。

美国看似蛮勇其实机警。得到立足之地后，美国并没有对伊拉克赶尽杀绝，而是开始了对伊拉克长期制裁和封锁，这就为美国以后在中东布更大的局赢得时间。

从海湾战争一开始，美国的着眼点，就是世界全局。美国在中东打一阵看一看苏联的反应，结果却等到苏联的解体。美国大喜过望，于是立即回到欧洲，开始把原来苏联的那些东欧小伙伴全部收入囊中，入欧盟的入欧盟，入北约的入北约。接着开始找南联盟的麻烦，策动其国内民族冲突，准备彻底拔除这个欧洲唯一的社会主义孤岛。

1999年，科索沃战争爆发。北约以零伤亡的军事纪录，把南联盟肢解了。

到此，整个欧洲地区，已经没有一面社会主义的红旗飘扬。北约组织急剧扩大，华约组织烟消云散。冷战的胜利，几乎和“二战”一样彻底而全面，但代价却小得多，美国和西方连一发子弹都没有射出。

这个时候，放眼世界，成片拥有社会主义的地方，就只剩下了中东和东亚。

美国看待世界，有两个视角——

第一个视角是意识形态的：冷战40多年，这一直是美国固定不变的眼光。苏联和东欧是社会主义地区，中东七国的埃及、叙利亚、伊拉克、阿尔及利亚、突尼斯、苏丹和利比亚，也曾先后宣布奉行阿拉伯社会主义。另外就是亚洲的中国、越南、老挝、缅甸、柬埔寨、朝鲜。南美洲的古巴、委内瑞拉、玻利维亚等由于重量级别不够而不在美国的战略视野内。

第二个视角是地理的：中东伊斯兰地区、苏联和中国，是欧亚大陆版图最大、资源最丰富、人口最多的国家和国家集团。

按照地球的地理形态，欧亚大陆也是世界的中心。西方地缘战略鼻祖麦金德的这一认识，在西方政界深入人心。因此，登上并占有欧亚大陆的全部资源，就成为美国优先的全球战略目标。

巧合的是，这三大国家和国家集团，又主要是社会主义意识形态的统治地域。

出于双重的战略考虑，促使美国在苏联解体后，立即推进世界帝国战略，并锁定欧亚大陆这三大块红色区域。

根据现在的推断，也许美国的战略家们在科索沃战争刚结束，就已经在策划如何进行一场挺进欧亚大陆腹地的战争了。

于是，2001 年本·拉登以一个惊世骇俗的方式出现，美国立即发起阿富汗战争，兵锋直指中亚。中俄同时不寒而栗。

接着，美国又发起伊拉克战争，并连续慑服利比亚，威慑、打击叙利亚，紧紧地包围住伊朗。伊朗核问题成为国际重大事件，其实是美国折腾伊朗的一个借口。

从 1991 年到 2010 年，是美国军事疯狂的 20 年。美国同时在阿富汗和伊拉克进行着战争，还包围着伊朗，进行着北约东扩，在格鲁吉亚和黑海与俄罗斯对峙，又在东北亚进行演习，以朝鲜核问题为借口，威逼中国。

吃着两个，看着两个，夹着两个。

到了 2011 年，中东形势突变，一朵“茉莉花”搅乱突尼斯，接着是埃及、苏丹、叙利亚、也门、利比亚……美国只犹豫了几个小时，就突然起飞了战机。

美国已经等到了彻底扫荡中东大片社会主义国家的机会。中东是什么地方？中东处于东半球大陆的中心和欧洲侧翼，是亚、非、欧三大洲的汇合点和交通枢纽，由此向东可通往印度洋和南亚、东南亚各国，向西进入地中海，向西南可达非洲各国，向西北则与东、西欧各国相通。通三洲，连两洋。由于它的独一无二的战略地位和石油海洋的天赐财富，中东被西方称之为“生命线”。但凡是有点世界雄心的国家，法国也好，英国也好，苏联也好，更别说美国，没有不对中东垂涎三尺的。但是，漫长的冷战，好战的苏联一直阻挡着美国踏入中东的步伐。

于是，1991 年，美国急不可耐地发动了海湾战争，以后又于 2003 年占领伊拉克。2011 年，美国又一次得到在中东大展拳脚的机会。

三、2011年：好一朵“茉莉花”！

阿拉伯世界的社会主义国家，既和正宗的苏联和欧洲的社会主义不一样，也和美洲及亚洲的特色社会主义不一样，他们思想上是以阿拉伯民族主义和伊斯兰教教义——而不是共产主义为基础。指导思想上的复杂性，带来经济上和政治上的混杂性，比如他们的领导力量是中产阶级，以工农兵、知识分子和民族资本家联盟为社会基础。他们虽然也反对帝国主义，但在严峻的现实面前，又先后向帝国主义妥协。

这些阿拉伯的社会主义国家大多有着三大致命的结构性缺陷：一是事实上的世袭制；二是普遍腐败；三是经济落后。这三点都容易导致内乱，给外部以干涉的借口。

在美国全球战略的棋盘上，中东和中国这“二中”，是美国战略关注的重点，意识形态只是掩人耳目的口号。这“二中”，不仅有着终极独立的文化，众多的人口，还有着巨大的资源。还有，“二中”都有与美国和西方进行大规模对抗的历史。

小布什上任以后，本来是把战略矛头同时对准中、俄的。所以，美国一边北约东扩，挤得俄罗斯一阵阵狂吼；一边对中国张牙舞爪，又是针对中国的太空战演习，又是撞机事件，等等，双方剑拔弩张。

但是，非常戏剧性地，“9·11”事件发生了。美国一头扎到了中亚，接着又钻进了中东。冷战结束后的美国，就像一只围追着三只动物的孤狮。本来它正与北极熊对吼，一会儿又围着中国牛张牙舞爪，突然中东的大骆驼踢了它一下子，美洲狮于是狂追过去。美国猛然意识到：在美国与中俄同时进行全球大对峙的时候，伊斯兰极端势力这种“敌后武工队”式的后方袭击，足以要了美国的命！所以，美国必须首先消除后顾之忧。于是，美国掉头冲进了阿富汗。这是一个既可以监视中俄，又可以打击伊斯兰极端势力的地方。但是，到底禁不起中东的诱惑，美国没过多久，又扑到了伊拉克。

小布什南征北战，把美国累得筋疲力尽，花了几万亿美元，造成一大堆烂账。美国的战略家们一看势头不好，立即策划了一个金融危机，让华尔街的大鳄们担了个贪婪的罪名，却把中国和日本、欧洲投资在美国的钱大肆洗劫了一番。但庞大的窟窿依旧无法填满，于是，美联储宣布7000亿美元救市，后来又6000亿美元量化宽松，其实就是印钞票冲账，结果让中国物价飞涨的同时，也把危机输出到欧洲。

我在2007年就觉得美国的金融危机十分诧异。十年过去了，看美国在世界上横行霸道那个样儿，哪像是经历经济危机的国家？别国遭遇金融危机无不一瘸一拐、病病恹恹；而它依旧像个到处寻找猎物的狮子，力道十足。突尼斯骚乱一起，美国只经过几个小时的镇定观察和形势判断，立即宣布支持“中东民主”，而利比亚骚乱一起，美国从操纵联合国通过制裁决议到出兵，也是以小时计算。联合国仍然被当成美国的橡皮图章。戴着诺贝尔和平奖橄榄枝的奥巴马，身后一直背着一顶涂满谎言迷彩的战盔。

眼下，“茉莉花革命”方兴未艾，奥巴马和美国战略家们，在作战室里反复推演“独裁者”的命运和中东、世界的新版图。在奥巴马的想象中，那一片充满伊斯兰暗绿色的沙漠上，正在到处盛开白色的茉莉花，虽然实际上遍地流淌着滚烫的血水。

2012年2月4日，在慕尼黑举行了以“美国、欧洲和亚洲崛起”为主题的安全政策会议，美国国会参议员麦凯恩、新加坡国防部长黄永宏、澳大利亚外交部长陆克文、法国前外长巴尼耶共同参与了讨论，美国前国务卿基辛格担任主持。麦凯恩在发言中说：美国信奉“一系列价值观的原则”，“阿拉伯之春”应当进入中国。不管在不在台上，美国政治家亡华的心思都差不多。

四、盘点：21世纪前十年美国猎杀的世界猎物

从2001年一直到2011年，整整十年，美国对它在世界上的军

事行动，都是冠以反恐之名的。其实，从2003年的伊拉克战争之后，全世界都知道美国是挂羊头卖狗肉，以反恐为名抢占世界战略要地。

在这十年中，美国一直没有抓住本·拉登，美国本来发动阿富汗战争就是为了打塔利班抓本·拉登的，但这十年，美国的战略成就却是：

1. 攻占了伊拉克，绞死了萨达姆；

2. 不战而屈利比亚之兵，小战而取卡扎菲之首；

3. 实际肢解叙利亚，包围并全面制裁伊朗；

4. 挑动东欧和独联体部分国家，与俄罗斯发生战略对抗；

5. 构筑对中国的“C”字形陆海包围圈；

6. 制定并公布针对中国的“空海一体战”，在东北亚进行大规模军演，演练“空海一体战”。

看过布热津斯基《竞赛方案》的人都知道，美国这十年的成就，全是在伊斯兰战线、俄罗斯战线和中国战线等全球三条战略线上取得的。

在跟踪研究美国战略20年的基础上，我指出了美国的全球大战略；同时发现美国在这三大战场上，“车马炮”协作，突进凌厉，声东击西，进退自如。中俄是老牌大国，所以双方搞了个地区合作组织，其实就是建了一个战略防线，把美国的力量暂时挡在中亚和东亚。但是，在伊斯兰世界，虽然中俄都知道这个地方被美国打烂对自己不利，但双方谁都爱莫能助。特别是俄罗斯，有时还不得不配合美国对伊朗的制裁。

不过，到2012年开春的时候，似乎睡醒了的北极熊突然发飙，和中国一起投了叙利亚提案的反对票，算是暂时把美国轻易复制利比亚模式的好戏搅了一回。

利比亚战争：又一个瞒天过海

利比亚战争一起，中国最引人注目的是出动军舰和军机撤侨三万余人。但是，同时也有很多人不由得担心：那些丢在利比亚的订单和合同怎么办?

据了解,中国有数百亿美元资金在利比亚利益洗牌中有可能“打水漂”。动乱发生前,在利比亚有75家中国企业承建了50个工程承包项目,涉及金额188亿美元。这些企业中包括13家央企,投资主要集中在房屋建设、配套市政、铁路建设、石油和电信领域。

2011年4月16日,伊朗英语电视台在巴拿马城采访了现任美国乔治敦大学战略和国际研究政治经济中心教授保罗·克雷格·罗伯茨。他说:“在我看来,美国此举实质上是想把中国踢出地中海。中国在利比亚拥有广泛的能源投资和基建投资,他们将非洲视为未来能源的来源地。美国通过组建‘美国非洲司令部’来与中国抗衡,但卡扎菲却拒绝加入。因此这是美国要把卡扎菲拉下马的第二个理由。”

罗伯茨说:“中国在利比亚东部地区有50个大型投资项目。因此,问题就在于为什么俄罗斯和中国都弃权而不是行使否决权进行阻止……”“大量报道称中情局是这场所谓‘起义’的始作俑者,而且一直煽风点火,并控制着局势,以便把中国从其利比亚石油投资项目上排挤出局。在我看来,当前正在发生的事情类似于美国和英国在20世纪30年代对待日本的方式。他们当时切断了日本的石油、橡胶、矿产等的来源,那其实是‘二战’期间太平洋战争爆发的起因。现在美国和英国也在对中国如法炮制。区别在于,中国现在拥有核武器,而且有比美国更健康的经济力量。因此,美国人现在这么干是在冒险,不仅对他自己,对其他国家也是极大的风险。全世界由于美国的过度扩张而岌岌可危,美国的傲慢——称霸全球的动力正驱使世界其他国家走向世界大战。”

罗伯茨说:“那些美国的傀儡国家,英国、法国、意大利、德国,都依附于美国。我们(美国)从1945年起就有军队驻扎在德国。也就是说,美国占领了德国66年。美国在意大利有军事基地,意大利怎能称得上是独立国家?法国在我们扶植萨科齐之前在某种程度上还算独立。因此他们的行动都只是听美国的。美国想要统治俄罗斯、中国、伊朗和所有南美国家。美国想当整个世界的霸主。这才是‘霸权’这个词的真实含义。为了追逐霸权，美国将不惜一切代价。”

在访谈的最后，罗伯茨从这场战争的本质，联想到今天世界的本质。

罗伯茨曾担任美国助理财政部长，“对美国经济政策规划作出过杰出贡献”。他是美国最具影响力的大型智库之一卡托研究所的研究员，还是美国著名的公共政策智囊机构胡佛研究所的高级研究员。作为一个曾参与美国重要经济政策制定的主流经济学家，罗伯茨熟知美国战略决策者的思维方式。

中国的现代化需要资源，非洲能够满足中国这一需要的大部分。美国也看到了这一点，所以，一直在阻挠中国的这一做法。2016年5月9日，希拉里到非洲去，提醒非洲领导人不要跟中国走得太近。美国之所以打利比亚，也是因为中国在利比亚有相当多的投资，主要在班加西。所以，美国就在那里开火。这和美国在巴基斯坦瓜德尔港地区大打出手的用意是一样的。

由于欧亚大陆是一个整体，更由于中东是中国的主要能源供应者，美国在中东伊斯兰世界的绞杀行动，当然对中国有着釜底抽薪的直接影响。但尽管如此，对于中国来说，这依然是间接的。此次“茉莉花革命”，美国直接猎杀的目标——伊朗，利比亚、叙利亚都是假途灭虢的附带目标。

利比亚战火一起，我最担心的是中国的经济利益。我非常非常遗憾地想：为什么几万中国年轻力壮的中国工人不能武装起来，保卫自己的工地和设备？我们的外交思维，甚至没有赶上1840年大英帝国——在一些商人的商品（鸦片）被烧之后，英国舰队跨过半个地球兴师问罪！

五、美国中东政策的最终目标：绞杀伊斯兰世界的反美主义

卡扎菲和萨达姆被并称为中东双雄，后来又出了一个伊朗。

美国首先干掉伊拉克，慑服卡扎菲，接着搞乱叙利亚，包围伊朗。2004 年是美国最接近对伊朗动武的一年。这一年，美国挟伊拉克大胜之威和军队部署在伊拉克和阿富汗之地利，美国的喊杀声甚嚣尘上。

但是伊朗并没有像伊拉克那样受到根本削弱。伊朗人口是伊拉克的三倍，美国不敢贸然军事进攻，犹豫再三之后，还是决定采取经济制裁加制造内乱的办法。天随人愿，美国等到了 2011 年的“茉莉花革命”。美国率领北约为什么要立即对利比亚下手，就是担心这把火被卡扎菲这个疯子扑灭在境内，那美国搞掉伊朗的计划就灰飞烟灭了。

美国一直认为伊朗—叙利亚—黎巴嫩是一个邪恶轴心，而叙利亚是该轴心的中枢。同时，叙利亚还被美国认为是伊朗的战略后院，多年来一直帮助地中海东部伊朗支持的黎巴嫩真主党和哈马斯。毫无疑问，叙利亚一旦瘫痪，伊朗将无法独撑危局。伊朗一倒，美国认为黎巴嫩真主党和哈马斯就树倒猢狲散了。

从此次“茉莉花革”命迅速演变为利比亚战争，可以看出美国已大大加快对欧亚大陆的分割，对伊朗大迂回，对中国大迂回加煽动地区战争。一旦伊朗出现内乱，美国一分钟都不会犹豫，将率领北约全力开战。

美国目前虽然将全球划分为六大战区，但真正的战场只有三个，而伊朗和叙利亚，事实上是伊斯兰战场的主力。一旦这两个国家被美国拿下，到那个时候，美国立即转向对中国和俄罗斯的战略进攻。美国将控制中东的石油，然后以此对付中国和俄罗斯，或降价以削弱俄罗斯，或提价以削弱中国。这就是开关“油龙头”的事。

现在，美国的全球战略大棋局，已经过了布局阶段，正进入中

场厮杀。

东北亚、中东局势的此起彼伏，一切都是美国在兴风作浪。就在这个时候忽然传来消息：本·拉登被击毙！

六、美国为什么要在 2011 年击毙本·拉登？

（一）击毙本·拉登，调整全球全面进攻战略

据美国自己宣称，跟踪本·拉登已有 8 个月之久。之所以现在决定杀死本·拉登，这是美国战略家们精心设计的杰作。和 2001 年的“9·11”一样，美国又一次让本·拉登这张牌，实现了战略价值最大化。

本·拉登对于美国的最大意义，是在冷战后接替苏联，成为美国的全球战略敌人。近 100 年的战争崛起过程中，美国已经习惯了树立全球敌人以凝聚全国意志的做法，否则，美国国内潜伏着的各种矛盾就会呈现出来。美国是移民国家，各色人种的千奇百怪的想法无法统一，也就无法实施全球称霸战略。冷战结束后，美国突然在全球失去战略敌人，整个国家一下子不知所措，所以，美国匆忙设计诱使萨达姆进攻科威特，然后自己出兵海湾，既团结了美国又控制了没有前进方向的北约。“9·11”事件出现后，在美国的全力渲染下，本·拉登基地组织取代了邪恶的苏联帝国，美国于是万众一心踏上战争之路。

不管我们喜欢不喜欢，美国就是这样一个被战争之鞭狂抽着才能不倒的陀螺。只有战争，不停地战争，才能让美国国家机器的各个部分运转正常。

“9·11”之后，本·拉登已经是一个政治符号。美国充分利用了这一事件和这个符号，打着反恐的旗号，在全世界攻城略地。从 1991 年到 2011 年，20 年中，美国在其冷战导师布热津斯基规划的三条战略线上全面推进，总体战略目标已基本实现：总体上控制了伊拉克，包围了伊朗；同时，以反塔利班为名，进驻巴基斯坦，

控制了伊斯兰世界唯一的核国家；踏足中亚，实现了在世界能源重地的驻军，对中国和俄罗斯进行战略压迫。20 年的战争，美国充分利用了冷战的胜利，极大地扩张了第二次世界大战的胜果，特别是巩固了美元金融霸权，基本打下世界霸权根基。

但是，在取得这些战略成就的同时，美国的战线也拉得过长，耗掉美国太多实力——经济危机的出现就是美国力不从心的征兆。这与越南战争后期美国的经济状况颇为类似，严重的财政赤字迫使美国必须进行战略收缩，以养精蓄锐准备下一波攻势——奥巴马的上台及其上台后的政策宣示，已经说明这一点。

此时，本·拉登的“死”更加强烈地表明，美国将要对冷战结束以来的全球全面进攻战略——反恐战争是其冷战进攻战略的继续和高潮阶段——进行调整。

（二）警惕美国将动乱之火烧向巴基斯坦，切断中国与伊斯兰世界之间的联系

正如美国渲染本·拉登是“9·11”的罪魁祸首，塔利班、萨达姆却被暗算一样；2011 年，美国“突然”在巴基斯坦“杀死”了本·拉登。

美国总统奥巴马在宣布击毙本·拉登的同时，画蛇添足地说“此次行动得到了巴基斯坦军队的协助”，而巴基斯坦则立即矢口否认，此中已暗含玄机。接下来，美国智库认为本·拉登就居住在巴基斯坦军方眼皮底下，没有巴基斯坦情报部门和其他系统的支持，这是根本不可能的。美国社会普遍弥漫对巴基斯坦的不信任情绪，美国强力部门叫嚷着要对巴基斯坦与本·拉登的关系进行调查。这说明，在“茉莉花革命”搞乱了利比亚和叙利亚之后，美国又准备搞乱巴基斯坦了。

巴基斯坦近年来因配合美国反恐，国内部落、族群矛盾本来就十分激烈，这次本·拉登在其国内被美军打死，使巴基斯坦内部矛盾更加突出。果然，不久后巴基斯坦就发生连续的自杀爆炸袭击。

而巴基斯坦逮捕此次为中情局击毙拉登通风报信的线人，更让美国恼火。双方作为反恐盟友的裂痕急剧扩大。印度一看有机可乘，居然也高喊可以像美国一样在巴基斯坦境内进行“反恐”。巴基斯坦一时如临大敌，总统、总理一个到俄罗斯，一个到中国，未雨绸缪。因为一个本・拉登，南亚几乎瞬间呈现大国集团对抗的局面。

美国此次在巴基斯坦国内，自如调动美军，如入无人之境。这一事实也表明，一旦美国决定对巴基斯坦核武器库和巴政府采取行动，也是轻而易举的。巴基斯坦的命运，在美国军队进驻之日已经被掌握，美国几乎可以随意摆布巴基斯坦。而巴基斯坦是中国面向印度洋和伊斯兰世界的重要通道，巴基斯坦发生动荡或分裂，会立刻危及中国的西南部战略安全。

而美国搞乱巴基斯坦的最终目的，还是想搞乱伊朗，同时也切断中国与伊朗的间接陆地联系。这是符合美国整体战略意图的。

中国实施“一带一路”战略，巴基斯坦是重要的着力点。因此，提防此地出现利比亚式的危机，也应纳入中国的战略视野。

七、本・拉登之后，谁是美国新的战略敌人？

需要特别关注的是，由于本・拉登的“死”，美国在全球再一次失去战略敌人。谁会成为美国新的全球战略敌人？

从总体上分析，苏联解体之后，俄罗斯尚未进入整体复兴，其强大的工业体系正在老化，除军事外并不对美国和西方构成真正威胁。而俄罗斯尚存的军事余威，客观上也使美国不愿意进行短兵相接式的搏杀，这在2008年的格鲁吉亚危机后，双方已经心照不宣地达成了战略默契。

剩下的只有伊朗和中国，其中中国更有可能成为“首选”。因此，为了集中力量对付主要对手，美国固然有可能继续与俄、伊龃龉，更有可能的是，突然与俄、伊握手，而对中国挥拳而来。

在欧亚大陆的三大战场，主动权在美国手上，是打是围是和，都取决于帝国的一念之间。作为 21 世纪最大的政治、经济和军事舞台，欧亚大陆正上演着人类有史以来最复杂多变的“博弈大观”。

八、美国为什么会锁定中国为全球战略对手?

在美国展开全球反恐的十年中，中国经济总量已跃升为世界第二，这本来是一个没有多大意义的数字。但一些中国经济学者沾沾自喜，一些不怀好意的美国学者借题发挥，将 GDP 第二等同于强国第二。美国战略界进而提出反恐战争给美国国家利益带来损害，转而要求尽早结束反恐战争，并将注意力重新转到其他大国，主要是中国的挑战上。

奥巴马上台后，开始逐步调整美国全球战略，在中亚方向渐渐退出，而在东亚则大张旗鼓。

美国一边从伊拉克和阿富汗撤军，同时与中国的政治摩擦突然升温。美国公开发布专门针对中国的“空海一体战”军事理论，在朝鲜半岛连续进行军事演习，表面上看是对朝鲜，实际是项庄舞剑。

美国还利用南中国海问题等，怂恿东盟国家与中国发生争端。加之最近美国对中国的美元放水，加剧中国通货膨胀，一面迫使人民币对外升值，一面又造成人民币对内贬值，同时以美元贬值为手段洗劫中国财富。这已经是上兵伐谋层面上的战略进攻。

而中国眼下虽然积累起了太多的财富，但还没有发展起来真正的现代工业体系，更没有像苏联那样转化为强大的军事实力。锁定中国作为主要战略对手，不仅可以压制中国成为美国霸权挑战者的可能性，还可以凭借美国目前拥有的政治、军事、技术和对太空、海洋、网络的控制优势，逼迫中国向美国出让大量的财富，以滋养美国。而经济控制的加深，有可能导致中国出现第一次经济危机，并进而引发中国的社会危机；中国的民族问题及其他社会问题会被引爆，从而为“颜色革命”制造条件。

不堪设想的后果，在今天都有着符合逻辑的原因，中国当警惕。

九、21 世纪头十年，美国已经在连续的战争中把自己锻造成变形金刚

在连续的战争中美国已经把自己锻造成变形金刚。看看它军事能力和军事理论在短时间内的飞跃就一目了然：

2001 年，卫星制导精确猎杀。1991 年海湾战争，美国试验了“五环打击”的新理论，第一次不把军队作为主要打击目标。这一战争样式发展到 1999 年，美国率领北约创造了“零伤亡”赢得战争的纪录；到 2001 年阿富汗战争，塔利班没有“五环”中的任何一个有价值的目标，于是，美国展现了它的另一种超级军事能力：骑在毛驴上的特种兵，可以呼叫 B-2 战略轰炸机，在塔利班山洞里投下真空超级炸弹；通过美国本土的操纵，卫星制导无人机，精确猎杀敌军指挥官阿提夫。

2002 年 6 月 26 日，美国国防部长唐纳德・拉姆斯菲尔德宣布，美国航天司令部和美国战略司令部合并，成立联合司令部。布什总统将太空任务从以前的航天司令部剥离。新的联合司令部仍然叫作“美国战略司令部”，总部设立于奥法特空军基地。新美国战略司令部于 2002 年 10 月 1 日正式开始运作。2003 年 1 月 10 日，布什总统签署命令，修改联合司令部计划，赋予美国战略司令部以前没有的四项任务：全球打击、导弹防御整合、国防部信息作战以及 C4ISR。

2003 年，美国以“震慑与畏惧”发起伊拉克战争。

2004 年，在总结伊拉克战争经验教训的基础上，拉姆斯菲尔德提出“10—30—30”作战理论；同一年，美国展开“2004 夏季脉动”演习，自 6 月第一周起至 8 月份，动员 7 个航空母舰战斗群在全球 5 个军区同时出动。根据美国“舰队反应计划”，美国必须在 30 天内以 6 个航母战斗群的兵力，支援全球各地的紧急任务；在三个月内另两个航母战斗群必须完成准备。

2005 年，美国隐身重型战斗轰炸机 F-22 正式列装；“全球隐身特遣打击分队”成型，准备进驻关岛。美空军战术司令部为此专门设计“踹门战术”。

2006 年开始，美国举行“网络风暴Ⅰ”演习，同年，美国国防部提出“一小时打遍全球战略”构想。

2008 年，美国举行“网络风暴Ⅱ”演习，同年，美国率领北约与俄罗斯在格鲁吉亚和黑海进行对抗。

2009 年 6 月 23 日，美国国防部长盖茨签署命令，正式成立美军网络司令部。

2010 年又举行了“网络风暴Ⅲ”演习，模拟针对美国关键基础设施的大规模网络攻击，目的在于检验美国重要部门遭大规模网络攻击时的协同应对能力。演习参与者有数千人，分别来自国土安全部、商务部、国防部、能源部、司法部、交通部和财政部等 7 个内阁政府级部门，金融、化学、通信、水坝、防务、信息技术、核能、交通和水资源行业，11 个州的 60 家私营企业，同时还有澳大利亚、加拿大、法国、德国、匈牙利、意大利、日本、英国等 12 个国际伙伴。之后两年一次“网络风暴演习”形成惯例。

2010 年，美国专门针对中国的“空海一体战”理论正式提出，并被五角大楼和国防部采纳。

在军事行动和理论交替前进的同时，美国的战略性兵器也不断问世：2007 年，美国“先进极高频”(AEHF) 计划承包商雷声公司宣布，取得两项里程碑式进展。作为美国“军事星”卫星通信系统的后继，可满足实时图像、战场地图和跟踪数据等战术军事通信的需求。2010 年，美国空天飞机实验；2011 年 4 月 6 日，激光炮装备军舰，接着，将装备飞机和坦克……

军事学术界一直还在探讨中的新概念武器，美国已接近列装。又一个新的军事时代来临了。这是一个太空速度和激光速度的战争时代。

十年当中，美国发动了三场战争：2001 年，入侵阿富汗；2003 年入侵伊拉克；2010 年，入侵利比亚。十年中，美军在世界各地的军事演习没有人统计，但在亚洲太平洋地区近千次是有的。

如果我们找一个画师，把美国这十年的形象描述下来会是什么样的呢？我看就是它自己大片中《变形金刚Ⅱ》中的全金属外壳的形象！

十年中，美国向全世界发起全面进攻，而世界在温水煮青蛙式的过程中，在排队等候屠杀中，麻木地承受着这一切。中东列国、越南、缅甸、朝鲜、古巴、委内瑞拉，还有其他一些国家，看着美国到处像屠杀小鸡一样踏灭别国，都在暗暗地自问：下一个是谁？

20 世纪开始的时候，美国开始对当时的世界帝国西班牙发起挑战；21 世纪开始的时候，美国开始了自己加冕世界帝国的征程。百年征程，帝业辉煌。

想想西奥多·罗斯福，再想想小布什、奥巴马，他们的战争思路有什么不一样？他们彪悍的外形看上去个个都像个"美国队长"！

完全可以预言，到第 22 世纪到来的时候，如果那时美国还存在，美国总统依然是这个战士模样。虽然，他们穿的仍然可能是西装。

眼下的中东，这个世界政治的枢纽地，这个历史上著名的古战场一如既往地炮火连天。在伊拉克出现令美国不安的反美情绪时，神秘的伊斯兰国出现了——其蹊跷程度比本·拉登有过之而无不及。而美国也像当年一样，在谴责之后，投入了军队。不同的是，美国不愿意调用陆军部队深入其中。中东各方，再也不提让美军撤出的问题了。

只有美国自己清楚，它在这里全力拼杀的全部目的，只是站上世界帝国的第一个制高点而已。

伊斯兰世界依然在血海中挣扎反抗。俄罗斯以果断的进攻手段，既扩大了国土，又推开了威胁，以局部胜利者的姿态傲立于中亚。

十八大后的新中国，一边内部强力反腐，一边蓄势待发。东海划定防空识别区，西沙撞船，南海造陆，无声而坚定地表明：在涉及国家主权和核心利益方面，中国不会再退了！

2015 年 9 月 3 日，中国举行纪念抗日战争暨世界反法西斯战争胜利 70 周年大阅兵，习主席庄严宣告：正义必胜！和平必胜！人民必胜！

一年前的这一天，习近平说：中国人民有比海洋天空更为宽广的胸怀，但我们的眼睛也决容不下沙子。

中国这次铭记历史和彰显人类正义的大阅兵，不少来自五大洲的友好国家都派出了元首和军队代表队，而西方和日本政要无一出席，军队代表队更无。一百多年前，这些国家的祖先在中国耀武扬威。70 年前，中国以惨重的民族牺牲为第二次世界大战做出关键性的巨大贡献。但是，那些傲慢惯了的国家，在美国的眼神示意之下，竟然默契地一致选择缺席。这一事实也非常现实地教育了中国人民：要维护自身安全和正当利益，要追求和平和主张世界正义，永远只能靠我们自己！

第七章

美国开启空天帝国时代

由于技术的持续发展，先是在20世纪初，天空继陆地和海洋之后成为人类的第三活动空间。继而，在20世纪后期，太空又成为人类在陆地、海洋、大气层空间之外的第四活动空间。

如果说15世纪的革命是地理大发现改变霸权轨迹的革命，这一次，将是“空理大发现”推动新变革的又一次革命。

美国再度走在了世界前列。当美国完成了陆地帝国、海洋帝国的进程之后，其世界帝国的形态开始向空天帝国转变。

在陆地和海洋帝国之后，开启空天帝国时代

一、从地理大发现到“空理大发现”

自1500年以来，欧洲列强挟地理大发现的巨浪，席卷五洲列国，开启了全球霸权斗争的新时代，并在19世纪最终形成了一个覆盖全球的欧洲霸权。因此，1500年就成了标志性的一年，地理大发现也成了人类历史中的一个里程碑事件。相形之下，那些故步自封的国家，除了日本幸运地搭上了末班车外，全部受到了历史的惩罚，付出惨重代价。

由于技术的持续发展，先是在20世纪初，天空继陆地和海洋之后成为人类的第三活动空间。继而，在20世纪后期，太空又成为人类在陆地、海洋、大气层空间之外的第四活动空间。

如果说1500年的革命是地理大发现改变霸权轨迹的革命，这一次，将是“空理大发现”推动新变革的又一次革命。

美国再度走在了世界前列。

二、新霸权的基石在太空

正如前面的篇章中已经揭示的那样，美国自建国之初就是一个

扩张意识非常强烈的国家，并在持续扩张中形成了不断开拓新边疆的传统，于是，美国的陆地疆界从与印第安人接壤的西部边陲，一路向西，到达了太平洋，之后，美国又通过一系列的战争，建立了世界上最强大的海军，控制了世界的四大洋。今天，借助超强的军事力量、遍布全球的军事基地和众多被牢牢控制的盟友，美国的霸权已经覆盖全球。

当美国完成了陆地帝国、海洋帝国的进程之后，其世界帝国的形态开始向空天帝国转变。

冷战打到最后，决胜的战场已不在大气层之内。太空已经成为美、苏两家最高的擂台。争霸世界的政治动机刺激了军备竞赛，军备竞赛反过来又刺激两国在包括太空在内的各个重要领域争先恐后互不相让。苏联率先实现载人航天，把美国甩在大气层内；美国则铆足劲“把苏联人摔倒在月球上”。在长达半个世纪的时间里，事实上也只有这两个超级大国，在太空里跳着孤独的“探戈”舞。直到一方彻底败下阵来，重新跌回重力世界的尘埃之中。而唯一的胜利者——美国，则开始了一场全新的征程。

作为冷战的胜利者，美国发现，太空是一个神秘的宝库：得天独厚的太阳能、丰富的矿产资源，零重力、近乎理想的真空、无限吸热能力以及无菌环境，为工业和商业的发展提供了难以想象的发展空间。这个无尽的宝藏不仅蕴含着巨大的经济利益，同时还潜伏着重大的政治、外交、军事利益。

20 世纪 80 年代以前，美国还一门心思与苏联较劲，之后，便只以苏联为借口，快马加鞭地开始了太空圈地运动。轰动一时的“星球大战”计划绝不只是好莱坞的一个娱乐题材，而是美国精心设计的一个抢占高边疆的战略计划。靠着这个宏大计划的拉动，美国取得了独占世界鳌头的科技、经济和军事进步，这让全世界那些沉默的“观众”非常羡慕。

进入 21 世纪，原来不太清晰的诸多前景已经明朗化：伴随太空技术的发展，形成了许多边缘学科，由此带动世界科技发生质变，人类社会由工业化迈入信息化。太空技术应用于军事，将使军事装备、军事技术和作战概念发生了根本的变化，从而将促成一场新的军事革命。由于太空相对于地球和人类有着如此重要的意义，一些国家纷纷把国家战略的基点瞄准太空。随着苏联的解体，世界呈现出单极化和多极化并存的政治混乱状态，一些中等实力的国家，乘俄罗斯衰落，美国到处开战，身陷困境之机，积蓄力量，在以往超级大国“内定”的科技和军事禁区，取得实质性的突破。首先是西欧各强国，后来是日本，然后是第三梯队的国家如中国、巴西、韩国等，也乘着世界和平与发展的东风赶上。到今天，参与太空开发的国家已达60多个。始终枕戈待旦的以色列，已经有十几颗军事卫星遨游太空，并对外出租；中国的台湾地区也要搞自己的卫星网络；还有缅甸等也要拥有自己的卫星。

通往太空之路，就此变得拥挤起来。奠定霸权的基础，却前所未有地高远起来——高到所有没有落后的国家都只能呆呆地仰望，仰望先行者从一个高峰攀升到另一个更高的高峰。

三、从菜鸟到苍鹰

在所有的太空竞争者中，美国无疑是走得最远、站得最高的一位。然而，美国的领先却不是坐享其成的，更不是一贯领先的。回顾美国的历史，就会发现，这其实是一条非常崎岖坎坷的道路。

1903年，作为美国公民的莱特兄弟发明了飞机。然而面对这项改变人类未来的新技术，美国一开始的反应并不快，虽然此时美国GDP已经是世界第一了，但是美国本土的航空企业小且分散，技术、工艺、设计、制造能力都不如欧洲。在“一战”中，美国所使用的基本都是欧洲产的飞机。在两次大战之间的20年里，欧洲航空技术继续领先，尤以德国和英国为突出。美国虽然在1915年组建了国家航空咨询委员会，也发明了变桨距螺旋桨等新技术，但在作为航空技术的前沿来说的战斗机领域，美国航空技术甚至落后于日本，珍珠港事件发生时，美国没有一款战斗机可以比得上日本的零式战斗机。当时还没有独立的美国空军，而只有分属陆海军的航空兵。其中，陆军航空队在整个 30 年代只有几十架战斗机。“二战”前，美国国内飞机市场狭小，美国的众多飞机公司（如格鲁曼、道格拉斯、马丁）大多是作坊式运作，规模不大，产品批量只有几十架，像飞机大王休斯这样的人物，不但要负责企业的管理、生产组织和推销工作，还要兼职当飞机的设计师和试飞员。

随着珍珠港事件的爆发，被空中力量打醒的美国开始了踏上空天帝国的征程。战前作坊式的飞机公司成为科学管理、分工协作的大企业，战前众多的飞机品牌逐渐被新的有实力的大公司品牌取代，北美、格鲁曼专攻战斗机，波音专攻轰炸机，各大公司形成分散协调的网络式整体，正如造船业中的“周刊航母”神话，美国强大的工业能力彻底转化为战时的产量，动辄几千、上万架的飞机被生产了出来。在飞机的性能上，P47、P51、B29 等一大批先进、实用的战斗机和轰炸机投入了战场，彻底压垮了日本。然而就飞机技术而言，此时最先进的技术在德国，德国 Me262 作为世界上第一款喷气式战斗机在“二战”后期投入了实战。而且，当时德国还发明了世界第一款巡航导弹和弹道导弹，即 V1 和 V2，并将其投入实战，此时美国的航天产业基本是零。尽管美国凭借巨大的产量已经成为了航空航天领域的大国，但仍然没有完成质的蜕变。

先进的技术没有挽救第三帝国的衰亡，但却成为了另外两大世界帝国的催化剂。“二战”后期，随着纳粹德国的战败，以美国为首的西方国家和以苏联为首的社会主义国家将吸收纳粹的航空航天技术作为一项重要的战略任务。美军被德国先进的航空航天技术所震撼，同时也学会了如何进行技术储备，如何处理好预研、型号开发和生产的关系。战后 1947 年，原有的陆军航空队从陆军彻底分离出来，组建美国空军，1959 年，美国空军首次提出了“空天一体”

的概念，将空军条令中的“航空力量”更改为“航空航天力量”，将地球表面以上的整个空间称为“航空航天空间”，并视为空军的作战环境。美国空军的成立和发展为美国迈向空天帝国打下了制度基础。

朝鲜战争爆发后，苏联的米格 15 率先投入了战场，年轻的中国空军凭借先进的战斗机“一夜之间成为空中强国”，而此时美国与之相对应的 F86 还没能投入战场。

1957 年 8 月，苏联成功试射了洲际弹道导弹。

1957 年 10 月 4 日，苏联将第一颗人造卫星送入了太空。10 月 5 日《纽约时报》头版文章称“他们（苏联人）已经战胜了美国”。科学家爱德华·泰勒甚至将苏联人造卫星的首先升空看成是比珍珠港更大的失败。因为卫星发射竞争中的失败意味着美国在弹道导弹技术方面也处于劣势。美国总统艾森豪威尔更是如坐针毡，认为苏联已经超越美国，在美国人头顶几百公里处拥有了“话语权”。

1961 年 4 月 12 日，苏联发射了世界上第一艘绕地球轨道飞行的载人宇宙飞船“东方一号”，苏联宇航员尤里·加加林成了世界上第一位进入太空的宇航员。与此相对应的是 1961 年 12 月 6 日，美国用“先锋”号火箭发射的人造卫星上升仅 1 米就摔了下来，亿万美国人通过电视直播看到了这一悲惨的画面。美国再次被甩在了后边，引发了美国朝野的巨大恐慌。

在这种情况下，美国航空航天工业开始了一系列战略性的重组和调整，充分证明了美国也可以集中力量做大事，甚至办得更有效率。随着一批政府—工业界联手的军工复合体的出现，使美国航空航天工业摆脱了一盘散沙的单兵作战形式，而是转入系统对抗。将“二战”中巨大的产能优势逐渐转化为了科技优势。

1958 年，美国政府正式成立了美国宇航局 (NASA)，以 NASA 牵头进行科研的创新和装备的科研工作。投入了大量的资金用于“二战”中缴获德国技术的吸收和发展。50 年代仅航空领域就同时上了

8 个战斗机项目和 7 个轰炸机项目。到了 60 年代，平均每年都会有新的发动机问世。更重要的是，NASA 和空军以及飞机公司合作，推动 X 飞机计划。在此之前，新飞机试飞总是和型号设计连在一起的。但 X 飞机不受具体的型号约束，纯粹就飞行的科学性问题进行探索，通过 NASA 进行的一系列实验和探索，美国的航空航天科技获得了爆炸性的发展。

在 20 世纪 50 年代，在后掠翼喷气机时代，美国的技术与英国、苏联持平，到了 60 年代，随着超音速喷气飞机的出现，美国超过了英国和苏联，并逐渐将他们甩在后边。苏联的米格 15 比与之相对应的 F86 服役早，而随后在 F104、F4、F111 等第二代战斗机的竞争中，苏联与之相对应的米格 19、米格 21、米格 23 在时间上比美国推出得晚，在技术上也逐渐落后于美国。随着以 F15 为代表的第三代战机的出现，苏联在航空领域已经被美国甩在了后面。F15 战斗机 1972 年首飞，1974 年即投入部队服役。而苏联与之相对应的苏 27 战斗机在 1977 年首飞，到了 1985 年才投入部队使用，与美国差了十年时间。

在航天领域，1961 年，在与苏联竞争载人航天失败后，美国即启动了“阿波罗登月计划”，1969 年 7 月 21 日，美国载人飞船“阿波罗 11 号”飞抵月球，美国宇航员阿姆斯特朗成了人类登月第一人。以此为标志，美国彻底站在了空天技术的最高点，尽管此后其他国家在一些小的领域还有超越美国的技术存在，但是在产业、科研以及航空航天全系统方面已经无法超越美国，美国代表了全人类在航空航天领域的最高水平，其空天帝国形态自此开始形成。

经过战后几十年的经营，在航天方面，美国在升空宇航员数量、发射卫星数量、在轨卫星数量、卫星测控精度、航空航天经济规模、航空航天科研能力等方面遥遥领先。在深空探测器数量、火箭技术、航天飞机技术等方面，其他国家都难以望其项背，往日的竞争对手俄罗斯如今在美国出于成本考虑将全部航天飞机退役后，沦为了替美国跑运输的“专业户”。由美国牵头建造的国际空间站不但有利于美国降低成本，更代表着美国在确立未来空间站建造的规格和标准。以GPS全球定位系统为代表的卫星体系成为了整个全球的空间基础设施。GPS提供的定位导航用户占全球的94%，在中国有94%的定位导航用户使用的是GPS系统。离开了GPS的定位和授时，全世界的交通将陷入瘫痪。离开了美国的通信卫星，全世界的通信将无法运转。美国的航天科技已经渗透到个人生活的方方面面。

以航天科技为支撑的美国弹道导弹技术早在冷战时期，在打击精度、射程、储藏条件、操作的简易性和智能化、燃料、材料等各个层次上都超越了苏联。苏联解体之后，不论是数量上还是质量上，美国的弹道导弹都毋庸置疑地站在了全世界的最高峰，甚至其强大的打击力量在过于弱小的潜在对手面前显得有些“多余”。

在航空领域，美国空军自越南战争之后主导了历次美国发动的对外军事行动，创造了不同类型、不同特点的空中战役。制空权成为美国霸权的另一种说法。而且美国与其他国家的技术鸿沟越拉越大。就第三代战斗机而言，尽管服役时间比美国的飞机晚、技术没有美国的先进，但欧洲和俄罗斯仍然造出了与之相对应的战斗机，如欧洲的阵风、台风，俄罗斯的苏27、米格29。然而随着美国战斗机的隐身化，随着F117、B2的出现，特别是随着划时代的四代机F22、F35的出现，其他国家与美国的技术已经形成了代差。在军火贸易领域，美国是世界上最大的战斗机出口国，尽管欧洲在三代机上还可以与美国争夺一下市场，然而伴随美国四代机的开发，以F35项目为代表，欧洲国家彻底失去了与开发同等产品的美国竞争的能力，沦为了由美国进行垂直管理的飞机开发分包商。

在民航方面，美国的波音公司是全球最大的民用和军用飞机制造商，中国需要租赁美国的飞机和设备的费用就达700亿美元，美国民航完成运输周转量占全球的三分之一以上，稳居世界第一。

美国还统领着全球的航空联盟——这是一个最早由美国国内市

场的干线航空公司与支线航空公司之间合作提供联合中转服务而产生的机构。自20世纪八九十年代以来，航空联盟蓬勃发展。1997年，加拿大航空、汉莎航空、北欧航空、泰国国际航空以及美国联合航空共同创立全球第一家战略性联盟——星空联盟（Star Alliance），标志着世界航空运输正式进入全球联盟时代。1998年，由英国航空、美利坚航空、加拿大国际航空、中国香港国泰航空和澳大利亚快达航空共同创建寰宇一家联盟 (Oneworld)。2000年，美国达美航空、法国航空、大韩航空、墨西哥航空共同组建了天合联盟 (SkyTeam)。如今，全球航空客运市场70%以上的份额被星空、寰宇一家和天合三大联盟所瓜分。

另外，任何民用飞机要想进入世界其他国家的市场，必须取得美国联邦航空管理局（FAA）颁发的适航证，因为绝大多数国家都以美国的试航标准为准，因此美国实际上充当着全球民航领域政府的角色。由于民用飞机开发成本巨大，要想获得盈利必须扩大产量走向国际市场，而能否走向市场的关键就是取得美国的适航证。可以说美国掐着全世界民航产业的脖子。

美国通过在航空航天领域为全球建造基础设施和公关产品成为了类似政府的存在，同时也由于控制了标准、掌握了核心技术，从而占据了绝大多数的全球市场，降低了生产、运营成本，提高了产业收益。而另一方面，美国覆盖全球的航空航天基础设施也成为了霸权的基础。美国可以以此为凭借限制、削弱商业对手，可以以此为依托使用新的战争手段打击军事对手。

美国航天局局长查尔斯·博尔顿充满霸气地表示：“作为一名前宇航员和美国国家航空航天局的现任局长，我在这里告诉大家，在未来的半个世纪中，美国会继续引领全球航天事业的发展。我们已经为成功打下了坚实的基础，而美国航天局的字典中，没有失败一词。”

在这样一个前所未有的自信中，美国开始谋求帝国形式的脱胎换骨。

四、新型霸权与新型战争

在前天权时代，铁路线、坦克、火炮构成了陆地帝国的物质基础，商船队、航母舰队、海外基地构成了海洋帝国的物质基础。而无论是铁路线、坦克、火炮，还是商船队、航母舰队、海外基地，都和钢铁产量密切相关。而未来的空天帝国形态则是以信息化和后工业化的航空航天技术为支撑。

30年前，托夫勒曾经提出过后工业时代的特点，即权力和生产的分散化、小规模化和手工化。当时在连前工业化都还没有充分实现的中国，没有几个人能听明白。现在，伴随着美国空天帝国形态的形成，人们也许该悟出其中的真意了。陆地帝国时代，帝国之间的碰撞是钢铁和火药的碰撞；海洋帝国时代，帝国之间的碰撞变成了含金量更高的造船业之间的竞争；而到了空天帝国时代，全球所有的卫星加起来，其用钢量都不足一艘航母上的用钢量，而以激光武器等为代表的先进武器呼之欲出，在激光武器面前，一切目标都是静目标，延续千年的热兵器面临淘汰。正如火枪淘汰了中国功夫、坦克淘汰了哥萨克骑兵，美国式的新霸权形态也正在淘汰所有的传统帝国。

相伴生的就是一种全新的战争形态："空天一体战"。

2006年年底，美国国防部正式提出了"一小时之内打击全球任何目标"的构想。

支持这个构想的硬件有三大件：

第一件是洲际导弹。美国人的想法是走捷径，为其目前数量巨大的空射、陆射和潜射战略核导弹换上常规弹头，利用其庞大而完备的核战争体系，为其提供全球预警、目标锁定和多种平台的立体快速打击。目前，美国国防部对陆海空"三位一体"的远程常规打击方案十分感兴趣，并认为在执行常规全球打击任务时，相互补充的陆海空作战能力将同冷战时期的核“三位一体”威慑能力一样有效。

第二件是超高速空天轰炸机。据美空军官员披露，当前美国飞机研制专家正在精心设计一种能以 5 倍音速飞行、载弹 12000 磅的超音速隐形战略轰炸机 B-3。该机可以从美国本土的普通军用跑道上起飞，然后进入太空以第一宇宙速度飞行，抵达目标后再进入大气层，可在 2 小时内打击全球任何地方的目标。该机预计在 2037 年替代 B-2，但有消息说美国可能提前 19 年于 2018 年部署。

第三件是太空武器。根据新战争构想，美军将在 2015—2020 年于太空部署激光和动能武器等，以实现在 1 小时内打击地球表面的任何目标，并力争将打击时间缩短到 45 至 30 分钟。

控制着三大件的软件则是一整套信息化的新指挥管控系统。其中，非常重要的一个部分就是散步在外太空的卫星系统。凭借强大的侦察卫星和商业卫星，美国早就把地球照了无数遍，然后利用信息栅格技术，将整个地球数字化。著名的 Googleearth 软件，就反映了美国人透视地球能力的冰山一角。有消息说，美国军方还利用数目庞大的美国公民到世界旅游的机会，实地拍下某些地区的照片，作为对卫星侦察的补充。一旦美军决定在某一地区展开军事行动，只需要轻点鼠标，该地的基本概貌即可浮现。在以往历次局部战争中，美国对攻击目标的精确度就已经要求到“米”，未来的全球打击虽然距离加大，但也不会在精度上有太大的放宽——如得到国防部资金支持的洛克希德·马丁公司合作研制中的潜射中程弹道导弹(SLIRBM)，可在 12 分钟内将 454 公斤重的战斗部投送到 8000—10000 千米远的地点，打击精度 20 米。

一旦开战，美国就会发动如下四个波次的攻击：

第一波：先以太空战和网络战，捣毁对方的“头颅”“眼睛”。为对付实力强大的对手，与“一小时打遍全球”计划相匹配，美国还有着太空战和网络战的高端样式。美国 2001 年已经进行过“太空战”的大规模演习；2006 年又进行了由众多国家、军方、民间单位参加的“网络风暴”演习。

第二波：以空天轰炸机、三位一体的常规洲际导弹，集中轰击对方的政府首脑、金融、交通、电力、军事枢纽，全面瘫痪对方的“神经系统”（战争动员能力、军队指挥调动能力和国家重要功能体系），使之陷入全面的混乱；同时启动全球导弹防御系统拦截敌方零星导弹的反击。

第三波：以隐形空军机群突防，携带电脑逻辑炸弹、电磁脉冲炸弹进行补充式的面状打击，以消灭敌之残余防空力量和其他反击力量。

第四波：以航空母舰和其他空中力量，以普通大威力炸弹，掩护机降、空降兵实施登陆和地面军事行动。

由于高级自动化指挥系统的应用，这一切复杂的多维空间兵力、火力协同会在极短时间内完成。对于防守一方，如果不能在第一或第二个步骤有效地中断进攻者的行动，之后将很难有效地使用自己的主要反击力量，从而也难以避免被重创的结果。

毫无疑问，美国要在“一小时打遍全球”，快速实现自己的战争目的，必然将攻击矛头直接指向对方政府首脑，而不与对方的军事力量纠缠。美国的这种新闪电战套路是“通用性”的。如果对方是重量级的有核国家而且有迹象准备使用核武器，则美国的超级核武库在这一“闪电”过程中将会随时启动。如果是对付一些中小国家，则这一模式中开始阶段的太空战步骤可能省略。这种模式最大的威胁在于，它不再有以往战争那样的兵力调动和准备阶段，美国的一切兵力兵器都可以从美国本土和自己的海外军事基地上直接调用，战争突然性因此急剧增大，而这种突然性本身就是一种强大的威慑。

与之相配合的另一个系统就是导弹防御系统。当空天一体战和导弹防御系统结合在一起后，就形成了一盾一矛、一攻一防的完美配合。

如果说美国是靠空地一体打赢了海湾战争，正准备靠空海一体打赢新的亚太战争。未来，美国将立足空天一体，压制所有大气层内国家，构建一个前所未有的空天帝国。

五、从包围世界到笼罩世界

伴随着美国的前述革命性举措，整个世界格局乃至看世界的视角、方法都发生了天翻地覆的变化。

传统霸权是一种平面扩展的霸权，无论是陆地控制还是海洋封锁，最终都是一种平面包围。空军的出现使得包围开始立体化，但依然没有跳出重力作用的束缚。直到制天权的出现才开始打破原有的窠臼。

表面上看，太空和大气层内空间以及海洋一样的广阔，一样的没有固定的战线，一样的无法派人长期固定驻守。然而，两个显著的区别塑造了全新的格局：

首先，由于制天权具有长期性和稳定性，不像传统的制海权或制空权，仅仅只是一定时间、一定海域或空域的控制权，这就对地球地表以上空间实现了不间断的全面覆盖。

其次，传统的制海权、制空权的核心是保障通行的权利，而拥有制天权的一方不但可以控制空天飞行器的通行，还控制着基于空天的信息获取与传递，还垄断着空天一体的新打击手段和全球航空航天产业。

从飞向火星、飞向太阳系之外的深空探测器到地球轨道上的卫星、空间站，再到从空地往返的火箭、航天飞机，最后到被各种军用、民用飞机统治的近地天空，美国在地上和海上霸权之外，树立了从树梢的高度一直到外太空的空间霸权。维持这个空间霸权的是以高科技打造的各种飞行器。这些飞行器所用的物质微乎其微、所用的能源相对人类其他的开销可以忽略不计，但却形成了一个高科技的泡泡将整个地球空间包裹了起来。通过在轨卫星，美国每隔 5 分钟就可以对地球进行一次全面扫描，美国 95% 的侦察情报、90% 的军事通信、100% 的气象信息和 100% 的导航定位信息均来自太空，基于天基 GPS 系统制导的武器在精确制导武器中的比例从海湾战争时的 10% 提高到伊拉克战争期间的 98%。依靠天基信息系统，美军从发现—打击—摧毁的时间链从海湾战争期间的三天缩短到科索沃战争中的 101 分钟，到伊拉克战争中缩短到了 12 分钟。凭借空天技术，美国更是基本控制了全球的航空航天市场。

因此，制天权是绝对的权力，制天权不仅意味着对地球表面物理空间的覆盖，也意味着军事打击手段上的代差和航空航天产业上的垄断地位。美国也就从第一个从地平线之上包围对手的帝国，变成了第一个在大气层之外覆盖全球空间的帝国。

这是人类历史上的一个新节点，借助于这个新节点，美国正在打造一个全新的世界霸权。

美帝国的新保镖：天军、网军，一起走向“冷”战争

一、中国人要牢记富裕不等于强大

十年前，我明白了国家安全领域的一个基本原则：财富可以富民强国，但财富本身保护不了财富。圆明园和颐和园，都可以看成是那个时代的超级财富象征。但是，圆明园在英法联军的铁蹄下化为废墟。颐和园则影响到中日军备竞争，间接引发了甲午战争后的国家崩解大潮。同理，史前的希腊城邦斯巴达不仅远比雅典经济落后，文明程度更与之相差甚远，但是斯巴达的军事大大强于文学、哲学辉煌的雅典，结果，“雅典明灯”在“斯巴达石头”上被撞得粉碎。

如果我们把镜头拉得更远一些，纵观人类文明史，不难发现，自古以来，掠夺、破坏财富的终极手段始终是武力，因此，真正能够保护财富的也是武力。国防也就成了最大的公益事业。

这本是一个简单的道理，而且就写在历史的夹缝中，并且已经写满了所有的夹缝。可是，过于简单的道理，往往最容易被忽视。圆明园和颐和园的悲剧就是一个鲜明的例子。整个中国近代史，就是一部不断挨打、不断被洗劫的历史。

相反，在浩瀚的太平洋的另一端，美国却在不断的扩张中急速崛起。作为世界上最富的国家，美国同时也是最强的国家，它每年的军费开支超过了其身后 18 个强国的军费开支总和。而且，美军高度注重学习和创新，力争抢占军事变革的制高点。之所以如此，全在于美国深知：财富不能保护财富，反而会引发觊觎。只有当美国拥有了和其财富相匹配的力量时，其财富才能被安全地享用。

虽然美国政府从未提出过居安思危这样一个概念，但美国政府和军队的行动已经说明，它们是最懂这个道理的。因此，才有了美国在国家规划和军事变革道路上的遥遥领先。其领先程度，已经远远超出了国内一些科幻作家的贫乏想象。

2006 年 6 月 26 日，一位四星上将级别的美国军人就任美国空军航天司令部司令。2009 年 6 月 23 日，美国国防部又宣布成立新的网络战司令部，新的司令官仍将是一位四星上将级的美国军人。这说明，美国已将新生的航天军（简称天军）和网络军（简称网军）与现有的空军、陆军、海军、海军陆战队等量齐观。这是一个前所未有的巨变，标志着天军和网军即将成为美帝国的新保镖，为其世界霸权保驾护航。而这个巨变又非一日之寒所致，而是信息化革命与外太空开拓这两大革命性事件合流的结果。

二、信息时代的领先者

自 20 世纪 80 年代开始，美国社会的经济技术结构发生重大变化，即出现所谓的产业空心化迹象：美国的汽车、钢铁、造船、机械等传统工业逐步向外转移，在这些领域，美国的技术实力整体上被日本、德国等国家全面超越。一些人以为这是美国经济乃至世界霸权衰落的标志，殊不知，这正是美国国家战略安排的高明之处。在信息产业还处于萌芽状态的年代，美国就已经决定不再与德国、日本等国进行传统工业的较量，而把精力和资源集中于信息产业、航空航天及军事工业的某些核心部分。今天德国、日本等国已经在汽车、造船、机械传统产业全面超越美国，其外围边缘技术甚至已经扩散至韩国、中国等国家（只不过中国仍未掌握关键的汽车发动机技术），而美国却依靠对信息产业的技术垄断，继续维持其霸权。

今天，无论是操作系统、芯片还是互联网通信协议，信息产业里的每一个核心产品都由美国所垄断。信息技术产品不仅是处于价值链高端的高附加值产品，更是信息化时代工业产品的大脑：今天日本、德国、法国甚至中国等国家可以独立制造很多机械零部件，甚至一些关键零部件，但是指挥这些机械活动的大脑——通信系统和控制系统——却是美国人自己做的。当中国的坦克、飞机、舰艇、卫星越来越先进、越智能化时，却尴尬地发现里面所用控制系统的核心部件如芯片、操作系统等大多是进口的美国产品。

随着信息技术革命的进一步发展，信息产业将成为工业结构中的大脑中枢。信息化的产品会将整个人类活动的各环节如生产、交往、消费改造成统一的网络结构。与此同时，人类的战争形态也随之发生了深刻的变革。尤其当信息化和其他领域的新技术突破相结合时，我们所熟知的工业化战争模式已经被改变得面目全非。

三、悄然而至的“新冷兵器”战争

现代战争的一个巨大变革就是热兵器取代了冷兵器。20 世纪上半叶的机械化革命，使得热兵器的应用更加广泛，战斗范围更加巨大，战斗时间更加延长，但是，热兵器杀伤的本质没有变。同理，20 世纪后半期发生的信息化革命，极大地提升了传统热兵器的杀伤精确度，并使得传统的军队组织更加扁平、高效。但同样没有从根本上改变武器的杀伤机能。

现在，美军正在策划一场全新的战争革命：淘汰热兵器，重新打一场新冷兵器战争。

之所以称为“新冷兵器”，是因为这一次的冷兵器已不再是传统的十八般兵器，也不再以白刃格杀为目的，而是以热兵器为参照系的一次否定之否定。

目前，美军正在跳出传统的物理杀伤武器，研究包括电磁武器、激光武器、信息武器在内的各类新兵器。电、光、网络都是不发热的，无论是电磁炮还是激光炮，都是非物理杀伤性武器，因此，这些武器都可以被看作是一种新冷兵器。

和传统武器相比，这些新冷兵器速度更快、精度更高，而控制这些武器的眼睛既不在士兵身上，也不在大气层内的任何物体上，而是高高雄踞外太空的制高点，俯瞰全球。

1500 年以来，伴随着全球化的进程，没有制海权就没有世界霸权。进入 20 世纪后，伴随着空军的出现，逐渐形成了没有制空权就没有制海权的新战场法则。在今天，随着制太空权与制信息权的结合，必将形成没有制天权和制电（磁）权就没有制空权、制海权和制陆权。

这就使得战争形态和战场性质都发生了巨大变化。

从武器上讲，新装备在速度和精度上都远远超过传统枪炮，因而形成全新的时空概念。

从指挥体系上讲，依赖物理杀伤能力而建立的大气层内的传统海陆空三军的边界将逐渐消失，甚至趋于消亡。而新的太空军、网络军、激光军将会问世。其中，以太空为战场的“天军”和以电磁空间为战场的“网军”将成为美军的绝对主力，进而以“光电一体战”的形式为美帝国保驾护航，成为最强悍的帝国新保镖。

这绝不是小说，而是已经发生的现实。

四、即将到来的空天一体战时代

2014年，美军在舰艇平台上进行了激光武器的实战检测，2015年又开始将激光武器应用到陆地装甲平台上。而自20世纪“高边疆”战略出台以来，美国从来没有放慢过经营太空的步伐。

受到苏联率先实现人造卫星上天的影响，美国早在20世纪50年代就组建了监控外太空人造飞行物的防御网络。尽管这个网络只是防御性质的，但很快，美国就发现它对苏联的制天权担忧是多余的，事实上，真正占据外太空技术优势的是美国而不是苏联。由于技术底子薄弱，又没用前瞻性的战略规划，从而导致苏联在卫星上天后长期没有后招出手。相反，美国却打着防御的旗帜，一路高歌猛进。不仅实现了载人登月，而且开始立足太空，重新整合其整个武装力量。结果，苏联发射卫星上天，等于客观上推动了美国的军事转型，可以说是典型的赢了面子、输了里子。美国却是在赢了里子之后，挣回了更大的面子。

如果说电子化与信息化革命，使得传统的海陆空三维战场变成了海陆空电四维战场，伴随着外太空空间的军事化，四维战场已经进一步变身为天、电、空、海、陆的五维战场。而得其先机者，居然是一位退役的美国陆军中将。

1982年，美国陆军的一位退役中将格雷厄姆，向当时的美国总统里根递交了一份名为《高边疆：新的国家战略》的研究报告。该报告回顾了美国的历史，指出美国是一个非常善于开拓新边疆的大国，但是，以往的边疆开拓都是平面的扩张。而今后的国家边疆，将出现立体发展的趋势。地球外层空间的开发将日趋影响一国的国家安全和国家利益。故而，该报告呼吁美国应将太空纳入新的战略边疆。

在此后的岁月中，美国不仅虚晃一枪，搞了一个拖垮苏联的星球大战。更不动声色地稳步发展，在全世界以为高边疆只是一个虚概念的同时，抢先确立了美国的制“天”权。美国的电子战、信息战触角，已经深深植入大气层之外的空间。其空天一体机也正日趋具备实战能力。如果说“二战”揭示的战场铁律是“没有制空权就没有制海权和制陆权”，美国对高边疆的开拓，以及从海湾战争到伊拉克战争的实战展示，则揭示了新的战场铁律：没有制天权，就没有制空权、制海权、制陆权和制电磁权。

最近美国又高调宣布巨型钻地弹头实验成功。联系到之前已进入实战部署的全球导弹防御系统和美国准备为洲际导弹改装常规弹头的计划以及可以一个小时打击全球的空天轰炸机等众多辅助性的手段，一个不容置疑的事实已呈现在世界面前：美国全球快速常规打击体系已构建完毕！美国的这种全球快速打击体系是核常两用型的，一般情况下以常规弹药打击，如遇强大对手，或对方有用核意图，则立即转换为核攻击模式。很显然，这一体系和美国以往的局部战争模式有天壤之别，不仅将彻底改变美国军队现行的理论和编制，也将完全颠覆世界关于现代战争的基本设想。

美国计划在2015—2020年将新型军队打造完毕，从而更超前地领先世界。受此影响，德国正在实验取消陆海空三军体制，其他欧洲国家的军队也在悄悄地快速革新中，以跟上“第一梯队”。

五、早已启动的光电一体战或赛博空间战

至于信息战、网络战、电磁战，对美国而言同样不是什么新概念。

1982年夏天，西伯利亚的一条天然气管道突然发生了惊天动地的爆炸。这条管线对当时的苏联来说，是一条战略性的管道，近乎国家经济的大动脉。这一爆，导致通往西欧国家的输油线大面积中断，高度依赖能源出口的苏联因此大受挫伤。国内经济的正常秩序也受到重大冲击。

对于这次爆炸，很长一段时间以来，都被理解为一次意外。然而，只有两个国家知道，这绝非意外。这两个国家就是施展黑手的美国，

和被黑的苏联。而美国黑苏联的手段，已经不再是传统的人工破坏，也不再是机械破坏，而是在无形空间中的信息破坏。

原来，就在一年前的1981年7月，在加拿大的渥太华，法国总统密特朗借举行各国首脑经济峰会的机会，向美国总统里根提供了苏联迫切急需的秘密技术清单。里根立即指示中情局——帮助苏联获得这些技术，前提是带上后门和陷阱。

当时苏联需要通过西伯利亚将大量石油和天然气输往苏联西部，并向其他欧洲国家出口。然而，苏联缺乏管理上千英里管道的自动泵和控制阀，更缺乏相关的控制软件。美国表面上拒绝向苏联提供该软件，逼迫苏联通过秘密渠道订购相关产品。同时，作为一出外交双簧的明角——加拿大的一家公司向苏联出售相关产品，而作为暗角的中情局则提前在软件中下“毒”。不知情的苏联人自以为捡了大便宜，回国后就迫不及待地用这些软件管理其石油管道。一开始工作良好，但没过多久就开始出现故障，最终发生了上述大爆炸。从此之后，苏联官员才意识到从西方得来的很多技术中存在陷阱，然而相关技术已经遍布苏联工业的每一个领域，许多重大工程因此不得不中途停止。美国国家安全委员会成员托马斯·C.里德不无得意地说：这次爆炸的结果，带来了冷战的提前结束。

此后，随着信息化、网络化技术的普及，在后冷战时代，世界各国的基础设施中信息化、自动化、智能化的程度越来越高，而美国人始终对这一领域的技术保持着绝对垄断地位，相应地，美国在虚拟空间的虚拟战争能力也日趋提高，而渐渐达到炉火纯青的程度。而其对手却往往连这个战场的存在都不知道，自然只能当案板上的鱼肉。

正是预见到这种前景，早在克林顿时期，美国军队便高度重视发挥“信息系统”对整个军队的信息化改造，并相应地高度重视“信息战”：最开始美国的信息战聚焦决策者及其信息环境，以便影响对方的决策、思维过程、知识及对形势的了解。

2003 年 2 月，小布什政府公布了《网电空间国家安全战略》，正式提出网络电磁空间（Cyberspace，也翻译成赛博空间、网络空间）概念。其应用范畴除了传统意义上的计算机网络或互联网外，还包含了使用各种电磁能量（红外波、雷达波、微波、伽马射线、各种激光等）的所有物理系统，那些并不直接与因特网相联的军用网络系统，如指挥控制网络和防空系统等也包括在内。

同年 10 月，国防部长拉姆斯菲尔德签署了秘密文件《信息战路线图》（两年后解密），明确指出，信息战，尤其是心理战需要其他非军事部门的配合，美国的公共事务和公共外交行为将是美军的心理战的开路先锋，为美军心理战扫清障碍："公共事务和民政事务仍是与心理战相关的活动。通过追求自身的重要目标，这些功能帮助向朋友和敌人传达美国的意图，从总体上对信息战尤其是心理战产生补充作用。"《路线图》同时还指出："心理战能运用比公共事务和民政事务原则更具进攻性的战术、技术和程序，直接瓦解和劝阻敌人。在全球通信发达的世界中，信息可传送给更广泛的受众包括美国公众。"

2006 年年底，美军又组建了网络媒体战部队。据英国广播公司报道，这支特殊部队每天 24 小时鏖战互联网，与美国军方认定的"负面"舆论作战。这支新军"力争纠正错误信息"，使美军对抗"不准确"新闻、引导利己报道的能力大大增强。对于新组建媒体战部队一事，五角大楼在一份声明中说，此举目的是"更快、更及时地对突发新闻作出反应"。这支美军新部队不但要"征战"在网络，大量发布利于美国的新闻报道，反击不利宣传，还将邀请知名专家、政客和说客在广播、电视等传统媒体助阵。此次组建的媒体战部队主要"战场"是互联网，但它面对的"对手"却不是敌方的网络指挥和控制系统，而是所有的公共网站上"不利于美军和美国利益的宣传报道"。美军官员介绍，除门户网站外，绝大多数报纸、杂志、电台、电视台等传统媒体也都有自己的网站，因此，谁控制了网络，谁就会在媒体宣传战中抢得先机。因此，媒体战部队成员不仅计算机水平高，还具有深厚的新闻理论知识，他们既是电脑高手又是“记者”，以此来打造“新闻快速反应部队”。

所有这些准备都没有白忙活，从2010年迄今，美国已经多次成功运用相关成果，取得了一次又一次的不战而胜和低成本胜利。

2010年，国际原子能机构（IAEA）发现，伊朗的纳坦兹铀浓缩平台报废的数量达到惊人的程度，仅在几个月中大约1000到2000台离心机被替换。后来才知道，原因是在2009年，美国人使用了一种复杂而致命的蠕虫病毒“震网”（Stuxnet）攻击了伊朗的核设施，其目的只有一个，就是破坏该国的铀浓缩进程，从而阻止伊朗获得核武器。

事后看来，伊朗的核计划至少被延迟了三年。

同样是在2010年，“维基解密”网站在12月公布了一封密码电报，在电报中，美国前驻突尼斯大使罗伯特·戈德兹披露了突尼斯总统本·阿里家庭成员的贪污腐化事实，并且出现了如下警告：“对于遭遇日渐增长赤字和失业现象的突尼斯人来说，展示总统家庭财富和时常听到总统家人叛国的传闻无异于火上浇油。”

该文件在网络上一经传播，突尼斯国内立即发生街头罢工和示威。同时，反政府力量以“脸书”网站、“推特”和“优图”为平台，高效率、低成本地组织了一连串的反政府宣传和集会号召，从而使得突尼斯一国境内的骚动迅速传播到整个北非。

2011年1月25日，一个29岁的土木工程师借助脸书建立了一个虚拟组织，进而在埃及发动了一场数百万人规模的上街抗议，要求穆巴拉克总统辞职。最终迫使穆巴拉克解散内阁，任命前任情报部长奥玛·苏莱曼担任新的副总统。

同样的情况也出现在利比亚。鉴于网络的巨大力量，在官民冲突加剧的时候，利比亚政府关闭了互联网。然而，北约立即为起义者提供了网络支援，使得利比亚国内和境外的起义人员能实时沟通，并且保持信息外传的顺畅。同时，利比亚政府的通信和雷达却受到干扰，网络被入侵，甚至部分高级将领的手机也不断收到策反短信。政府军位于的黎波里的部队同样遭受电子、网络和信息攻击。美国海军负责欧洲和非洲战场的萨缪尔·洛克利尔上将表示，在这种作战行动中，信息是最关键的因素。卡扎菲直接统领的第 32 和第 9 特种旅，是联军电子渗透攻击的重点，美国通过向接收天线发送数据串的方式侵入网络，利用嵌入程序，窃取了网络中的情报信息，并以系统管理员的身份接管整个网络，从而形成了美军代理指挥的现象。

此外，美军还装备了先进的心理战空中作战平台——心理战飞机。该装备具有“信息插入”功能，能将有利于己方的信息“插入”到敌方信息系统，达到宣传造势、瓦解敌人、争取民心的目的。“茉莉花革命”期间，美国就出动了一架这样的飞机进行虚拟攻势，取得了巨大的成功。

而卡扎菲最终暴露行踪被打死，主要原因是 2011 年 10 月 20 日上午 8 点半左右，此前一直严守无线电静默的卡扎菲，拨通了自己的手机或卫星电话，没料到这一举动彻底将其自身的行迹暴露。因为美国国家安全局及网电空间司令部的全球信号侦察网络正不断地监听着各种电子信号，其中就包括了全球任何人的电话交谈。

数十天后，本·拉登同样因此暴露行迹，尸沉大海。

六、不是居安思危，而是居危求安

在美国征服欧亚大陆的道路上，无论是伊拉克、阿富汗，还是“茉莉花革命”所扫荡的相关国家，乃至本·拉登，都只是美军的小操练。美军精心打造的屠龙战刀，是不会只用来杀狼的。美军最终的大对手，只能是中国和俄罗斯。堪忧的是，中国在网电空间战方面的攻击能力亟待提高。

无论是中国民用的电网、通信网、互联网、物流和交通网（如航空网、铁路网、高速公路网、航海网）、银行金融网，还是军用的防空网、通信网，其中大量使用美国及西方的控制软件，就连我国的西气东输工程、南水北调工程，以及其他很多大的战略性工程，采购多是美国及西方的软件系统，这是巨大的安全隐患。

2011 年年末中国军工行业的泄密事件为我们敲响了警钟。

SolidWorks 公司 1993 年成立于美国马萨诸塞州，多年来致力于研发与销售机械设计软件，其 SolidWorks 三维机械设计软件从 20 世纪 90 年代后半期开始已经垄断了中国相关市场。这款软件在中国军工及航空航天部门有极其广泛的应用，几乎所有的中国航空航天产品均由 SolidWorks 公司所提供的软件设计完成。直到 2011 年年末，中国人才最终发现，SolidWorks 中存在严重后门，它会将个人计算机及局域网内的相关资源文件秘密保存到其编辑的所有文件中，当部分非泄密文件进入外网时，机密文件就被秘密传输到境外。事件发生后，中国各大军工企业及航空航天各单位无不惊骇：这意味着中国的每一款航空航天及军工产品都存在泄密的可能性。

对此，中国方面立即采取了反制措施。随后，由于失去了中国市场，包括该公司的 CEO 在内的诸多重量级高管相继宣布辞职。

上述案例仅仅是网电空间战的冰山一角。由于信息产业的技术积累是以指数方式增长，中国等发展中国家跟上美国速度的概率非常小。一些基础产品，如操作系统和芯片的研发和销售需要投入巨额资本，如果没有国家意志的全面干预，中国永远无法打败美国的技术垄断。

这就使得中国和俄罗斯相比，成了一个相对的软柿子。而捏软柿子，一向是美国最擅长的事情。

自 2008 年开始，美国国会下属的美中经济与安全评估委员会，在年度报告中持续渲染中国是美国网电空间的最大威胁。2010 年 5 月 31 日，该委员会前主席拉里·沃策尔撰文称："最恶劣的、可能对美国安全构成最大威胁的网络攻击行为来自中国。我们必须为网络司令部提供支持，确保其拥有足够的人力和设备，能够有效开展网络防御，并且在必要的情况下能发起进攻。我们还应该与澳大利亚、日本、北约和韩国携手应对网络入侵。”

2012 年 11 月 14 日，该委员会又公布了其向国会提交的一份涉华报告，其中将中国称为“网络空间的最大威胁者”。

这无异于倒打一耙，更可以看作是一种攻击前造势的信号。而更多的危险信号还在不断穿越太平洋，陆续呈现在我们的眼前。

2011 年 8 月，美国著名智库兰德公司公布了战略分析报告《对华冲突：前景、后果和威慑战略》。报告认为，未来 30 年内，中美间军事冲突爆发最有可能有六个原因：第一是朝鲜的崩溃，第二是台海两岸冲突，第三是网络电磁战，后面三个冲突点是南海、日本、印度。报告简略描述了美国对华网络战的场景：“考虑到进入解放军的情报网并非易事，美国在反击时或许会攻击那些支持中国运输体系的网络，包括通商航行以及军事后勤。这会直接影响到中国的贸易。在接下来对抗逐渐升级的过程中，中美两国都会经历重要网络暂时中断的情况，致使股票、货币、信用以及贸易市场猛然受到冲击。”

而实际上呢？实际上恰恰是美国对中国构成了严重的近乎致命的威胁！

用美国总统的首位网电空间安全特别顾问理查德·A. 克拉克的话说：“如果网电空间战士接管一个网络，他们能获取所有信息，或者发出指令，转移资金、泄漏石油、释放燃气、摧毁起重机、让火车脱轨、使飞机坠毁、让军队进入埋伏区，或者让导弹发射到错误地区。如果网电空间战士破坏网络并删除数据，使得计算机被锁定，那么金融系统就会崩溃、供应链将停止、卫星可能脱离轨道、航班停飞。”

放眼全世界，只有美国有这个能力。相反，却没有一个国家像中国这样，一方面高度依赖美国的网电技术，另一方面又缺乏有效的进攻和防御手段。

这已经不再是居安思危的问题，而是居危求安的问题！未来十年，将是美国加大战略东移，收紧对华包围圈的十年，也是中国面临挑战、转危为机的十年。在这场新的军事变革面前，是美国又一次不战而胜，还是我们浴火重生，将直接决定未来的亚太格局，也直接决定未来的全球格局。

第八章 美帝国的梦想与行动

20 世纪，人类互相进行集体屠杀；今天人类进步了，杀戮变为肢解。

屠杀者还是世界近代史上的老屠户——西欧人；被屠者还是以前死里逃生的中东人和中国人，今天可能还有俄罗斯人，总之是欧亚大陆的原居民。300 年发生在美洲大陆上屠戮、灭绝原居民的惨烈一幕，正在欧亚大陆上演。第一批牺牲者是 1991 年的伊拉克人，2001 年的阿富汗人，2011 年的利比亚的贝都因人；眼前是波斯人，接下来可能是中国人、俄罗斯人。他们像屠宰场的牛羊一样，排着队，一个一个被推上被称为美国人的欧洲屠宰者的刀俎……

和历史上的亚述帝国、波斯帝国、马其顿帝国、罗马帝国、蒙古帝国、大英帝国一样，美利坚世界帝国也是建立在血泊之上的。

美国21世纪的世界帝国战略：立体分割、各个击破欧亚大陆

一、美国从军国到帝国，世界从春秋到战国

一部中国的春秋战国史，放大一下，就是今天世界的现状：在美国由传统的军国转向前所未有的世界帝国时，世界格局也在经历着从“春秋”到“战国”的巨变。

今天的联合国就像当年的东周小朝廷，对各路“诸侯”根本没有任何管控能力。原因很简单，因为它没有自己的暴力机关和独立财源，所以注定了它无法发挥世界政府的职能。

在这个周天子的下面，最强大的国家要登顶称帝，担当领袖，如秦国；其他国家则结盟以求自保，如六国。

今天谁在称王？当然是美国。

凭着百年来一连串对外战争，美国相继取代了西班牙、英国，打败了日本、德国和苏联等当代新老帝国，靠着世界科技、工业、文化和军事、经济（金融）霸权，美国自信满满地踏上了世界帝国征途。

苏联崩解后，美国已成为唯一超级大国，相继歼灭、扫荡了南

联盟、阿富汗、伊拉克等三个中等强国；现在又围住朝鲜、叙利亚、伊朗、中国和俄罗斯。兔子不吃窝边草，狮子不吃身边兔。对于委内瑞拉、古巴等反美小国，美国反而不急于收拾。

面对暴秦式的美国，今天世界各方都自知没有苏联当年那样的硬实力，所以都在以各种形式结盟，抱团取暖：

印度有不结盟组织——不结盟也是一种联盟；俄罗斯有独联体，现在又以俄白哈为基础组建欧亚共同体；中国有上海合作组织；此外，东盟、非盟、阿盟、南美地区联盟，等等，数不清的交叉联盟层出不穷。

一些诸侯甘愿归顺：欧盟、日本、以色列、阿盟、非盟等。

一些诸侯仍在观望中等待对方出价：如印度、东盟。

一些察言观色、随机应变的国家则投怀送抱，暗通款曲，以此换取苟且偷安，如缅甸。

最后只剩下少数几个坚持抵抗的“诸侯”：伊斯兰世界、中国、俄罗斯。

为了建立世界帝国，美国将这最后三个居于同一片欧亚大陆的诸侯锁定为 21 世纪的三大潜在对手，进行预防性削弱打击。当今世界就这样呈现出“一个帝王在削藩，三大诸侯在反抗”的新战国状态。

二、给帝国算命：美国兼并世界需要多少年？

欧亚大陆，是地球主要的大陆，因而也是世界地理中心。美国要建立世界帝国，必须控制欧亚大陆。

为了达到统治全球的目的，它采取的是全球力量均势战略，即在每个地区都把力量最大的国家肢解掉或摧毁后制造内乱，然后让每个地区都处在互相力量制衡之中，都有求于美国，从而达到美国对世界的统治。

美国为每一个强国都准备了势均力敌的对手，并挑动他们互斗。

为德国准备了英法，为俄罗斯准备了北约，为伊朗准备了沙特，为伊斯兰世界准备了以色列；为中国准备了跃跃欲试复活军国主义的日本、耿耿于怀一箭之仇的印度和一大片趋炎附势的周边小国。

美国已经在欧洲实现了这一点。

美国即将在中东实现这一点。

美国在亚洲要做的是：让中国和日本的力量对冲、抵消；然后把印度和俄罗斯的力量也一起在亚洲的混战中抵消掉；通过肢解欧亚大陆三大政治力量，让中国和俄罗斯、伊斯兰世界长期不能对美国形成挑战。

鉴于欧亚大陆中、东部是世界几大力量都在崛起的地方，所以美国把重点对准欧亚大陆；由于中国看起来财富最多而真实力量并不确定，所以，美国在蹂躏中东之后，把中国当成战略打击重点。

当年秦国兼并六国用了16年，主要是共同文化下的领土攻占；现在美国兼并欧亚大陆三大力量，是不同文化下的全面征服，这比秦国要费事一些。按照美国的帝国路线图，21世纪血腥的大国兼并过程，估计会在本世纪后半叶即2050年后完成。而决胜的棋局就在欧亚大陆。因为这里是世界的中心。

在这个大战场上又被美国战略家设计出三个分战场：中东、中亚和东亚。其中，中东和中亚既是影响全球的资源聚集区，又是伊斯兰世界的分布区。东亚是中国的所在区，又是俄罗斯的战略后门。中亚则是俄罗斯的战略侧翼和又一个迂回进入大海的关键通道。

三个战场的博弈结局，将主导21世纪的世界格局。

美国深刻意识到了这一点，所以早就制订出了针对性的战略计划，这就是分割欧亚大陆、各个击破。在这个大战略方针下，美国征服世界的路线图是很清晰的：

当下，是牵制中、俄，扫荡伊斯兰世界。对中国，采取立体围堵方式进行遏制性战略牵制。对俄罗斯，则采取战略挤压方式进行威慑性战略牵制。同时在一系列的军事胜利之后，包围和进攻伊斯兰世界最后的战略孤岛伊朗，并为此扫清叙利亚和巴基斯坦等外围，然后再把战略重点逐渐转移到中国和俄罗斯。

三、以打为主的第一战场：伊斯兰世界

对于第一战场，美国主要使用军事手段进行征服，但对于终极目标伊朗，则软硬兼施。其最终以何种方式拿下伊朗，取决于美国对华和对俄两大战场的姿态。若美国判定伊朗可以军事手段直接攻取，则会对中国和俄国放下身段，以集中力量了解中东战场；若美国判定伊朗无法一举拿下，则将与伊朗暂时握手言和，然后在中国和俄罗斯方向寻找突破重点。

“9·11”事件被美国当作获取战略优势的借口。在反恐的大旗下，美国将帝国战刀直接挥向伊斯兰世界。其深层的战略目的，在于先行踏碎伊斯兰世界的雄心，避免出现一个伊斯兰世界的统一强权，以长期保持伊斯兰世界碎片化状态，利于美国减少阻力控制世界战略要地，杜绝再次出现阿拉伯国家以石油要挟西方的情况，同时彻底扫荡苏联势力范围，铲除苏联复活的外部土壤。

在通往这个目标的道路上，最大的绊脚石就是两伊：伊拉克和伊朗。美国为此展开了一个复杂的战略设计，先干掉阿富汗和伊拉克，然后迂回利比亚、巴基斯坦、叙利亚，最终合围伊朗。

经过近 20 年的战争，中东只剩下危在旦夕的叙利亚和孤立无援的伊朗。当前美国和欧洲对叙利亚的围杀也已到最后时刻。欧盟全力配合美国。至此，以美国为首的西方，已基本完成对阿拉伯民族的全面征服。发生在公元 11 世纪的十字军东征，在整整 1000 年后的公元 21 世纪，即将决出最后结果。

在阿拉伯臣服之后，中东地区的另一个伟大的文明——波斯文明，也危在旦夕。

伊朗要么被美欧力量打掉，要么被迫与美欧媾和。总之，由于实力过于悬殊，未来 10 年到 20 年之内，世界三大战场之一的中东

伊斯兰世界可能要结束“战事”。美国将腾出手来，世界有可能变成一对二的局面：美国对决中、俄——类似于当年蒙古面对金国和宋朝。

四、以“看”为主的第二战场：俄罗斯

冷战时期，苏联是美国的绝对敌人。苏联解体后，美国立即开始对俄罗斯的战略空间进行多方位的挤压，以防止俄崛起并复活苏联。

北约东扩；欧盟东进；在欧洲部署反导系统；出兵科索沃、肢解南联盟，策动乌克兰“颜色革命”……所有目标都是指向俄罗斯。目的无外乎从西面全面挤压俄罗斯的战略空间，抵消俄罗斯核优势，将之降格为二流国家。

与此同时，美国对俄罗斯南侧的挤压也丝毫没有放松。通过一连串新的“颜色革命”，对里海周边国家进行政治颠覆。同时对格鲁吉亚、亚美尼亚和阿塞拜疆进行全面渗透。并出资建造一条绕开俄罗斯，直接将里海资源运往西方世界的输油管道。这标志着南方大门对俄罗斯的关闭，从而将俄罗斯限制在里海—波斯湾资源地带之外。

2013年，美国和欧洲一手策划了乌克兰政变，亚努科维奇被第二场“颜色革命”推翻。这一次，俄罗斯和出手格鲁吉亚时一样凶悍，直接“收回”了克里米亚。乌克兰军队自然不敢放一枪，美国和欧洲也只能以经济制裁和军事演习来自我安慰，最有效的杀伤，是大幅降低原油价格，同时制造俄罗斯金融危机。

从战略层面上说，美国已经有效地压制住了俄罗斯，从而使得美国得以将更多的精力和资源转用到其他两个战场。

五、以“夹”为主的第三战场：中国

和前两个战场不同，美国对第三战场——中国的策略主要是外

部施压下的内部瓦解。

美国对中国采取了地缘包围、政治打压、技术封锁、军事威慑等多种手段的同时，还采取了经济控制、扶植反政府势力、文化渗透等多种手段；从而内外合力地对中国进行整体改造，迫使中国放弃主要军事能力和民族独立，以将中国纳入美国的政治、经济体系，甚至分裂和肢解中国。

根据兰德公司于 1999 年 6 月份向美国政府提出的建议报告，美国的对华战略应该分三步走：

第一步是西化、分化中国，使中国的意识形态西方化，从而失去与美国对抗的可能性；

第二步是在第一步失效或成效不大时，对中国进行全面的遏制，并形成对中国战略上的合围；

第三步就是在前两招都不能得逞时，不惜与中国一战，当然作战的最好形式不是美国的直接参战，而是支持中国内部谋求独立的地区打中国式内战，或支持与中国有重大利益冲突的周边国家打代理人战争。前者主要靠拉拢扶植“台独”“疆独”“藏独”“法轮功”等反政府势力来实现。后者则主要借力于日本。并在这个双重施力中，形成以日本和中国台湾为硬性遏制支柱的战略格局。

六、逐渐收紧的美国对华包围圈

如前所述，美国的战略东移不仅已经启动，而且逐渐进入加速度阶段。可是，国内学界的主流观点却是等闲视之、故作淡定，其原因或者对美国的历史和战略不了解，或者是对中国面对的时代性危机认识不清。

如果了解些美国历史就应知道，在太平洋上实现全球帝国的梦想，一直是美国的国策级战略设定。

1898 年，两年后出任美国总统的西奥多·罗斯福就指出，太平洋是世界强权的枢纽。

20世纪，美国打赢太平洋战争控制日本之后，还利用“二战”胜利控制半个朝鲜半岛。美国不容忍金日成统一朝鲜，是因为朝鲜统一后美国将失去登陆欧亚大陆的桥头堡。

美国后来发动越南战争，也是为了取得从东部登陆欧亚大陆的桥头堡。毛泽东的伟大就在于，这个时候他已经看到了“美帝国主义”的野心，并坚决地打退了美帝。

但是，美国从来就没有放弃从太平洋上战略登陆的计划。当然，这种登陆今天已经不是纯军事的概念，其影响也不仅仅是军事性的。

2012年，美国国防部长宣布，未来十年将把60%的海军部署到亚洲太平洋地区。这是落实“空海一体战”的最新举措。对于中国，其影响绝不仅仅是军事层面的。

首先，这意味着沿海开放的外部机遇期即将结束。

内政与外交、和平与战争、民生与国防，从来都相辅相成。中国改革开放以来的和平环境，固然有中国自身努力的结果，同时更多的是坐享了外部战略环境变化的红利。

从1979年到1989年，给中国提供和平红利的国家是苏联。由于苏联的多向度威胁性，使得美国、日本甚至欧洲都需要中国做盟友来牵制苏联，这就提升了中国的战略价值，使之不仅享受了安稳的发展环境，而且得到了发展经济的有利条件。

从1991年到2001年，给中国提供和平红利的依然是苏联。所不同的是，以往是强悍的苏联造成的威胁间接帮助中国；现在却是猝死的苏联，因其猝死而造成的权力真空，诱使美国前去抢夺，因而间接“帮助”了中国。由于美国和它的欧洲盟友们需要抢占苏联势力范围，顾不上中国，这才继续默许中国和平发展。其实，危机在这个阶段就潜伏下来了。可以预见，一旦解体的苏联遗体被瓜分完毕，中国的红利期也就结束。

美国只是暂时放过了中国。随着阿富汗、伊拉克、利比亚的相继倒下，叙利亚的岌岌可危，中国前面的挡箭牌日渐脆弱，而美国战略转向后力度日渐加强，中国必须筹谋应对之道了。

其次，中国周边海域、陆域都将从此开始进入高度危险期。

美国战略十分诡异善变。2001 年美国还和恐怖分子大战；2011 年，美国已经和恐怖分子秘密合流，反过来搞伊斯兰世界了。美国扶持利比亚和叙利亚的反对派，也扶持俄罗斯、伊朗的反对派，当然更扶持中国内部各种各样的反对派。当前，美国主要是扶持伊斯兰的激进组织。在车臣分裂分子被俄罗斯压制以后，预计中国内部的一些极端激进分子将成为美国的新宠，所以，叙利亚和伊朗之后，我判断中国新疆的社会安全形势将面临更大挑战。这是美国肢解中国大战略计划中最凶猛的一步棋。

21 世纪前 50 年，美国全球战略任务除了最后解决伊朗，就是重点肢解中国。美国为此已经未雨绸缪，做了很多扶持中国国内民族分裂主义分子的工作。从晚清到民国，日本志在并吞中国，所以扶持所有反政府的中国人士；21 世纪初，美国成了所有民族分裂分子和反对中国政府组织的大本营。

未来中国，除了将在东部遭遇日本这个传统劲敌的直接战略撞击；还将在南部面临越南配合日本进行的战略夹击，以及印度的战略侧击，以及美国的凌空突击，还有内部分裂分子的扰乱袭击。

中国在挺过欧美日俄列强的近代蹂躏，连续打赢抗日战争和抗美援朝战争，解除生存危机之后，在发展阶段，也正在面临各种各样的困扰和挑衅。

七、美国连续两个声东击西

当下美国的战略行动，是一个两步走的声东击西：2008 年美国在中国内部（西藏和新疆）挑起民族冲突。现在美国在中国周边组织反华联盟，挑起海洋争端。美国现在在东海、南海地区制造的危机，有双重“声东击西”的意义。

第一个声东击西是牵制中国精力，以保证美国集中力量解决叙利亚和伊朗。

第二个声东击西是在南部和东部牵制中国，而美国在西部做大文章，彻底破坏中国和俄罗斯中亚的合作，对中国可能的战略西移进行阻滞。

在这双重声东击西的掩护下，美国会继续放大整个亚洲地区的潜在不稳定因素，从而将中国置于一个随时可能爆发的火山口上。

21世纪，世界上几大新兴强国都在亚洲，20世纪的潜在战争隐患也几乎都在亚洲——

日本经历60年韬光养晦已经重新崛起为世界强国，只要背上枪就是仅次于美国的世界第二军事大国；俄罗斯有一半国土属于亚洲，近年也进入复兴轨道。日本和俄罗斯历史上的战争并未结束，未来依然存在战争爆发点——北方四岛。同时，东亚的两个核心国家——中国和日本在20世纪打了一场决战，同样没有真正分出胜负，留下了诸多隐患。

印度正在崛起，并以中国为目标进行军国主义式的狂热追赶；东南亚十国结盟，其中越南欲成为地区霸主，并准备引美国入室，且以挑战中国为能。

亚洲的边缘是中东和里海——世界两大石油中心。各大国列强都围着油田的旁边，如猛兽围着肉盆虎视眈眈。

亚洲是全世界人口最密集的地方，是西方眼里垃圾人口最多，并密谋清除的地方。

亚洲是世界宗教聚集地：伊斯兰教、犹太教、佛教、基督教、东正教、神道教；宗教与战争的关系，就是火柴和磷片的关系。

亚洲还是最后一个社会主义大国所在地，因此也是世界资本主义意识形态最后围攻的地方。

世界六个核国家，三个在亚洲，一个把核武器部署在亚洲；三个准核国家——以色列、朝鲜和伊朗，都在亚洲。

美国的战略重点在亚洲。美国率领欧洲、以色列、日本，在亚洲布局、织网，对中国进行 C 形包围。

亚洲还是世界财富最集中的地方：先是日本的复兴，然后是亚洲四小龙,接着是中国,持续60年的发展,积累了令世界垂涎的财富。

势均力敌的力量极易导致战争；人口众多，适合战争；财富众多招引战争；核武器在手，不愿意屈服；大国挑唆，容易引起战争。总之，亚洲具备了一切发生大规模战争的条件。

而种种迹象表明，中国正被有计划地推向大规模战争的核心。

等到一个合适的时机，美国就会图穷匕见，一面长期围困中国，一面挑起军备竞赛。等待机会，迅速制造危机，完成对中国肢解，从而把中国变成伊斯兰世界那样的碎片状态。

所以，叙利亚、伊朗危机之后，美国有可能支持中国内部的民族分裂势力。一旦伊朗倒下或与美国言和，中国就将面临陆海东西两面战略夹击。

在这场混战中，俄罗斯仍处于观望状态，如果中国能顶住，它有可能支持中国。如果中国顶不住，它会立即加入到瓜分中国的大潮中来趁火打劫。

中国的国家安全业已面临极其严峻的挑战。

有包围，就有突围和反包围，这是中国最急迫的时代课题。展望未来，究竟是在亚洲的废墟上开始新文明的蛮荒时代，还是在三大战场全面沉沦中迎来一个前所未有的世界帝国？抑或迎来新的七雄争霸式的持久对抗？或者，帝国出师未捷身先死，夭折于中途？……

答案有很多种，而选择权却散布在世界的各个角落。“9·11”的撞击是对恐怖主义对霸权主义时代的回应，同时也是世界乱局的开篇。美国的万里远征、日本的韬光养晦、俄罗斯的休养生息……同样是在回应时代、塑造历史。自我欺骗、无所作为的国家注定只能被时代主宰、被别人塑造。棋局已入中盘，大国搏杀犹酣。或在劫难逃万劫不复，或绝处逢生别有洞天。

帝国新目标：21 世纪肢解中国及征服世界路线图

一、肢解案板上的国家

一位美国历史学家说：历史是一只血盆。如果这句话是对的，我要说，现实就是一个屠宰场。从政治学意义上说，世界进入了帝国时代；从动物学意义上说，人类进入了集中屠杀时代。20 世纪，人类互相进行集体屠杀；今天人类进步了，杀戮变为肢解。

屠杀者还是世界近代史上的老屠户——西欧洲人；被屠者还是以前死里逃生的中东人和中国人，今天可能还有俄罗斯人，总之是欧亚大陆的原居民。300 年发生在美洲大陆上屠戮、灭绝原居民的惨烈一幕，正在欧亚大陆上演。第一批牺牲者是 1991 年的伊拉克人，2001 年的阿富汗人，2011 年的利比亚的贝都因人；眼前是波斯人，接下来可能是中国人、俄罗斯人。他们像屠宰场的牛羊一样，排着队，一个一个被推上被称为美国人的欧洲屠宰者的刀俎…….

和历史上的亚述帝国、波斯帝国、马其顿帝国、罗马帝国、蒙古帝国、大英帝国一样，美利坚世界帝国也是建立在血泊之上的。

1991 年，美国取得冷战胜利，苏联被肢解，一分为十五。

1999 年，南联盟又被以美国为首的北约一分为三。

这两次肢解，是为了在欧洲彻底扫清苏联势力范围和社会主义国家，从政权形态上消灭共产主义。

2001 年，更换阿富汗政府；2003 年，更换伊拉克政府。换头术也是一种肢解。

这两次更换政府，是为了抢占世界制高点，向全世界进攻，割裂欧亚大陆三大对手，挺进中亚，占领中东，包围伊朗。

2011 年 4 月，在美国的操作下，苏丹被肢解；2011 年，美国参与肢解也门。

2011 年，美国支持反对派杀死卡扎菲，控制利比亚。

美国在 2011 年肢解这么多国家目的很清楚：就是要把非洲变成美国控制下的非洲，同时打击中国在非洲的资源战略布局，把中国已有的投资全部归零，把中国在非洲的战略努力全部或大部抵消。

美国的战绩，古代历史上所有的帝国如波斯帝国、蒙古帝国无法比。美国比日本和希特勒聪明的一点是，它不用原始野蛮的手段直接大规模屠杀民众，它只杀领导人。它对全世界的小国，杀人家的总统就跟杀小鸡一样，拿过来就杀了。

美国从“二战”后，连续发起朝鲜战争、越南战争，入侵格拉纳达、巴拿马、南联盟、伊拉克、阿富汗。现在，又准备打叙利亚和伊朗，还在鼓动东南亚小国瓜分中国南海，同时，触角还向中国大陆伸去。

美国像只贪婪狮子冲进羊群，狂扑乱咬。

在中东地区小国的一片残骸中，已经没有多少人怀疑美国下一步将吞噬中国黄牛和俄罗斯黑熊。但大多数人不知道的是，美国正在发起的以建立世界帝国为目标的战争，其实是和它的英国祖先建立美国一样的惨无人道，也是以屠戮、灭绝原居民为代价的。现代波斯的伊朗是意识到了这一点的，所以它摆出破釜沉舟的架势；现代的中国被多年的和平迷雾和崛起的自我吹嘘熏得半醉半醒，对此将信将疑；俄罗斯因为没有经历过种族屠杀，所以最自信地以为自己不会成为猎物。

这就是正在发生着的 21 世纪所有政治和军事大事件的最后真相。尽管它们被“邪恶轴心”“暴政前哨”“阿拉伯之春”“莫斯科之冬”“中国威胁论”和伊朗核问题等等现代骗局的碎片捉襟见肘地遮掩着。然而，遮掩不住的现实是，美国正在一步步地走向世界帝王的宝座。而达到这个目的地的路线图是早就绘制好的，并且制定了精确的时间表。

这不是科幻小说，而是被大众忽略的事实。

二、建立世界帝国的时间表与路线图

在美帝国的手中，握着两份相辅相成的时间表和路线图。一个是建立世界帝国的宏观时间表和路线图，另一个则是起到重要辅助作用的军事转型的时间表和路线图。

这里先看第一个时间表和路线图。

美国建立世界帝国的路线图是建立在地缘战略基础上的一个大战略构图。

“二战”一结束，美国就确定了建立世界帝国的目标。美国在冷战中的全球战略重点虽然是在欧洲，但目标却是打败苏联，挺进欧亚大陆核心地带——即中东、中亚。这也是美国在朝鲜战场没有投入、也无法投入全部实力的原因。朝鲜战争的失败性平局及越南战争的失败，是美国试图对欧亚大陆进行战略夹击的失败。毛泽东很早就注意到美国的世界帝国企图，所以在朝鲜战争的时候就喊出打倒美帝的口号。毛泽东领导下的新中国让美国人很气馁，但并没有让美国人放弃建立世界帝国的努力。

只是因为赫鲁晓夫的愚蠢，导致中苏分裂，才使美国控制欧亚大陆的全球战略图谋有了可乘之机。这也是尼克松访问中国的深远动机。美国非常清楚，欧亚大陆不分裂，美国的全球战略是没有任何实现的可能的。尼克松访问中国，加剧中苏对抗，苏联鼓动印度和越南反华，加剧欧亚大陆的整体碎片化。到冷战结束，华约解体，苏联也解体了。相对于第二次世界大战前的形态，欧亚大陆已经基本破碎。美国看准这个机会，在苏联解体前就首先发起海湾战争，开始了对欧亚大陆的全面征服。

也就是从1991年的这场战争开始，美国战略重点转移到中东和中亚。美国战略重点的这次转移，目标是夺取苏联势力范围，同时将可能成为未来对手的伊斯兰教地区进一步碎片化。

从 1991 年到 2011 年，20 年的时间里，美国的战略重点一直在中东，肢解、改造了 7 个国家，包围了最后的中东孤岛伊朗；次重点是借助北约东扩挺进中亚，对中国则是以构筑 C 形地缘包围进行战略牵制。

20 世纪前半段，美国战略重点在西端的时候，它完成了肢解、控制欧洲的任务；20 世纪后半段，美国的战略重点在欧亚大陆西部，它完成了肢解苏联的任务，目前正在进行控制苏联部分中亚地区的努力；冷战胜利后，它的战略重点在中东，现在基本上完成肢解伊斯兰世界、控制大部分中东国家的任务；2011 年，它的重点东移到亚太中国周边，并已经控制了中国周边的很多国家。21 世纪前半段，它要完成的任务还用说吗？一定是肢解中国！当然，同时美国也不会让俄罗斯轻松。

到中俄被彻底拿下的时候，美国想不当世界帝王都不行了。

三、军事转型的时间表与路线图

为了达成上述总目标，美国需要一把前所未有的全球战刀。因此而有了军事转型的时间表与路线图。

两次世界大战的本质是工业化总体战，海陆空战都呈现出钢铁化、机械化、立体化的趋势。“二战”后，随着信息化革命与外太空开拓两大历史巨变的冲击，美国的军事力量也开始进行信息化、空天一体化的变革。在这个变革中，美国的航天、航空部队是变革的先锋队，也是变革的主要动力提供者。其变革的源头可以追溯到偷袭珍珠港。

1941 年，日军对珍珠港的偷袭，给美军造成了至今“无人超越”的最短时间内伤亡人数最多的纪录。而实现的手段就是空中打击。随后，美国通过千机轰炸东京和空投原子弹，让人类第一次见识到了空中打击的破坏能力足以改变战争的走向。通过空中力量，美国让日本这个曾经在“二战”前就海军力量与之斤斤计较、马拉松式谈判的对手，在主力还没有登陆之前就宣布无条件投降。

“二战”之后在历次美国的军事行动中，空军逐渐占据了统治性的地位。朝鲜战争开创了喷气机空战的时代，巨大的空中优势挽救了美军在朝鲜的陆上劣势，与中国打成了平手。越南战争中，美国创造了直升机与步兵结合的空中突击部队，尽管美国在战略上深陷泥潭，被迫撤出了越南，但美军在越南只有消耗过多的战役而没有被打败的战役。

1991 年的海湾战争，当时的伊拉克军队除了没有核武器之外，在常规装备上普遍比当时中国的军队还要先进一代，当时有中国媒体说海湾战争将是美国的第二个越南战争，然而事实却是美国通过 42 天的空袭彻底将一个海湾地区的军事强国打败，然后仅仅通过 100 小时的地面战争就取得了胜利。自 20 世纪 30 年代意大利人杜黑提出“制空权”理念以来，空军第一次成为了决定性的军事打击力量，陆军、海军都沦为了配角。在以往的人类战争史中，陆战和海战是决定战争的主导性力量。在陆战中，战线的推进、围绕“坚点”的反复争夺，兵力从动员到集结、接敌的三部曲是传统的陆战形式；在海战中的主力舰之间的对决、寻歼敌主力和对海上交通线的破坏一直是决定战争进程的主流方式。而自海湾战争开始，传统的线性的作战方式被空天力量所突破。战争中不再有前方和后方之分，不再有明显的战线；战争不再以兵力占据领土为目的，而是形成在天基系统的指挥引导下，重点在于体系破击和体系瘫痪的非线性作战；空中力量成为主战性、战略性的力量；作战空间由平面变为了海陆空天地电磁的多维立体空间；战争的核心焦点也一直升到了大气层之外的空间。

随后，1999 年的科索沃战争，美国更是仅仅依靠空军的空中打击就打赢了战争。这都证实了早在 1988 年美军约翰·沃登上校提出的“空中战役理论”的正确性。

到了2001年的阿富汗战争和2003年的伊拉克战争，美国更是将以往强度高、成本高、准备时间长、持续时间短的空中打击改造为低强度、低成本、高精确度、反应灵活的“可持续打击”。将“空中战役理论”从一代发展为二代。而目前美国正在准备的空天一体战，更是将这一理论发展为三代。

自20世纪60年代美国开始部署太空侦察卫星，标志着太空军事化的开始。美国前总统肯尼迪曾经模仿著名的地缘战略学家麦金德的口气说“谁控制了宇宙，谁就控制了地球；谁控制了空间，谁就控制了战争的主动权”。1982年美国空军正式颁布第一部太空作战条令。1983年，根据美国退役中将格雷厄姆提出的“高边疆理论”，里根总统提出的“星球大战”计划。1984年美国空军条令定名为《美国空军航空航天基本概则》，条令指出美国空军的基本任务是“打赢航空航天战争”，1985年美军成立航天司令部。1992年条令名称修改为《美国空军航空航天基本理论》，把“制空制天”作为空军的首要作用。1997年美国空军组建七个绝密级作战实验室，对未来空天一体作战进行实验性研究。其中太空战作战实验室的座右铭为“Above All Others”，即“在所有人之上”，体现了美国唯我独尊的野心和霸气。以空军带头，美国陆军和海军也成立了自己的太空战实验室，探讨在太空战的前提下陆军海军的转型问题。1998年美国航天司令部颁布《2020年展望》，美军提出空间控制、全球作战、力量集成和全球合作等太空战思想。随后美国启动全球快速打击系统的研制。

2001年美国退出反导条约。2001年1月美国国防部在科罗拉多州施里佛空军基地秘密举行了代号为“施里佛2001”的太空作战演习，这是美军首次以控制太空为目的的全国性军事演习。2002年美国开始实战部署导弹防御系统。2002年8月美国国防部公布《联合太空作战行动纲要》。2003年4月，美国利用卫星和轰炸机的组合将发现—打击—摧毁—评估的链条缩短到12分钟。2004年8

月美国空军公布《反太空作战行动纲要》。2005 年美国战略司令部建立太空和全球打击联合功能司令部，并于 2006 年重组为全球打击和一体化联合功能司令部，负责全球打击能力的指挥和控制。2009 年全球打击司令部正式运行，驻地为路易斯安那州巴克斯代尔空军基地。2010 年美国成功试飞 X37B 太空战机。另外，美国还开发出 HTV“猎鹰”高音速飞行器、X51 高超音速导弹等一系列的实验性装备，初步形成了在一小时内摧毁在全球任何一个角落的目标能力。美国空军上将奇尔顿宣称，2016 年将实现全球快速打击系统的实战化部署。

此外，美国空军首席科学家办公室在 2010 年 5 月发布了名为《技术地平线》的报告，这篇报告详述了未来美国的战略走向和空天技术能够达到的程度，立足于技术的角度判断 2010 年到 2030 年间可以实现的能力以及需要进行的技术准备和选择。项目的负责人是美国空军首席科学家 J. A. 达姆 (Werner J. A. Dahm)，他也被称为“美国空军的默林（默林是西方传说中亚瑟王的巫师）”《空军时报》用调侃的语调称，“这位美国空军的默林在用水晶球占卜后，分析出哪些关键技术将用在 2030 年后的美国空军身上”。

据 2010 年美军发布的《技术地平线》报告，将美国面临的国家威胁分为“伊斯兰恐怖主义”“失败国家”“同等的中国”和“复兴的俄罗斯”这四类，由此提出了美国空军未来的能力需求和装备发展方向。通过研究未来美国将面临的威胁以及所需的技术，这位美国空军的“巫师”得出了与所有人背道而驰的结论，即美国空军应对这四类威胁所需的技术能力是相同的。即对付伊斯兰恐怖分子和对付中国、俄罗斯这样的大国所需要的技术能力是相同的。这颠覆了人们的常识。在一般人认为，对付恐怖分子主要需要陆军和海军陆战队这样的陆战兵力，智能步兵装备和反地雷伏击车是应对这类威胁的主要装备，烈度低但持续时间长的、掺杂民事和军事行为特点于一身的反恐作战是针对这类威胁的主要作战方式。而对付中国和俄罗斯这样的大国，需要主要发展海空军兵力，以先进的战斗机和航母编队为应对这类威胁的主要装备，高烈度、大规模的海空一体战是针对这类威胁的主要作战方式。自 2001 年阿富汗战争开始后，美国军队内部甚至围绕这两类威胁分裂成立以陆军和海军陆战队为一方的“非常规战利益集团”和以海军和空军为一方的“常规战利益集团”，双方在装备预算、人员等方面互相竞争。

拥有大量的军队、完整军事体系以及核武器的中俄两国怎么就沦落到和恐怖分子一样的待遇了呢?

根据美国的技术路线图，2010 年到 2020 年，将实现天基激光武器集成飞行试验、第二代空天飞机、可重复使用的火箭运载器及微卫星群投入使用。到 2020 年左右，实现导弹防御系统、天基激光武器、天基合成孔径雷达、空天战斗机、通用航空飞行器具有实现实战部署。这意味着美国空天帝国的形态将在 10 年之内实现新的升级。

从进攻的角度看，随着以微卫星群为概念的新型天基平台的出现，天基系统将实现定制化、低成本化，运行效率更高、反应更快，美国拥有针对不同威胁迅速定制特定的卫星并发射升空的能力，通过相同的卫星平台，美国可以迅速开发并部署针对中俄弹道导弹的天基系统，也可以迅速部署针对混杂在平民中的恐怖分子的卫星网络。通过空天战机、无人战机，美国的侦查—打击—摧毁的链条将进一步缩短。通过使用新型的精确制导弹药，摧毁一个作战系统的关键部位和定点消灭一个恐怖分子所需的弹药量也许是相同的。多个生存力强的全球快速打击战斗网络同时存在。美国可以同时在一小时之内发动对多个目标的攻击。

从防御的角度看，美国以监视—捕获—跟踪及拦截评估技术、定向能武器技术、动能武器技术、系统分析及作战管理技术、抗毁—致毁技术为代表的五大空天技术将在未来 10 年内发展成熟，1983 年美国开始实施的“星球大战”计划自此开始步入实战部署阶段。

随着以上五大关键技术的突破，美国将建立起覆盖全球的针对弹道导弹威胁的三个层次（战区、国家、全球）四个阶段（导弹助推段、助推后段、中段和末段）的拦截弹道导弹系统。中俄等国依赖的“撒手锏”从此将失去效果，自美苏冷战时期开始基于弹道导弹核武器对等摧毁原则建立的威慑机制将不再发挥作用。

通过实现空天帝国形态新的升级，未来美国将进一步稳定自身的霸主地位。一旦美国实现了以上的部署，那么不管是恐怖分子也好，还是中俄两个大国也好，对这个体系的挑战不过都是游击战而已。

这就是美军转型的时间表和路线图。

四、帝国化的美国与帝国下的世界

通过前述时间表和路线图，我们会看到，随着美国空天帝国形态的发展，传统的海军和陆军将被取代。空天力量在打击频谱上将实现全频谱覆盖，从针对弹道核武器的拦截，到通过无人机对混在平民中的恐怖分子进行甄别、监视和定点清除，从体系破击到破击后的治安维持，空天力量不但要充当突击力量、支援力量还要充当着稳定力量和维持力量。海陆军彻底变成了空天力量的移动基站，从平时到战时、从发动战争到维持和平，仅靠空天力量就可以完成所有任务。

未来全球的信息化同样是以美国天基技术为基础的，在美国全球信息控制下完成信息化。由此可以看出，自人类文明开始以来，经过数千年发育，从各个文明自生的民族文化将面临一场基因的重组。美国凭借在信息控制、信息传播上的巨大优势，未来会建立起空天帝国时代的全球文化。美国与其他国家的鸿沟越来越大，先导性的优势越来越突出，在空天帝国形态下，美国就是世界的政府、就是世界的文化和世界的未来。

空天帝国是后工业化时代的帝国形态，随着美国空天帝国在未来十年内的进一步转型，未来美国的空天装备是成本低端化、定制化、小规模化的。工业化时代的大规模生产被后工业时代的小规模生产所取代。军事行动反应更灵活、成本更低、与民事行动的界限更灵活。

相应地，美国的敌人将变得像玻璃人一样脆弱——假设他们不进行相应变革的话。最终，美国将依赖这种空前的力量，彻底征服对手、宰制欧亚大陆，从而开始其世界帝王的加冕礼。历史的沙漏正在无情地流逝，留给美国的潜在对手的时间已经不多。面对大张的帝国虎口，唯有抛弃幻想才能正视现实，也才能改变历史。道路只有两条：或者坐看美国的世界帝国化和世界的被帝国化；或者起而抗争，创造一个新世界。除此之外，没有第三条道路。

帝国的"计划生育"：清除第三世界？

一、从共济会说起

近年来，一个新名词忽然闯入了国人的视野：共济会。

什么是共济会？由于这个组织本身的隐蔽性，使得其完全真相迄今仍被层层包裹。借助国内诸多研究者的成果，我们大致可以知道，这是一个由基督徒组成的，却从不接受罗马天主教廷领导（甚至明确反教廷）的奇特组织；是一个等级严密、精英意识极强的兄弟会；是一个以控制世界、改造世界为目的的秘密团体。

据相关研究显示，歌德、莫扎特、贝多芬等艺术家，腓特烈大帝、华盛顿、门罗、杰克逊、老罗斯福、丘吉尔、富兰克林·罗斯福、杜鲁门、里根、布什等知名政治家，甚至爱迪生、爱因斯坦等大牌科学家，孟德斯鸠、布热津斯基等知名学者，都是共济会成员。此外，在具有全球影响力的财团、金融机构，同样大多和共济会有着千丝万缕的联系。其中，共济会在美国政界的影响力和延续性尤其引人注目。

虽然还不能过于简单地下定论，说美国政治就是共济会政治，但可以看出，美国的政治尤其是对外政治是和这个组织有着密切交集的。而这些交集往往要到很久之后才会被世人知道，或者，甚至可能永远埋沉海底。

早在国人自我沉醉于GDP崛起的肥皂泡之前很久，共济会就在美国乔治亚州境内竖立了一个石碑，并在上面用英、俄、中、印、希伯来等多种文字阐述了同一个主题：保持人类五亿以下，与大自然永恒共存。

表面上看，这似乎只是一个环保主义者的理想阐述。然而，根据一些知情者的透露，其背后隐藏着的却是一个极大的阴谋。

我们知道，世界人口早已远远超过了这条“警戒线”。仅中国一国的人口就多达十几亿。如何将人口降到五亿之下？也学习中国政府推行计划生育？当然不是。而是要将世界人口进行分类，甄别出20%的有用人口，进而消灭剩余的80%垃圾人口。这也是一种计划生育。只不过更加冷酷无情。而其实现的手段就是假手美国，利用生物武器、基因武器进行不动声色的人口清除，从而最终实现其五亿以下的“和谐目标”。

这究竟只是网络时代的一个恶搞与谣传，还是确有其事？至少乔治亚州的石碑是确实存在，共济会也确实存在。正所谓“害人之心不可有，防人之心不可无”。国家安全与公共安全永远是做最坏打算，争取最佳结果。所以，无论这个传言是真是假，我们都不得不将关注的目光转向生物战争。这是一个和常规战争截然不同的战争空间。但其毁灭性和隐蔽性却更有过之。正如一句老话所说的那样：“你可以不关注战争，但却无法阻止战争关注你。”同样的道理，无论你信不信，也无论你喜不喜欢生物战，都不得不直面可能的事实。也许残酷，却是避免更残酷的唯一选择。

二、生物战的历史与现实

早在印第安战争期间，盎格鲁 - 萨克逊人就借助病菌传播，重创了北美印第安人。但这还只是一种非常原始的应用，和后来出现的现代生化武器还无法同日而语。

“二战”前，在“优生学”“生物学”“生物国防”的幌子下，英国、德国、美国、日本，甚至苏联都心照不宣地投入巨资进行现代化的第一代“生物武器”研究。这就是人工培养的病毒和细菌武器，以在未来战争中造成传统武器所不能达到的大规模杀伤力。

德国在“一战”中便曾使用化学武器，“二战”爆发前，德国已经研制出成熟的化学武器，然而英国同样具有化学战的能力，这使纳粹一直没有在战争中使用化学武器。

在“二战”进行中，英国、德国、日本、美国、苏联等都研制出了第一代生物武器，同核武器一样，所有拥有生化武器的国家都没有遭受到敌人的生化武器攻击。由于中国没有生化武器，中国军民在抗日战争中便惨遭日本的生化攻击。

然而，由于第一代生物武器定向性较差，既可以对敌方也可以对己方造成大规模危害，因此“二战”前后，第一代生物武器并没有得到普遍应用。但是，相关的研究却没有断绝。

说起日本的“731 部队”，国人无不切齿。但是，如此践踏人性的一支部队最终却顺利逃脱了国际法庭的审判，原因何在？就在于该部队巧妙地利用了美国想获得相关技术的心态，达成了合作的密约。

1947 年年初，美国陆军情报处邀请马里兰州美国生物战实验室的师长诺尔伯特·费尔到东京，其目的是全面评估日本的生物战武器计划对美国的价值。1947 年 5 月和 6 月期间，费尔与“731 部队”的负责人石井四郎进行了谈话，并得出结论，日本的资料和成果对美国意义很大，费尔在报告中指出，美国已经有的生物战成果高于日本，但是日本有非常宝贵的活体实验资料，“由于对人体试验的顾忌，在我们的实验室里是不可能得到这些资料的”。

石井四郎配合美国，将其在研制细菌武器时，以大量人活体实验观察记录和在中国战场及后方实施生物战的经验，总结成四篇文章：一、由 19 人编写，长达 60 页的“用或人细菌武器的试验报告等书”；二、长达 20 页的“对摧毁农作物的细菌战研究 ”；三、由 10 人编写的“关于对牲畜进行细菌战的研究”；四、石井本人写的“20 年来对细菌战的全面研究总结性文章”；还附有 8000 张有关用细菌武器做活人试验和活人解剖的病理和幻灯片。

为得到日本残杀大量中国人所得来的生物战资料和成果，美国竭力庇护“731 部队”成员并掩盖其罪行。从麦克阿瑟到杜鲁门都曾亲自过问此事并作出指示，在他们看来，美国的国家利益高于一切。最后，在美国的庇护下，“731 部队”绝大部分人未受到任何惩罚，“731 部队”的真相和材料也完全被美国秘密控制起来，很多关键人物被美国高薪聘用为美军培养生物战人才。石井四郎先是失踪，后来公然主持美国在日本设立的细菌战研究机构，1959 年在东京死于喉癌。

同时美国还吸收了纳粹的同类研究成果，从而为发展自身的生化武器奠定了雄厚的基础。

三、美国的后来居上

1925 年 6 月 17 日，世界上 38 个国家就在日内瓦签署了《关于禁用毒气或类似毒品及细菌方法作战议定书》，英国在保留重要条款的前提下批准了该协议，这意味着英国一直在秘密进行生化武器研制计划，而美国从一开始就拒绝参加这个条约。

“二战”临近结束时，美国的核武器和生物武器研究已经处于世界顶端。战争马上胜利的前景，不仅没有使美国停止，反而加快了灭绝性武器的研发进度。美国核武器的研发及应用曾在国内得到广泛的讨论，而在民众中间发展起强大的反核武器声浪，其中包括爱因斯坦这样的科学家。与核武器不同，除了短暂的时间外，美国的生物武器计划一直处于秘密状态，禁止媒体和公众讨论。早在1947年，当时担任陆军参谋长的德怀特·艾森豪威尔曾下令禁止对生物武器计划进行披露，1949年，美国国防部长弗雷斯塔尔曾声称美国只研究防御性的生物武器，但是这个声明被世人认为是欲盖弥彰，因为此时美国仍然没有加入《日内瓦议定书》。

至20世纪50年代初，美国已经形成了完整的生物战作战战略。1952年6月11日，美军联合战略计划委员会提交给参谋长联席会议的一份《关于生物战争政策和指令的陈述》中，特别强调美国应该利用生物武器，以秘密战争的方式，对敌方平民进行隐秘伤害："生物武器最有吸引力和最有效的方式可能是在秘密的军事行动方面。在敌人后方活动的特工人员或游击队，可以把少量的生物媒介准确地投放在能够产生最大效果的地方，这是一种极有杀伤力的方式。秘密使用的另一个好处是，以这种方式使用生物武器其结果很难与疾病的自然暴发相区别，因此可在正式军事行动之前使用，以削弱敌人实力。"在此后的几十年时间里，以苏联的危险为幌子，美国一直大力推进生物武器的研发，并在美国本土和其他国家进行了大量的相关实验。

朝鲜战争结束后，美国于1956年重新制定了生物武器的使用政策，正式给在战争中首先使用生物武器开了绿灯：在一次全面战争中，美国将使用这种武器以提高军队的效率，这种武器的决定权在总统。同年的陆军守则中删除了"只做报复之用"的字眼，并强调"美国没有参与任何现行的有关禁止或者限制在战争中使用有毒或非有毒气体、烟雾或燃烧材料及生物战的条约"。

整个20世纪五六十年代，美国以史无前例的热情推动了生物武器的研发，并和英国合作进行了大量的生物战实地实验。在那个时代，生物武器单年的科研经费就动辄几亿美元，整个计划投入资金数额之大无法估计。当时美国正深陷越战泥潭，美国急于开发新的武器来维持其世界霸权。当时的美国，已将生物武器当作比核武器更加重要的战略武器进行开发。

正当美国的第一代生物武器（细菌、病毒武器）在60年代日趋成熟时，分子生物学和遗传工程技术取得了巨大突破，基因工程技术日益成熟，通过人工合成新的基因将有可能制造出自然环境中无法出现的新的微生物、植物，而这种微生物或植物对人将有更强的杀伤力，其在自然环境中生存能力也更强。这样，生物武器进入了一个新阶段，即“基因武器”阶段，第二代生物武器开始登场。

早在1962年，美国国防部在国会证词中就承认：“在美国陆军生物研究所内，微生物——细菌、病毒、立克次体和真菌研究中，遗传学越来越受到重视。目前的注意力放在遗传学的基础研究方面，以了解有关机理，引出新的概念和增长一般科学知识。约有40名科学家，其中有些是国内外负有名望的学者在从事遗传学研究。……对遗传学的研究和更多的了解，将对生物武器系统及其防护做出重要的贡献。”至1969年，美国国防部已向国会指出，新型的生物武器即将问世：“在今后5—10年内，很可能研制出一种新型的致病微生物，这种致病微生物在某些主要方面不同于任何已知的致病微生物。最重要的是，我们用以控制传染病的免疫和治疗措施对于这种致病微生物是无效的。”

正是在1969年，美国人首次应用生物工程原理，从大肠杆菌中分离出DNA片段。1973年，美国的赫伯特·博耶等人创立了DNA重组技术。1976年，基因工程进入技术开发阶段，并生产了人工胰岛素、生长激素和干扰素等一批特效新药。基因工程也称遗传工程，根据基因的遗传性，用类似工程设计的方法，把生物遗传基因（DNA）从细胞中分离出来，有目的地进行剪切、拼接、重组，把一种生物的基因“嫁接”到另一种生物体中，从而实现基因转移，使后者获得新的生物遗传物质。

利用基因工程技术，创造出具有新特性的致病微生物及其毒素战剂，去破坏人的免疫系统，也可以针对某一种族、人群个人的基因特征，去杀伤特定种族、人群和个人。基因武器是利用基因工程技术将人类、微生物、动物、植物的基因进行再修饰和改造，而第一代生物武器均来源于自然界致病微生物，通过实验室筛选获得，并未涉及对基因结构的修饰。

四、可怕的区别性攻击

不难发现，基因武器和第一代生物武器最大的不同，便是可以针对特定的种族和人群甚至个人来开发基因武器。可以说，基因技术和生物武器是一种完美的结合，这种结合不仅使第二代生物武器的杀伤力更大，使战争发起者更加隐秘，更使传统生物武器的一切缺点不再存在。比如，第一代生物武器对敌我双方都有毒，而基因武器则可以做到仅对特定人群有害。和第一代生物武器相比，基因武器最大的优势是可以做到杀人于无形之中，最适合进行战略奇袭。

基因武器一出现，便超过了核武器、化学武器、第一代生物武器，成为了大规模杀伤性武器的王中之王，这种武器不但廉价、便捷，而且具有极度隐秘的特性。从原则上看，假如美国人针对中国人或者俄罗斯人的某些独特基因特性开发出了针对性的基因武器，这种武器一旦在中国或俄罗斯运用，某种新型的难以克服的病毒将对相关种族带来普遍性影响，而且，“其结果很难与疾病的自然暴发相区别”。除非美国人自己的基因武器专家叛变并提供相关证据，中国人及俄罗斯人很难证明，这种新型病毒来自美国的实验室。对于美国来说，即便是这种新型病毒传播到了全世界，但并不会给美国的盎格鲁 - 撒克逊人造成丝毫危害。

更可怕的是，基因武器不仅可以在人种这个层面上进行区别攻击，甚至还具备了对个体进行区别攻击的能力。

据 2012 年 11 月的美国《大西洋月刊》披露，近年来，随着 DNA 基因组设计技术的突飞猛进，美国很容易制造出为某国首脑特别打造的 DNA 病毒，这是最新型的杀人于无形的恐怖武器。

相关专家设想了以下使用DNA病毒进行的“斩首”行动：

某年12月，一名大学教授在家里收到了一个包裹，包裹里是他网购的药丸，这种治头疼的药丸他常吃。吞下一粒药丸后，教授感到不适，出现轻微发烧、打喷嚏等症状。这些都是典型的染上流感的症状，所以这名教授并不在意，他继续去校园授课。他并不知道，他之前收到的药丸，已经被美国特工加入了特别调制的DNA病毒。来到校园后，这名教授体内所携带的几十亿个病毒，会随着他打喷嚏传染给其他人，最终校园里大批员工和师生都得了“流感”，不过在流感多发的12月，没人对此怀疑。

美国特工的最终目标终于出现：某国总统来到这所大学演讲，他手下的特工对校园进行了严密检查。演讲顺利结束，可不久后，这名总统就感觉头疼，随后记忆力逐渐减退，最终一命呜呼。原来，美国特工所使用的病毒，是根据这名总统的DNA特别制作的：其他人染上这种病毒，只会出现轻微的流感症状，不会死亡，而一旦总统本人染上这种病毒，他体内的细胞就好比是触发致命病毒的“机关”，病毒会“认出”总统的细胞，发生突变，从而大量破坏总统的脑神经系统，最终令其死亡。事后法医在进行尸检时，也很难查出总统死亡的真正原因，会以为他可能死于“遗传疾病”。

《大西洋月刊》表示，以上就是DNA基因病毒的强大和特殊之处：可以只让目标一个人死，其他感染者却安然无恙，因为这种病毒的致命成分只能由目标本人的细胞触发。使用DNA病毒进行暗杀，隐秘性极高，成本低，达到的效果却不亚于特种暗杀小组或无人机突袭。但使用DNA病毒进行斩首有一个前提——特工或特种兵必须事先获取暗杀目标的活体细胞，获悉其DNA信息，从而让科学家根据相应信息，制造专为目标设计的DNA病毒。

而与这种可怕的区别功能相伴生的，还有基因武器本身的高度隐蔽性。除了前述假象案例中的药丸外，最寻常的食品、饮用水，无不可以基因武器化。而且，在某些领域，不祥的阴霾已经笼罩了上来。

五、转基因粮食背后的安全问题

1982 年开始，洛克菲勒基金会将大量资源投入到应用分子生物学，以对全球的农作物进行基因改良育种。由于水稻是亚洲人的主粮，洛克菲勒基金会在 1984 年决定进行一个为期 10—15 年的项目，把亚洲水稻种子进行基因工程改造。

1989 年，洛克菲勒基金会在其“培训与能力建设”项目上每年追加 5400 万美元，用以培养第三世界国家的生物学家，或派遣第三世界国家的农学家和科学家到美国进修、参观。在后来的 10 年中累计追加投资高达 5.4 亿元。

1992 年，老布什政府宣布转基因食品和天然食品在“实质上相同”，为转基因食品从美国走向世界铺平了道路。

1994 年，世界贸易组织建立，这个组织通过了新协定《与贸易有关的知识产权协定》，第一次允许跨国公司对转基因形成的新型物种申请专利保护，并规定 WTO 成员国如以安全问题拒绝转基因食品是违法的。

中国加入 WTO 后，每年被迫从美国进口大量的转基因农作物，如转基因大豆、转基因玉米等。2011 年已达到 5263.4 万吨，约为国产大豆产量的 3.63 倍，进口大豆主要是转基因品种。2012 年我国大豆总产量预计低于 1000 万吨，进口大豆则将接近 6000 万吨。继大豆产业沦陷后，中国的玉米产业也陷入困境，2012 年 1—10 月份中国玉米进口量达 455.6 万吨，比 2011 年同期增加 361.8 万吨，增幅 385.7%。

中国从美国大规模进口的转基因粮食作物正日益替代本土的粮食，美国人完全有能力将其生产的粮食改造成专门针对中国人的生物武器，这只需在大豆种子或者玉米种子中转入某种中国人无法检测的特定基因，便可完成上述任务。大豆基因组中有 11.1 亿个碱基对，即便中国掌握了标准的安全的某种大豆的基因组图谱，如果不知道美国在其中转入或者删除或者替代了什么基因，依靠自己的力量把所有的基因序列检测一遍需要几百年的时间。即实际上等于不知道。

美国利用转基因技术又多了一道控制中国的“机关”。即便是中国能够最终拒绝来自美国的转基因粮食，但美国通过控制中国本土的一些官员和生物学家，一样可以进行野心勃勃的农业和生物入侵。

比如，BT转基因水稻将在未来几年得到大规模种植，这种可以将虫子杀死的粮食，究竟对人产生怎样的后果，由于人体本身及水稻本身都是高度复杂的生物体，当一种新的基因物种长年累月进入人体后，会发生怎样的化学反应，没有人能够精确地评估。因此不经过几代人的长期试验，转基因作物的安全性是不可能得到可靠的检验的。中国的转基因专家认为将BT转入水稻，便使水稻产生了抗虫的毒性，然而，整个基因转入过程不可能是完全精确的。基因工程可以在试管里精确地提取某些基因片段，但是将它们转入水稻或其他物种细胞中DNA里时，完全是不精确、不可控制的，转基因专家根本无法确切知道他们将特定基因转到了哪里。

风险是巨大的，中国应努力发展自己的转基因技术，同时加强对外来转基因作物的研究和对外部农业、生物入侵的防范。

六、美国的转向

1969年11月25日，美国总统尼克松在白宫发表讲话，宣布美国放弃生物武器并限制化学武器的进一步生产。到福特政府时期则正式宣布批准《日内瓦议定书》，同意在未来战争中限制使用化学武器。

所有这些，绝不是说美国已经改变了自身的生化战争观，而只是改变了生化武器观——有了更好、更隐蔽的武器，何必再用落后的呢?

而我们不能不忧思的问题则在于，假如美国在未来的某一天，突然发起隐蔽的基因战争，对于缺乏防范手段和防范意识的国家，后果显然是不堪设想的。而美国的历史则加强了这种担忧的合理性。

正如我在前文中指出的那样，美国自建国以来一直是一个种族意识强烈的国家。

20 世纪 20 至 30 年代，优生学风靡欧美，许多遗传学家和政治人物都信奉“优生学”。欧美的上流社会，尤其是那些世袭的垄断财团认为，血缘和遗传、人种和民族是经济、社会或文化最重要的决定因素。20 世纪初的美国总统西奥多·罗斯福曾公开地说：“我们不应该让那些劣等血统在这个世界上存留。文明社会的一个重大社会问题，就是确保优等血统人口不断增加，劣等血统人口不断减少……我非常希望能禁止劣等血统人生育……禁止低能人留下后代。”

看到这样的历史，想着眼见的事实，该对未来说什么好呢?

这样一个国度显然难以令人心安。而更让人不安的是，真正指导美国外交政策的，是现实主义理论。而以沃尔兹为代表的现实主义国际关系大师认为，构成大国的必要条件，首先是人口，其次是经济力量、军事力量、自然资源，当然政府的强弱也是至关重要的。人口庞大的国家，由于政府的软弱涣散，可能不会成为大国强国，但是人口少的国家，即便拥有强有力的政府，也不可能成为顶级大国，而人口极少的国家无论如何也是小国和弱国。

既然美国将人口、经济、军事、资源、政府视作支撑一个大国的五元因素，那么美国削弱他国、控制他国，也必然从这五个层面下手。换言之，即使是单纯地从常规意义上的国家间竞争来说，美国也有可能利用基因武器对付某个国家。有没有共济会，共济会究竟是个什么组织反而不重要了。重要的是科技的发展，已经将传统意义上的国家安全和公共安全改变得面目全非。能与时俱进的国家才能生存，不然就将成为新的印第安人，在互相友好中莫名其妙地被消灭，最终都不知道敌人是谁。这是最可悲的结局，却是随时可能出现在任何一个国家身上的结局。以此而论，我们不要去幻想美国是否会成为温和的霸权，而首先要做到自己的无懈可击！

第九章 美帝国的阿喀琉斯之踵

历史上从来没有长盛不衰的帝国。扩张向来是一把双刃剑，一方面划开对手的坚甲，同时却也在不断制造新的对手，并不断磨耗着自身的锋刃。正如美国著名战略家吉尔平所言，任何一个时代的任何一个国家，都存在着一个扩张的极限，越过了这个顶点，就要遭到惩罚。扩张范围越大，力量耗散的空间也越大。尽管一些帝国论者急于拥戴美国登顶，但从俄罗斯亮剑、伊斯兰世界混乱、中国倡导中美新型大国关系等无情现实的角度审视却不难发现，美国距离登基加冕世界帝王还有相当距离，而帝国大厦倾斜和根基不稳的危机却已经隐现。

不经意间，美帝国的阿喀琉斯之踵渐渐露出来了。

山巅之国，还是世界公敌?

战略的核心要义在于平衡手段和目标。而这一基本平衡在美国却正在被打破。

早在建国之初，美国的政治精英们就意识到了这一组平衡关系的重要性，明确了不做世界公敌的国策。但同时，他们又要让美国发挥引导世界潮流的作用，所以确立了所谓的“山巅之国”原则，要让美国成为世界的思想灯塔与模范国家。

然而，从建国之初起，美国就没有恪守这一原则，它不断地进行对外扩张，并最终在20世纪崛起为世界级强国。

在美国崛起的同时，德国、日本、苏联等新兴强国也在不断崛起，而老牌帝国主义国家如英法却开始持续衰退。在此消彼长的过程中，世界权力格局进行大洗牌。德国的地缘战略学者豪斯浩弗在“二战”前将世界分成四大区域：美国主导的美洲区，德国主导的欧洲区，苏联主导的俄国区，日本主导的东亚区。其本质是一种互相制衡的多强格局。但是，在冲击衰落大国的过程中，德、苏之间的关系日趋复杂化，最终陷入了混战状态。而日本则深陷中国战场不能自拔。美国从中看到了前所未有的希望，迅速介入，以惊人的低成本，利用欧亚大陆上的固有矛盾，一举确立了美国在西方阵营中的领袖地位。但这也使美国从此深陷欧亚大陆事务之中不能自拔。

此后，冷战的胜利掩饰了美国力量的不足。作为世界的唯一超级大国，美国又风光了20多年，点穴式放倒了阿富汗、伊拉克、本·拉登基地组织等多个敌对势力，又借助“颜色革命”横扫了北非、中东的一大片伊斯兰国家。可谓风头甚盛。可是，只有美国自己最清楚，随着以中国、印度、巴西、南非为代表的新兴国家的崛起，欧亚大陆事务的复杂性日趋难以驾驭。美国究竟是退回本土，去圆山巅之国的旧梦，还是继续前进，不断击倒日趋增加、增强的新对手？在近十年来，这已经成为美国战略学家争论的大话题。

在巴尼特、莱恩等知名战略学者看来。欧亚大陆国家间的关系日趋复杂，美国如身处其间，搞不好会成为矛盾的聚焦点，如能抽身其外，反而能够制衡离间，保持美国的主导地位。所以他们建议美国放弃前沿存在，从欧洲、中亚、东亚三个桥头堡全线后撤。

但是，在历史上，很少有帝国懂得知难而退，当前的美国似乎也陷入了这种过度自信之中。至少到目前为止，还看不出美国有放弃三大桥头堡的迹象。于是，在不放弃前沿存在的基础上，如何应对新兴势力，就成了当前考量美国力量的最大问题。

一、军事霸权幻想的破灭

在国际关系领域，最终极的力量就是军事力量。军事力量是效率最高的力量但也是副作用最大的力量。越南战争之后，痛定思痛的美军立足信息革命与空天革命，进行全面转型，打造了一支遥遥领先的军事力量。从巴拿马的牛刀杀鸡，到海湾战争中的百时速胜，再到科索沃的零伤亡胜利，无论是城市战、沙漠战，还是山区作战，美军都以极小的代价取得了辉煌的战果。一时间，似乎美军已经具备了超越所有对手、也超越一切地理障碍的超强力量。而在美国内部，也确实产生了一股前所未有的冲动，认为仅凭美军的超强战斗力，就可以确保美国在当今世界的超强地位，甚至还能够随心所欲地塑造世界，甚至无须担心会付出代价。越南的记忆已经被扔到了九霄云外，很多美国公知又开始大谈慕尼黑悲剧，强调如果美国不积极介入欧亚大陆事务，就会重蹈慕尼黑的悲剧。而介入的最佳手段就是军事介入。《新共和》的编辑维斯提耶甚至鼓吹："使用武力并不是（美国的）最后的选择，而是最优先的选择。"

但是，这个想法很快就被证明是一个空前的幻想。"9·11"事件的发生给了美帝国当头一棒，证明了帝国金钟罩并不存在。尽管基地组织既没有强大的常规武装，也没有大规模杀伤性武器，却还是瞬间给美国造成了巨大的伤亡和恐慌。此后的阿富汗战争与伊拉克战争尽管再次证明了美军确实善战，但却没有再出现巴拿马与科索沃战争那样的胜利，相反，越战的阴影却开始闪现。

一些防务学者也开始从辉煌中看到危机。在近十余年中，无人机技术的迅猛发展极大地改变了战争的面貌，美军作为先行者从中获益匪浅。可是，美国明尼苏达州立大学组织领导、政策与发展研究部教授斯图尔特·S. 叶，从中看到的却是一个前所未有的危机。按照美军的思路，作为高科技产品的无人机自然要和高科技的导弹相配合，进而去打击同样昂贵、重要的目的。但是，试想一下，如果恐怖组织也掌握了无人机技术，却只是将之和单兵速射武器结合进行恐怖袭击，或与榴弹发射器结合精准打击美军重装甲单位的薄弱环节，美国都将面临巨大的难题。因为直到目前为止，美军对于这种武器并没有行之有效的防御措施。如果向更坏的方向再迈一步，假设敌手同时掌握了一定的导弹技术，连核动力航母都将变成一种非常脆弱的武器。再加上"任何大型的武器出口商都可以运用现有技术大量生产这种武器，这意味着：武装无人机充斥世界只是时间问题"。

这绝不是美单方面的杞人忧天。该作者强调指出，据知"伊朗正在研究美国在伊拉克和阿富汗的战术特点，找到美国的弱点，并通过兵棋推演寻找利用这些缺点最有效的办法”，其中就包括了无人机的使用。2006 年，伊朗宣称其一架无人机环绕“里根”号航母飞行了 25 分钟，说明美国航母无法防范伊朗无人机。为证实这个声明，伊朗国家电视台于 2006 年 11 月 12 日播放了一段长达 4 分 21 秒的视频……记录表明，“里根”号航母于 2006 年 2 月 22 日进入靠近伊朗的波斯湾水域并对伊拉克实施空中行动，于 2006 年 5 月 29 日撤离。据称，在此期间伊朗的无人机录下了这段视频。

此后，在美军自己组织的“千年挑战”模拟演习中，也充分暴露了美军在防范无人机攻击方面的弱点。模拟演习的假定是在波斯湾地区与一个假想的“流氓国家”发生冲突。美军扮演“蓝军”，敌方扮演“红军”，借助无人机的巡航导弹袭击，在模拟演习中，红军共击沉了美军 16 艘军舰，包括美军舰队中唯一的航空母舰和两艘直升机母舰。

难道能够颠覆美军优势的只有无人机吗？显然不是，军事技术的变革永远是一把双刃剑，就算某支军队率先进行了转型，其他军队还是有借鉴后超越式发展的后发优势。这就是美国海军上校、参联会战略与计划委员会成员詹姆斯·斯塔夫里迪斯在 20 世纪末就担心的“世界新军事革命的第二次革命”。而美国著名学者卡普兰在其新作《地理的报复》中则从空间因素的角度表达了类似的担忧，认为技术永远不能消除空间因素的影响。在一个边界固定的封闭地球内，想在 21 世纪依靠单纯的军事优势确立全面霸权，只能是一种幼稚的痴人说梦。

二、综合国力困局

既然单纯的军事力量不足以为美国的霸权保驾护航，综合国力的考量及国家力量的综合运用，就成了美国的新选择。在麦金德、斯皮克曼、基辛格、布热津斯基留下的地缘战略设计的基础上，如果美国能够保持自己的力量足够强大，自然可以继续立足三大桥头堡，纵横出击。然而，美国的综合国力也正在显现病态。

2012 年 1 月，美国著名战略学者布热津斯基刊行了新作《战略视野——美国与全球的权力危机》。在这部新作里，布热津斯基对美国的力量现状进行了全面剖析。他在列出美国的六组优势的同时，也列出了当前美国的六组劣势。

六组优势是：

1. 整体经济实力优势：这一点有目共睹，从经济总量上讲，美国是当之无愧的唯一超级大国，美国 2010 年的国内生产总值占了全球总量的 25%。从人均收入上，也名列全球前列位置。

2. 创新潜能优势：美国独特的企业家文化和卓越的高等教育机构的科研创新能力，共同形成了强大的创新潜能。在世界高校 10 强排行榜中，美国高校占据了 8 个席位。在世界高校 20 强的排名中则占据了 17 席。

3. 人口活力优势：首先，从人口结构上讲，在欧盟、日本、中国相继面临老龄化问题时，美国则无此问题。其次，在对外来移民的吸纳、同化能力方面，美国明显强于欧盟国家、俄罗斯、中国和日本。

4. 反应性动员能力优势：美国一旦开始动员，其速度和能力均非常强大。“二战”就是一个最好的例子。“二战”前夕，美国的陆海军无论是规模还是能力都非常有限。陆军基本上连“一战”水准都没有达到，海军则是标准的以战列舰为中心的舰队。但是，1940 年法国战役后，美国迅速推动陆军的机械化进程，并在短短三年内便建成了世界上机械化、装甲化程度最高的陆军（比苏德陆军都要高）。海军则在珍珠港事件后迅速抛弃了战列舰思维，并在两年内建设了世界上最庞大也是最先进的航母舰队。

5. 地理位置优势：从地缘战略上，美国处于东西皆大洋、南北为弱国的有利环境中。在自然地理方面，则享有广阔的国土和丰富的资源储备。

6. 民主吸引力优势：这是美国最大的软实力优势，且已经被美国巧妙地打造成一种外交工具。

而六组劣势则是：

1. 国家债务不断增加且终将不堪重负：这是一个老问题，但却是一个始终没有被解决的老问题，而且有病情日益加重的趋势。

2. 金融体系存在缺陷：2008 年爆发的金融危机就是一个最好的例子。这个缺陷造成了两方面的问题，对内制造了内部动荡，对外则削弱了美国对国际事务的关注度。

3. 收入差距不断扩大，社会流动陷入停滞：据统计，自 1980 年以来，美国的收入差距在不断地加速扩大。1980 年，5% 的最富裕家庭和 40% 最底层家庭的收入分别占美国国民总收入的 16.5% 和 14.4%。到 2008 年，这组数字变为 21.5% 和 12%。与家庭年收入相比，美国家庭财产的差距更为悬殊。据美联储统计，在 2007 年，1% 最富裕美国家庭拥有的财产占美国国库总净资产的 33.8%，而 50% 最底层家庭的财产仅占 2.5%。同时，社会流动却基本陷入停滞。这对所谓的“美国梦”造成了巨大的损伤。而一旦美国不再被视为一个“充满机会的国度”，其对外部优秀人才的吸引力也将大大下降。

4. 国家基础设施破败不堪：和日本、欧洲、中国相比，美国的基础设施建设长期停滞不前，以至于布热津斯基哀叹：“美国现有基础设施更多的是代表一个国势江河日下的大国，而非世界上最具创新能力的经济体。”

5. 公众对世界极其无知：尽管美国是一个利益遍布全球的超级大国，其公众教育却高度轻视对外部世界知识的传播。根据 2002 年美国《国家地理》杂志的一项调查显示，在 18—24 岁的人口中，能够准确在世界地图上定位美国的美国人人数，居然少于加拿大、法国、日本、墨西哥、瑞典的人数。以年轻人对地理知识的掌握水准而言，美国的排名低于瑞典、德国、意大利、法国、日本、英国、加拿大，仅强于经济落后的墨西哥。2006 年的另一项调查则显示，尽管美国正深陷中东问题，可是，在美国的年轻人中，63% 的被访问者在地图上找不到伊拉克，75% 的被访问者找不到伊朗，88% 的被访问者找不到阿富汗。这无疑将深刻削弱美国的全球“领导力”。

6. 政治体制日趋僵化且党派色彩浓厚：这一缺陷导致的后果是政治妥协日趋难以达成，两党间形成恶性互耗，从而阻止有力决策的出台。

布热津斯基认为，未来美国在世界事务中的影响力，既取决于六大优势能维持多久，也取决于六大劣势能被改良到何种程度。就布热津斯基本人来说，他对美国还是充满信心的，所以他在书中是先说缺点，后说优点，最终归结到优点上，认为美国依然掌握着巨大的力量。事实也确实如此，如果只是从单纯的唱衰美国的角度则确实没什么意义。但是，力量强弱是一个相对概念，既取决于对手间的力量对比，也取决于美国自身设置的目标和力量之间的距离。如果是从建立世界帝国的角度看，尽管美国的六大优势不会轻易丧失，但想在短期内彻底改变六大劣势也是不现实的。因此，美国仍将利用其固有优势维持其国际地位，只是这将与世界帝国的梦想无情地拉开距离。而弥补这个距离的策略就是“借力打力”，即通过打造强大的联盟阵容来弥补美国自身的缺陷。这就是布热津斯基所构想的“新西方”概念。

三、外交借力的幻象

所谓“新西方”，指的是由美国、欧盟、乌克兰、俄罗斯、土耳其组成的一个北半球性质的、广义欧美文化性质的安全共同体。作为这个“新西方”的对立面，布热津斯基又设计了一个“新东方”，一个通过中国、日本、印度、东盟、韩国、阿拉伯国家的互相制衡来实现稳定合作的世界。于是就形成了团结的“新西方”驾驭分散的“新东方”的格局，从而实现“扩大西方、制衡东方”的构想。所以，布热津斯基毫不掩饰地说：“对于西方而言，美国是推动地缘政治调整乃至扩张西方势力范围的强大引擎。而在亚洲，美国则应以合作的姿态参与地区多边架构，审慎支持印度的发展，维持与日本和韩国的紧密关系，耐心地拓展与中国的双边关系并扩大与其在全球范围内的合作，这才是使全球影响力不断增强的东方保持稳定所需的最佳制衡手段。”

其中，“新西方”的完成是关键所在，失去了这个基础，也就无法制衡东方。而实现“新西方”构想的关键则在于：继续牢固控制北约国家，同时招安俄罗斯。

这个构想显然已经和《大棋局》中的思路大不相同，反而更让人想到亨廷顿的“文明冲突”。只不过，在亨廷顿的世界中，世界被分为中华文明、日本文明、印度文明、伊斯兰文明、西方文明、东正教文明、拉美文明，和可能存在的非洲文明。其中，亨廷顿最看重的依然是跨大西洋联盟，而中国、俄罗斯、伊斯兰世界是最大的敌人，日本、印度则可能是敌人也可能是朋友。而这一次，布热津斯基却要招安俄罗斯，将之归入大西方的范围之中。这显然是亨廷顿也从未想过的大胆内容。而其潜在的另一面却是在远东要将日本剔除出核心圈层，而使之仅在如下两方面发挥作用：

其一是日常国际事务，在这个领域布热津斯基早就建议引导日本参与全球性事务，这样做的好处是不动声色地剥夺日本重新谋求亚太区域霸权的野心，同时在日常性的世界事务管理中消解掉日本的武士性格，让其变成一个英格兰风格式的管家。

其二则是战略领域，在这个领域中，日本将被限定在中国问题范围内发挥作用，即日本仅在中美日三边关系这个具体问题中承担自己的责任。

很显然，布热津斯基的构想如欲实现，就必须克服两大难题：其一是如何消解俄罗斯的独立性和霸权追求，其二是如何消解日本的独立性和霸权追求。这本身将成为一个新的无法实现的永动机命题。结果就是，俄罗斯没有抓住，日本却先被放弃。既然日本都无法入会，印度、越南、菲律宾等国家一样缺乏希望。站在这些国家的立场上看问题，就会发现美国的预期形象发生了变化。与其说美国是一辆巨大的机遇公交车，不如说正变成一个会员制的汽车旅馆。相应地，美国的软权力优势也会受到挑战：新西方概念本身就是对美式普世价值的一记耳光。一旦文明分裂趋势加强，美国的文化影响力就会大大下降。而单纯的军事优势和综合国力优势又不足以全面弹压反抗，美国霸权就将面临新的巨大考验。

四、国际公信力的下降

虽然有前述种种缺陷，美国却仍有另一条路可以走，那就是真正地发挥一个负责任大国的价值，在共赢中实现自己对世界的领导。这就要求美国向全世界提供公共服务，带动全球性的共同繁荣和发展。然而，美国不但没有这么做，反而走向了全球稳定、繁荣的对立面。在美国的带领下，全球的多边文化也发生了倒退。

首先是联合国机制越来越丧失公信力。以2011年的利比亚战争为例，在美国支持下西方国家发动的对利比亚军事打击师出无名。根据联合国1973号决议，联合国只授权北约在利比亚建立“禁飞区”，并没有授权对利比亚发动空袭。而且当时的卡扎菲政权已经宣布接受“禁飞区”决议，在这种情况下北约坚持发动了对利比亚的空袭，完全超出了安理会决议授权的范围。

巴勒斯坦已经得到了全世界160个国家的承认，却因为美国的阻挠一直无法加入联合国。在2012年巴勒斯坦成为了联合国观察员国，通过这项提案的投票结果是：138票赞成，9票反对，41票弃权，只有美国、以色列等少数几个国家反对，除了美国之外，中国、俄罗斯、法国、英国、德国、印度等均没有反对此提案。巴勒斯坦问题，不仅代表着阿拉伯世界的良心，更代表着全世界的良心。美国已经站在了全世界的对立面。

其次，地区合作机制也由于美国的掺和而变味。亚太经济合作机制长期以来一直是致力于经济合作的地区合作组织。会议讨论的议题集中于地区合作和经济合作，强调的是多边共赢而不是对纷争的调解。在美国战略重心东移的背景下，2011 年 11 月东亚峰会期间，与会的 18 个国家中有 16 个提到了容易引发争端的南海问题。在一个寻求合作的会议提出一个没办法达成一致的领土纠纷问题，这本身就是会议的失败，也代表着原本寻求和平、合作的会议退化为了吵架的论坛。

最后，美国拒绝提供相关全球公共产品。以温室气体减排为例，美国人口仅占全球人口的 3% 至 4%，而排放的二氧化碳却占全球温室气体排放量的 25% 以上，为全球温室气体排放量最大的国家。美国曾于 1998 年签署了《京都议定书》。但 2001 年 3 月，布什政府以“减少温室气体排放将会影响美国经济发展”和“发展中国家也应该承担减排和限排温室气体的义务”为借口，宣布拒绝批准《京都议定书》。此后，在历次全球气候峰会上，美国都拒绝与其他国家达成减排协议，没有做出向发展中国家提供减排的资金和技术支持的承诺。联合国气候问题的谈判在经历了多年的马拉松会议后远远没有达成效果。美国的工业化和现代化是建立在大量消耗地球上的能源、排放温室气体的基础上，作为曾经世界上工业化最强大的国家，美国在环境问题上也欠了全世界的债。替历史还债是美国的责任，也是美国作为世界第一超级大国的义务，而美国却拒绝提供与其国力相适应的全球公共产品。这就自我削弱了软权力资源，使得美国在世人眼中更像一个僭越者，而不是一个贤明之“君”。

一个没有帝王的世界……

如果美国当不了世界帝王，其他国家则更难加冕。那世界的战国化因此将常态化。在这个群雄逐鹿的世界里，如何确保自身的安全和利益不受损害？这是包括美国在内的所有国家都要思考的问题。

尽管美国经常担心某某国家失控将造成某某区域的动荡，从而影响美国的安全与利益。然而，今后一段时间内，恰恰是世界越来越担心美国的失控——这种失控，并非常规意义上的稳定性失控，而是一种战略认知失控。美国正在越来越看不清世界，世界也越来越看不清美国。

在历史上，无论是建国初期的孤立主义，此后的门罗主义，以及老罗斯福、小罗斯福的追求世界霸权战略，还是冷战期间的遏制战略，美国决策层的战略认知至少始终是清晰的，相应地，敌手的确定也是清晰的。但是，在当前，由于前述种种限制的原因，一个无法加冕世界帝王的美国究竟何去何从？由于美国自冷战结束以来，就一直对新的战略形势感到迷茫，所以在界定对手时也非常随意、混乱，这已经成了当前世界的最大不稳定因素。哪里有压迫，哪里就有反抗和斗争。正如习主席在2015年9月3日阅兵讲话中说:和平发展是世界的主流，但战争的达摩克利斯之剑依然高悬在人类头上。

历史上中美关系最好的时候是盟友，最差的时候是对手。而当前却处在一种“非敌非友”的模糊状态之中。2013年1月11—12日，我在和美国海军陆战队决策参谋部主任对谈时，就提到了这一点。而美国方面显然对此没有深入的思考，没有透过“非敌非友”的表象深入反思自身战略设计与战略认知的模糊性。模糊往往是决策失误的前兆。而美国的模糊总是造成世界政治的高危状态。美国学者罗伯特·卡根以“危险的国家”称呼美国，的确如此。它是人类丛林中一只凶狠、狡猾又年轻力壮的杂交性猛兽。如果它碰巧站在人类正义的一边，如第二次世界大战那样还好，如果不是，世界的危险将因它而起，正如战后世界动荡不安大多与美国有关那样。

正如每个人都有梦想一样，美国有自己的帝国梦，俄罗斯有自己的发展梦，欧洲有自己的一体梦，中国有自己的复兴梦。日本也有自己的复活梦。本世纪乃至更远的时间，世界大致就是这些梦想的重合与撞击。而除美国之外，各大国和小国梦想的最大公约数，是不要帝国。在废除帝制已成世界文明主流的当代，这已是人类的共识。

未来是互动中的变数，唯一不变的，是实力决定一切的规律。这个实力，既包括自然的物质力量，也包括精神、意志、智慧等非物质力量，而后者又往往是更重要的。

让我们希望，让我们努力！

“正义必胜，和平必胜，人民必胜！”

后记

POSTSCRIPT

“征服”美国：美国衰落与世界大变局

在我于2009年写下《C形包围》，并于2011年完成《Q形绞索》初稿，2012年完成《A形突围》初稿之后，就试图沉下心来，遵循知己知彼的先训，研究美帝国的运行机制。但还没等我修改整理，一场针对我的世界性网络舆论围攻大战却开始了。

一搁置就是四年。现在，《Q形绞索》的修改稿出版。我想起了曾经成功预言1989年柏林墙倒塌、1991年苏联解体，国际公认的“和平学之父”的挪威政治学家约翰·加尔通，他于2013年在中国权威的人民出版社推出了一本书，叫《美帝国的崩溃》。他以苏联六大矛盾导致灭亡为例，直截了当地预言有着15大矛盾纠结的美帝国将在2020年崩溃。

约翰·加尔通指出的美帝国15大矛盾——分别是：三组经济矛盾（增长与分配之间；实体经济和金融经济之间；生产、分配、消费和自然之间）；四组军事矛盾（美国国家恐怖主义和恐怖主义；美国和其盟国；美国在欧亚的霸权主义和俄罗斯、印度、中国；以美国为首的北约和欧美军队）；两组政治矛盾（美国和联合国；美国和欧盟）；三组文化矛盾（美国犹太—基督教和伊斯兰教；美国与古老文明中国、印度、埃及、玛雅等）；三组社会矛盾（国有企业精英与工人阶级中失业者、合同工的矛盾；老一辈和年青人；理想与现实）。约翰·加尔通认为这 15 对矛盾将协同作用，“造成美帝国的衰落和崩溃”。

并非约翰·加尔通一个人在谈论美国的衰落和崩溃。美国学者卡伦·默菲说，美国的衰落极有可能像罗马帝国，国内精英权贵为争夺控制权而内斗不止，国内腐败加剧，体制崩溃，经济停滞而失去对世界事件的影响力，最终由于“帝国的过度扩张”，导致失去对全球的控制权而绝对衰弱。2008 年以来的美国政治现实，似乎就是这样。德国历史学教授亚历山大·德曼特在其 1984 年专著《罗马兴衰》中列举了罗马衰亡的 210 种原因，其中相当多内容都适用于美国，称“美国与罗马帝国之间唯一的区别就在于美国不驾马车”。

一、美国衰落与世界大变局

至少，在 2017 年，关于美国衰落的话题已成国际政治学界普遍关注的话题。

这一年，美国选出历史上争议最大的总统特朗普。而世界看到的美国是一个内乱不已的“纸牌屋”，仿佛罗马帝国陷入衰落和混乱的历史情境再现。

我看到，除了约翰·加尔通先生所说的 15 对矛盾之外，还有着美国共和党内部的矛盾（关于对俄罗斯的定位）；美国两党之间的矛盾（关于俄罗斯干预美国大选的调查）；美国本土居民与移民之间的矛盾；美国与世界（反全球化）的矛盾。美国与邻国（墨西哥）、美国与朝鲜半岛等矛盾开始激化。

原有的矛盾不同程度地激化，新的矛盾与旧的矛盾交织。

我比较关注的是约翰·加尔通对美国的定性："从美国中央情报局对平民实施的恐怖主义，或由白宫授权的针对平民的国家恐怖主义来看，美国就是新法西斯主义"。他认为美国的军事主义有着深厚的文化和结构基础。"在推行殖民主义之前，帝国主义表现为直接征服、抢夺资源、镇压反抗，而不考虑长期控制和操纵的问题"。约翰·加尔通认为，帝国的下一阶段发展将可能是真正意义上的跨国，而不仅仅是跨越国界。这个预见正和我对美国的观察完全一致：无论是美国肢解苏联、东欧，在世界各地制造"颜色革命"，还是包围中国，围困伊朗等，都不是直接占领的军事行为，而是为了削弱潜在对手，以实现对全球的全面控制，进而实现从美帝国到世界帝国的跨越。

《C 形包围》和本书《Q 形绞索》，描述的都是美帝国走向世界帝国的征程。前者主要关注美国对中国的战略包围和进攻手段，后者主要分析美帝国的文化、历史和力量结构及美国征服世界的路线图和时间表。在接下来的《A 形突围》中，我将在完善中国突围战略的同时，提出战胜美国帝国主义的问题。

约翰·加尔通认为"当美国停止剥削、杀戮、控制和操纵他人时，美帝国就消失了"。我的设想是：欧亚大陆的三大政治力量——中国、俄罗斯和伊朗要以地区和世界安全的责任感，实现长期的政治团结和经济融合，建立安全共享的机制，抵御美国试图割裂、控制欧亚大陆的战略企图，以世界和平共同体的理念，抵消美国的自由、民主等价值观攻势，最终实现对美国的文化融合，将世界历史上空前的政治怪兽驯服。在消灭美帝国的理念和总体方法上，我们有共同之处，唯一的不同是，我担心这个帝国对和平的适应能力。这个移民集合体，在帝国主义的意识形态消失之后，将靠什么凝聚在一起？如果上帝保佑美国，他应该思考这个问题。

不仅我和约翰·加尔通，相当多的世界学者也都在替美国担忧。

和约翰·加尔通的严谨严肃恰成对照，加拿大学者马克·斯坦恩以诙谐幽默的方式，描绘了世界第一大国的末日败相。但是，也有不同的声音——以约瑟夫·奈为代表的一些美国学者并不认同美国世纪的结束。

我在和白邦瑞先生晤谈时，指出美国当前最大的问题是“美国会完蛋”时，他甚至很诧异。

当年，并没有多少人谈论苏联的解体（因为那不是大众互联网时代），但美国和中国的政治家，都非常清楚苏联体制的不可持续性。美国据此实施了诱骗式的战略计划，中国则狠批“苏修”并彻底划清界限。

今天众多的人在谈论美国衰落。争论将持续到事实发生的那一天。但一个不争的事实是，今天的美国看起来比“二战”结束时、冷战结束时都要虚弱得多。原因在于，“二战”时所有大国流的血都比美国多；而冷战结束时它的对手轰然倒地，世界赛场只剩下孤独的超级大国。但是，冷战结束后，所有大国都在建设，而美国却陷入了连年征战，而且是踏着当年十字军和众多老帝国覆亡的足迹。从 1991 年、2001 年、2011 年，每个十年开始的时候美国都会发起一场里程碑式的新战争，以用血涂抹接下来的十年。直到特朗普喊出要让美国重新伟大。

是世界大国诱惑，让这个看上去军力超群的唯一超级大国，在不停的冲杀中累到几乎散架。恐怖主义的愈演愈烈，特别是 IS 以国家形态的崛起；伊朗核问题和朝鲜核问题让美国大国尊严尽失；俄罗斯在美国策划的乌克兰危机中收回克里米亚，并突然出兵中东，简直就是给美国的一阵连环拳，而美国并未作出实质反应。政治无能和军事怯懦的背后还有起于自身殃及世界的金融危机。

美国衰落的直观印象就是这么来的。

或许这已经说明美国完成不了世界帝国的使命。但依然没有迹象表明美国将放弃世界帝国的意图。特朗普总统虽然宣布奥巴马战略东移计划已死，但他却比奥巴马走得更远——直接把奥巴马时期停留在口头上的萨德送入韩国，并继续强力刺激朝鲜的核冒险。

汇集世界政治领域和军事、经济领域的大数据，可以清楚地表明，又一个新时代正在来临。

习主席指出：世界正发生前所未有之大变局，我国正处于由大向强发展的关键阶段，我军正经历着一场革命性变革。

自地理大发现开启世界近代史，国际政治体系经历了四次大的调整：第一次是 1648 年三十年战争结束，威斯特伐利亚体系出现，标志欧洲格局形成。19 世纪初拿破仑帝国瓦解后形成维也纳体系；20 世纪初，德国崛起导致第一次世界大战，后德国集团战败，形成凡尔赛—华盛顿体系 。这些量变，促成第二次国际格局调整，最后在 20 世纪中叶，在第二次世界大战结束后形成雅尔塔体系 。四百多年以欧洲为中心的国际格局被美苏两极格局所取代。德国、日本战败，美国经济军事实力空前膨胀，英法等老牌强国严重削弱，苏联成为唯一能与美国抗衡的大国。冷战结束，苏联解体，世界格局第三次调整，形成美国一极独大的格局。随后，美国在抢夺苏联势力范围的连续战争中消耗太多国力，多极化趋势出现。恐怖主义挑战美国，新兴国家崛起，导致 21 世纪世界格局再次出现巨大调整变化，即当前的第四次“变局”：美国衰落，俄罗斯、巴西、日本复兴，欧洲联合，中国走上世界舞台中心，大国重塑世界格局。

美国要维持全球统治地位，就不允许出现任何挑战者。让全球大国碎片化，完整文明地区陷入内争混乱，是美国战略最理想的方式。所以，美国不希望中东伊斯兰地区出现强人，不希望俄罗斯复兴，不希望中国崛起。

因此，21 世纪世界的主要矛盾，是美国独霸世界和其他大国努力实现多极化的矛盾。次要矛盾是各大国（集团）之间的利益冲突。这一主一次两大矛盾运动，将主导 21 世纪的国际关系。

就在各种矛盾的运动中，世界进入前所未有的大变局。而世界大变局的核心，就是美国在变衰，中国在变强，俄罗斯在变大、变狠（合并克里米亚，并有可能合并乌克兰），日本在变性（由和平到军国复活），欧洲在变得不团结和不稳定。

二、对华大决战：美国很纠结

美国几乎众口一词地认为是中国挑战了美国的地位，换言之，美国现在把中国当成征服世界的最大障碍。

有人鼓吹通过制造战争，阻止中国崛起，来确保美国地位。美国智库国际战略评估中心副主任理查德·费舍尔：美国的衰退与崛起形成了鲜明的对比，而制止这种对比持续下去的唯一办法就是通过战争。

除了在 2016 年 12 月惊呼《即将到来的对华战争》的约翰·皮尔格，英国《独立报》网站 2017 年 3 月 12 日刊发优素福·金吉希的文章，题为《第三次世界大战要来了》，认为大国未来的冲突可能采取另一场冷战甚至传统热战的形式。21 世纪出现三条战线，可能成为未来战争的场所。第一是乌克兰冲突引发新冷战的欧洲—俄罗斯战线。第二是围绕“伊斯兰国”和叙利亚战争的中东“锅炉”。第三是中美对峙的亚太前线。优素福·金吉希认为，在奥巴马执政期间，五角大楼实施向亚洲转移战略，把 60% 的海军转向亚洲，加强与日本及其他远东伙伴的联盟以“遏制”中国，中美在南海发生一系列对峙，“美国正在韩国部署导弹防御系统，这促使中国警告说本地区可能出现新的核武竞赛。美国最近出台的一项工作组报告出人意料地总结说，中美正在危险的撞车路线上”。特朗普的首席战略师班农声称：“五到十年以后，我们就将在南中国海开战……这一点毫无疑问。”班农认为，中国最终将从经济方面超越美国，但美国的军事优势却不成问题。优素福·金吉希说“这是一种危险的矛盾，因为它意味着美国将用军事力量确保经济特权，尤其鉴于巨大的国家安全机器现在似乎决定着美国的对外政策。就像奥巴马所说的，美国与众不同，因为美国采取行动。这或许符合资本主义的默认操作模式。你甚至可以提出，资本主义常常通过战争解决系统性的经济危机。毕竟，战争可以视为经济问题和社会动荡的终极解决办法”。

列宁很多年前就说过“帝国主义就是战争”。美国一直在对这一定义进行注释。

美国太平洋战区司令哈里斯甚至公开宣称做好了“今夜就开战的准备”。

可是，即使最疯狂的美国战略家也应该清楚通过直接发动硬战争的方法打败中国、保住美国地位的可能性不大。无论是朝鲜还是越南，中美都直接交手，战争结果如何？兰德公司设计过很多种中美战争的版本，最新的版本认为中美战争，中国损失超过美国。但美国的战略家们遗忘了一个最重要的事实：美国将要损失的绝不只是经济和国力。美国现在暴露出的问题是征服世界的实力和管理世界的能力严重不足。和一个核大国的战争，会让美国管理世界的能力提升吗？看来美国还没有从朝鲜战争中吸取到真正的教训，而朝鲜战争真正的启示是：和中国发生战争的结果并不是美国所能设想的。越南战争也是如此。

把中国视作称霸世界的最大对手，几乎注定了美国将要继续衰落。中国从来没有把美国当作对手，因为中国根本就没有称霸世界的目标。中国只是追求做一个国际社会中负责任的成员，希望拥有本来应该有的国际民主权力。美国在国内提倡民主，在国际上也宣传民主，但是国际现实中却完全没有民主的任何元素。看看它撇开联合国坚持发动的一系列战争就知道了。

美国在进行第三次抵消战略，似乎在呼应美国鹰派们的“战胜”观点。

这是美国某些人的战略惯性所致。靠着军事优势，美国从西半球走到了世界上，战胜了西班牙，战胜了德国、日本，靠着复合优势战胜了苏联。它不可能放弃对中国“战”的思维。问题在于，它用什么“略”。美国前国防部长给出的方案是类似于肢解苏联的那种“坚定、温和但长期的对抗”，以待中国内部的逻辑发生作用。

美国担心中日联盟、中印联盟、中俄联盟，但又认为那不会出现。但中俄的确走得很近。美国战略家一直希望予以离间。特朗普上台之初一度也动了这个念头。但美国复杂的政治生态，让这一看起来很美的构想，基本上胎死腹中。在2017年3月底，俄罗斯国际事务理事会主任、知名国际关系专家安德烈·科尔图诺夫公开表示，俄美关系不会迅速改善。俄中关系对俄罗斯很重要，俄罗斯不会为美国去对抗中国。美日抗衡中俄的东北亚安全格局将长期存在。科尔图诺夫说，美国国内在讨论两个不可能完成的任务。第一，企图分化俄中关系，联俄抗华。这是完全不现实的。第二，分化俄罗斯与伊朗的关系。这个任务也不可能完成。对俄罗斯来说，与伊朗的伙伴关系非常重要，俄罗斯不会为了俄美关系牺牲俄伊关系。

如此看来，特朗普在欧亚大陆的行动空间也很有限。但是，由于欧亚大陆的天然重要性和美国对欧亚大陆志在必得的战略意志，欧亚大陆的危险，依然高于地球上所有的大陆。

美国知名地缘政治学者罗伯特·卡普兰2016年发表在美国《外交》杂志上的文章“即将到来的欧亚大动乱”就很能说明这一点。和众多认为美国衰落的学者观点相异，罗伯特·卡普兰认为“中国在附近海域坚持主张；俄罗斯在乌克兰和叙利亚挑起战争。这容易让人想到，这是两个大陆大国在展示新力量。真相则正相反：中俄展示肌肉，并非因为强大，而是因为虚弱。中俄与20世纪30年代纳粹德国不同，德国依仗国内力量，支持境外军事侵略。今天，中俄所经历的则完全相反，国内的不安全感正在催生其好斗特性。从柏林墙倒塌至今，这是美国第一次遇到的场景——在几个大国之间竞争，具有历史转折点”。

到底是美国走向衰落还是中、俄?

古往今来，大国误判对方导致对抗的先例不胜枚举。眼下，100 年前的这个时候，欧洲大国都认为自己比对方更强大，结果第一次世界大战陷入胶着，两败俱伤；随后，又发生德国错判苏联，日本错判美国，美国错判新中国的一连串重大误判引发的大国战争；尽管如此，苏联仍然在冷战中错判美国的战略，在儿戏般的军备竞赛特别是几乎没有意义的核竞赛中耗尽国力。

21 世纪 20 年代，会重演那些误判的历史吗？两千多年前一个智慧的中国兵师就说“知己知彼”，但真的实践起来，其实不易。世界几个大国连对方真实的状态都无法说清楚，就更不用说复杂得多的世界其他事情了。

四、评罗伯特·卡普兰《即将到来的欧亚大动乱》

罗伯特·卡普兰认为“中俄经济环境正在逐渐恶化。2014 年能源价格崩溃后，俄罗斯就已陷入严重衰退。中国经济进入动荡转型期，GDP 两位数增长已不复存在，股票市场崩盘，这很可能预示着中国金融动荡的开始。如果中俄经济持续动荡恶化，其国内政治稳定不再理所当然……毫无疑问，两国国土长期被虚拟的敌人包围，平坦的地势又向入侵者开放，领导人们有深深的不安全感，而边远地区持续酝酿的反叛活动，比以前更加难以管控”。

罗伯特·卡普兰说:“全世界都已看到，在中小型国家，由于族群、政治、世俗等冲突，可能导致国家混乱。如果中俄因为经济恶化而陷入混乱，这就不仅仅是糟糕而已的事情。国内形势恶化很有可能对外输出麻烦，以期用民族主义，号召人民一致对外，转移国内注意力，转嫁国人的不满。中俄这种好斗性格将使西方国家难以应对。国内力量驱动对外侵略，常伴随精心策划而又有序推进的战略。由国内危机引发的大胆的、主动的、刺激性的对外行为，则难以预测与反制。鉴于中国和俄罗斯日渐增长的敌意，美国决策者审慎应对的第一要务应该是，避免不必要地刺激这种极端敏感而又国力下降的国家。就是说，当中俄重画国际边界和海上疆界时，美国决策者不能坐视不管，但也不能言辞刺激。解决办法应该是，华盛顿要划清红线，安静沟通，并准备必要的军事反击。”这些话，是我们在中学课本里听到过的，用来描述资本主义如何通过对外发动战争转嫁危机、转移国内视线。忽然从一个最大资本主义国家的学者口中说出，颇感惊诧。如果罗伯特·卡普兰先生对“二战”结束后的各大国战争记录进行一个简单的数学统计，就会得出是谁在不停地对外发动战争了。是谁马不停蹄地连续入侵朝鲜、越南、伊拉克、巴拿马、格林纳达、利比亚、南联盟、阿富汗？是谁在不停地跨洲际组织别国围堵另外几个大国？是中国吗？是俄罗斯吗？俄罗斯夺走克里米亚是事实，但事实的前面是什么？是美国策划乌克兰“颜色革命”推翻亲俄总统亚努科维奇！中国在南海修建岛礁是事实，事实的前面是美国怂恿南海小国从蚕食中国海洋国土到法理占据，得寸进尺；是美国组织各方意图构筑南海联盟以拦阻中国唯一的海上通道！但是，惯于对着世界地图思考的美国的战略家们面对中国和俄罗斯（有时是朝鲜和伊朗）这些早已标定的潜在对手时，就完全摒弃了时空概念，把对方的正当防卫举动，故意套上“刑事罪名”。

罗伯特·卡普兰先生以“处在危险中的莫斯科”描述：“普京倾向于用帝国主义的模糊治理模式：在原有地盘上派驻军队；建立埃及法老式能源管道网络；用种种方式支持周边国家的政客；经营情报网络；通过第三方收购控制当地媒体等。2008 年，普京对格鲁吉亚采取军事行动，西方没有做出反应，这大大鼓励了普京。最近一段时间，普京公开在几个战线发力：派兵占领克里米亚；在乌克兰东部发动代理人战争；派兵参与叙利亚内战，特地挽救总统巴沙尔政权。从宏观角度看，普京在叙利亚的做法恢复了莫斯科在黎凡特时代的地位，并通过叙利亚难民流入欧洲，进而获取跟欧盟博弈的杠杆。俄罗斯军事冒险与经济急剧恶化相呼应，这并非偶然。2014 年油价崩溃，中东欧国家持续放弃对俄天然气的依赖；全球经济放缓又进一步降低对俄油气资源需求；西方又对莫斯科实施破坏性制裁。这些因素共同导致俄经济危机全面爆发。2014年以来，卢布兑美元汇价腰斩。2014年，俄罗斯GDP增长几乎为零。2015年第三季度，经济衰退超过4%，俄罗斯经济问题还在持续恶化。领导人拿出不什么容易的法子去稳定经济。几十年来，俄罗斯依赖自然资源生产和仅仅满足于国内消费市场的制造业。除了军品，国外很少有人去购买俄罗斯民品，尽管有些炫耀性奢侈品，但服务业仍非常落后。普京及其同僚从来没打算建立真正的自由市场，因此，今天俄罗斯的贪污腐败、寡头经济与苏联时代一样荒诞。"

罗伯特·卡普兰先生认为："无论怎样努力，普京都不可能随着经济崩溃而保住政权。对国家绝望会导致统治精英阶层内斗，这些人早已习惯分享慷慨而来的既得利益。如果没有强有力组织机制，又没有高度中央集权的政权，那就不能排除再发生一场政变的可能性，就像1964年推翻赫鲁晓夫的政变一样。在国家治理上，俄罗斯仍是苏联模式。这个国家经历过独裁统治下台后的混乱局面，1917年革命前后就如此。此种混乱足以导致俄罗斯再次解体。这种可能性是存在的。西伯利亚、远东地区、穆斯林高度聚集的北高加索地区，它们既远离中央，又得承受中央带来的血腥政治，如果克里姆林宫内部动荡，这些地方很有可能跟俄罗斯松绑，其结果就是南斯拉夫翻版：暴力与分离主义一旦开始，就会此起彼伏。如果俄罗斯放松控制，全球伊斯兰圣战者运动就会填补俄罗斯留下的真空。"

我高度重视这段结论性的话。就在此文发表一年后的2017年三月份，几乎在毫无迹象的情况下，俄罗斯突然爆发了波及90多年城市的反梅德韦杰夫的游行。而一直以来，俄罗斯对外展示的是高达80%以上的民众对普京强烈支持。反梅不过是反普的含蓄表达而已。

中俄是否如罗伯特·卡普兰先生所言那样走向"虚弱"，是可以持续探讨的话题，但他无意中表述的美国对俄罗斯采取的放缓世界经济增长；降低全球能源价格导致油价崩溃；破坏性制裁等战略手段，正是当年干掉苏联的套路。罗伯特·卡普兰先生看到的俄罗斯全面经济危机，就是美国希望看到的结果，这一结果直接通向白宫战略家们设定的最后目标：俄罗斯进一步解体。

我想要说明的是，2004 年之后，美国对伊朗采取的也是这种多管齐下的战略。只是后来俄罗斯战线告急，美国才暂时放过伊朗转身过来，摁住“北极熊”。

我更想说的是，美国通过制造金融危机的做法放缓经济增长（我有另文论述美国如何主动制造金融危机）的做法，是一箭双雕。是中国人都能感到经济下行的压力。而股票崩盘，是一场十分诡异的金融战争。中国为什么去产能？就是美、欧、日对中国钢铁等产品的全面拦截，致使中国产品过剩积压。这已经是贸易战、经济战的范畴了。凡是读过马克斯·韦伯《民族国家的经济政策》一书的，对此都能洞若观火。

这一切都发生在大国博弈的背景之下，所以，罗伯特·卡普兰先生说“俄罗斯军事冒险与经济急剧恶化相呼应，这并非偶然”。他的本意是说俄罗斯在通过军事冒险转移危机，但在我看来正好相反：是美国制造的危机导致俄罗斯经济恶化，同时在政治和军事领域咄咄逼人，才导致俄罗斯举刀相迎。

同样的做法，美国遇到中国不再示弱的反应，罗伯特·卡普兰先生认为中国也在“扩张”。他在“处在危险边缘的北京”中说：“经济放缓也将导致中国内部的虚弱表面化。自 20 世纪 90 年代中期以来，北京一直在打造高科技军事力量，包括先进潜艇、战斗机、弹道导弹、网络部队等。19 世纪初，美国在加勒比海地区试图排除欧洲国家。就像美国当年一样，中国正在试图在东海和南海排除美国海军。包括日本、马来西亚、菲律宾、新加坡、越南在内的中国邻国对此都很担心。日本认为中国海军扩张是现存威胁，于是借着和平主义幌子升级军事力量，其他国家也在搞军事现代化。冷战以来，美国主导的这一水域相对平静，但现在已变得非常不平静，稳定单极的海上环境已让位于更加不稳定而多级的海上环境。与俄相比，中国是经过几十年经济加速后才放缓的，因此，中国不断增长的侵略性反映的则是其已上升到顶峰的实力。中国 GDP 年均增速从本世纪初开始的两位数，下降到 2015 年第三季度 6.9%，真实数字更低。地产与股市泡沫已破灭，过度杠杆化的经济导致失衡的问题一大堆，影子银行问题突出。在全国范围内，族群关系持续紧张。‘疆独’势力则是中国分离主义威胁的最直接代表。他们有些人在伊拉克和叙利亚受训，并与全球恐怖主义运动联系，中国的危险正在增加。”“北京试图通过发展经济来安抚分离运动，以瓦解民族分离主义，比如计划中的丝绸之路经济带。不过，如果经济放缓，这种大项目就很难落地，分离主义就会借机制造更大规模的暴力行动。”“中国比俄罗斯更有雄心，但并没引起西方的关切，这是因为中国行事方式不像俄罗斯那么赤裸裸，比较含蓄内敛。普京直接把带着面具和冲锋枪的流氓团队派到乌克兰东部，而习式做法则是小规模、逐步渗透，由于行动并不过火，导致美国既不爽，又很难回应。”

罗伯特·卡普兰认为中俄都在利用民族主义：“民族主义是应对社会分裂威胁的黏合剂……1991 年，波兰知识分子亚当·米奇尼克预测，俄罗斯和东欧未来领导人将会用原始而粗鄙的民族主义，去填补因共产主义崩溃而留下的真空。普京近几年的民族主义做法正是如此”。

美国有相当多的学者和政治家，把别国的爱国主义一律称之为“民族主义”，并且几乎一致认为是中俄的民族主义造成了与美国之间的障碍。一度，中国国内也有一些幼稚的人附和美国学者和政治家的观点。事实上，美国政治家一直秉持的“美国例外论”，是已经被政治化、机制化了民族主义。对此，美国已经习以为常，但却认为别国正常的爱国主义情绪是民族主义。正如美国白宫几乎就是美国鹰派的老巢，但是，他们却对别国坚定维护自己立场的人称之为“鹰派”，并同时赠送一顶好战的帽子。据我所知，无论中国还是俄罗斯，领导人都没有说过自己的国家“例外”，也没有军人直接主张入侵别国。美国已经例外得太久了，以至于稍有不如他们思维的“例外”，他们就要像警察一样地冲过来。

罗伯特·卡普兰先生最后认为“中国如此对外输出实力，将增加中亚国家的潜在危机。……它们的经济随着中俄经济引擎放缓而放缓。换句话说，中亚爆发‘阿拉伯之春’时机已经成熟。……在经济放缓和地缘政治威胁双重压力下，在威权统治体系、致力于管理边境前沿地区和抵抗西方压力等方面，中俄都相互兼容，两国或许会结成战术联盟”。美国应该准备应对“即将到来的大动乱”：“华盛顿决策者最好开始筹谋即将到来的中亚大混乱：克里姆林宫政变、俄罗斯一部分解体、伊斯兰恐怖主义在中国西部盛行、中亚地区政治动荡。所有这些，尽管现在还不可能，但可能性一直在增加。中亚无论发生什么样政治大混乱，美国肯定会被迫应对一个接一个的新问题。如果俄罗斯领导层分裂，谁将掌控俄罗斯核武器库？当中国政权镇压内部叛乱时，美国将如何回应中国内部人权问题？”

罗伯特·卡普兰呼吁：“华盛顿也有必要为中国划清红线……是时候展示力量了……今天，中俄都在沿着持久冲突的道路上加速前进，未来的美国总统必须认识到其中相同的真理。随着相对平静的冷战和后冷战时代的远去，未来的美国总统们必须恰当地把力量与谨慎相结合，还必须为即将解体的欧亚大混乱准备导航”。

从《即将到来的对华战争》《第三次世界大战就要到来了》到《即将到来的欧亚大动乱》，这是不到一年中，我连续听到的来自英国（澳大利亚）和美国的严肃学者的声音。

和他们一样，我也在严肃地观察世界，不同的是，我是站在中国向外部瞭望。我和他们的目光相遇。我们看到的几乎是一样的场景，那就是非和平的远景。

中美到底是友国还是敌国，中美关系的未来是战争还是斗争还是竞争，或者是合作？没有人能为不确定的未来提供一个确切的答案。世界从来没有这么复杂过。

我要说的是：中美关系的未来，在中美双方的手里。从本质上说，中美关系问题是一个哲学问题。国际关系本是人际关系的放大。美苏当年是敌人，是因为当年双方的国家目标有冲突；中美并不一定成为敌人，原因也在于此。但另一种可能也是存在的，那就是美国无论如何都要中国成为敌人——正如在一条宽阔的道路上，一个行人非要纠缠另一个行人，直至另一个人退无可退忍无可忍。中国不追求统治世界的目标，从来没有制订过遏制美国、包围美国的战略，更没有在美国周边组织联盟围堵美国，也没有派军队巡航美国门前海域，更没有要求美国退出当年非法入侵别国的岛屿。中国是“二战”后遵守雅尔塔协定最好的大国，中国也是世界贸易组织中遵守规则最好的国家之一。通俗一点讲，中国是住在地球东端的一个善良的大户人家，长期以来集中精力装修自己的房屋，耕种自己的田地，开展自己的生意。但是，住在地球村西头的美国，却在中国周边不停地寻衅滋事。中国被迫加强看家护院的力量，不让自己曾经被洗劫一空的历史重演。事实就是这么回事。在这样的事实面前，一切指责中国、怀疑中国甚至抹黑中国的说法，都是别有用心的。

我最后要说——正如我在本书中强调的：我认为美国的世界帝国战略是一个完不成的任务。它更有可能在继续执迷不悟中走向消亡。这是一件好事，即使对于美国来说也是如此。约翰·加尔通在他书的扉页上真诚地写道：此书献给我热爱的美利坚合众国。如果除去套在脖颈上的帝国主义枷锁，你将游得更好。卸下它，别因此而溺毙。

这也是我此刻想说的话。一个抛弃了帝国主义想法的美国，是自由女神像被重新点亮的国家。它应该是一个发挥创新传统，引领世界科技进步；发挥自由想象，引领世界文化发展，一个因为主持正义而被世界敬重的大国。老子曰：以不争为大争。美国若如此，世界倒乐于共尊这样的国家为老大。那样的世界，将不会有大国争端，也不会有小国集中国力发展核武器。简言之，今天一切有可能引发战争和全球风险的问题，都会简化为全球治安问题。

但现实的问题是，美国仍然被强大的帝国主义意识形态统治着，美国强大的经济、政治、军事和文化力量，如鬼魂附体般成为当今世界破坏性最大的力量。

很多人看到了美国征服世界过程中疲惫不堪、力不从心的事实，但很少有人思考过“征服”美国的问题。为什么不尝试联合美国人民以追求人类和平的事业？没有人愿意设想以军事手段战胜美国并占领美国，但以文化的与和平的思想应该可以。美国人民的反战运动就曾经战胜了美国的好战政客。

美国作为一个国家诞生的时间不长，它不仅缺少做帝国的经验，甚至缺少做一个大国的历史经验。它全部的历史记忆来自欧洲母体的基因遗传。但欧洲已经相当稳固地实现了和平。这是一种令人鼓舞的结果。如果这种情况可以传导，那么美国的未来就是可以期待的。

美帝国主义是邪恶的，这已经被无数的事实反复证明。但美国是美国人民的美国，也是世界人民的美国，它不应该是美国资本精英和邪恶政治的美国。当年，在日本举国疯狂入侵中国的时候，中国依然以日本帝国主义和日本人民想区分。这是中国的善意和胸怀。今天，我和世界反对的是美国的帝国主义意识形态。

我相信，美帝国主义会被战胜，一如我相信站在世界正义与和平一边的中国不会被战胜一样。

图书在版编目（CIP）数据

C 形包围 . Ⅱ / 戴旭著 .– 武汉：长江文艺出版社，2017.12 (2021.5 重印)

ISBN 978-7-5354-9353-8

I. ① C… II. ①戴… III. ①军事战略 - 研究 - 中国 IV. ① E2

中国版本图书馆 CIP 数据核字 (2017) 第 006146 号

C 形包围 Ⅱ

戴 旭 著

选题产品策划生产机构 | 北京长江新世纪文化传媒有限公司

总 策 划 | 金丽红 黎 波

策划编辑 | 管紫璇

责任编辑 | 孟 通　　装帧设计 | 徐 超　　责任印制 | 张志杰 王会利

法律顾问 | 梁 飞　　内文制作 | 杨 宇　　媒体运营 | 洪振宇

版权代理 | 何 红

总 发 行 | 北京长江新世纪文化传媒有限公司

电　　话 | 010-58678881　　传　　真 | 010-58677346

地　　址 | 北京市朝阳区曙光西里甲 6 号时间国际大厦 A 座 1905 室　　邮　　编 | 100028

出　　版 | 长江出版传媒 | 长江文艺出版社

地　　址 | 湖北省武汉市雄楚大街 268 号湖北出版文化城 B 座 9-11 楼　　邮　　编 | 430070

印　　刷 | 天津行知印刷有限公司

开　　本 | 710 毫米 ×1000 毫米　1/16　　印　　张 | 19.5

版　　次 | 2017 年 12 月第 1 版　　印　　次 | 2021 年 5 月第 8 次印刷

字　　数 | 260 千字

定　　价 | 45.00 元